KB217173

제3판

김상호

박영사

제3판 서문

Intro

이 책은 경찰행정학과와 경찰(활동)에 대한 안내와 소개를 목적으로 준비되었습니다. 첫술에 배부를 수 없음은 이미 제2판 개정을 통해 확인했고, 지금 다시 제3판을 준비하는 이유가 되었습니다. 경찰행정학에 관해 다루었지만, 경찰학은 빠져있었고 이를 문의하는 사례가 많았습니다. 2021년부터 시행된 자치경찰에 대한 문의도 많았습니다. 이들과 관련된 내용을 새로이 추가하여 제3판을 구성했습니다. 물론, 기존 내용의 수정과 보완을 위해 최신 자료를 확보하기 위한 노력도 아끼지 않았습니다.

이 책은 2024 EBSi 블로그를 통해 ＜경찰행정학과＞ 추천 교재로 소개되었습니다. 학생들의 진학과 진로를 위한 귀중한 자료가 될 수 있도록 더욱 꼼꼼히 내용을 챙기겠습니다. 중·고등학생에서부터 대학생에 이르기까지 다양한 독자를 만나고 있습니다. 그리고 각자 처한 상황에 따라 난이도가 다르게 평가되는 모습을 봅니다. 전문성과 학술성을 유지하면서 최대한 쉽고 재미있게 전달할 수 있는 방법을 계속 고민하겠습니다.

이번 개정 작업도 많은 분의 도움을 받았습니다. 즐겁게 연구와 강의에 매진할 수 있도록 배려해 주신 대구대학교 경찰학부 교수님들, 개정 작업에서 여러 편의를 제공해 주신 장규식 차장님, 그리고 편집을 위해 수고를 아끼지 않으신 박세연 선생님께 감사의 인사를 전합니다.

삶의 소중한 의미를 항상 되새기게 하는 부모님과 동생들, 사랑스러운 아내 경숙, 그리고 명현, 나영이에게 감사의 마음 전하며…

2025년 3월

저자 **김상호**

서문
Intro

"교수님, 궁금한 게 있어요."

저를 경찰행정학과 교수로 소개하면 자주 듣게 되는 첫마디입니다. 그리고는 이런저런 질문이 이어집니다. 한국에서 경찰행정학과는 1963년 처음 등장하며 이후 1990년대 비약적인 성장을 하게 됩니다. 출생을 기준으로 환갑을 바라보고 있고 성장을 기준으로 한 세대에 다가서 있는 것이죠. 그럼에도 경찰행정학과는 여전히 명확한 자기 정체성을 드러내 보이지 못하고 있으며 다양한 오해와 편견에 쌓여 있는 것 같습니다. 경찰행정학과를 졸업하면 모두 경찰공무원이 되겠지? 대표적인 오해입니다! 경찰행정학과는 군기가 세겠지? 대표적인 편견입니다! 주위에 넘쳐나는 이러한 오해와 편견은 제가 대학에 처음 몸담았던 2000년대 초반부터 지금까지 크게 달라지지 않은 것 같습니다.

최근 대학은 고교교육 정상화의 일환으로 고등학교와의 협력체계를 강화하고 있으며 전공중심 진로특강 등을 활용해 고교생의 진학·진로 방향 설정에 도움을 주고 있습니다. 경찰행정학과는 학생들이 관심을 보이는 대표적인 학과인 만큼 개인적으로 학생들과 만날 수 있는 기회가 많습니다. 이 과정에서 경찰행정학과에 대한 학생들의 많은 관심에 한 번 놀라고, 그들이 가진 오해와 편견에 다시 한 번 놀라곤 합니다. 무엇보다 경찰행정학과에 대하여 너무 모르고 있다는 사실에 가장 크게 놀랍니다. 이것은 현재 경찰행정학과에 진학해서 학과생활을 하고 있는 학생도 다르지 않습니다. 학생들은 경찰행정학과는 물론 그들이 진로를 희망하는 경찰에 대해서도 잘 모릅니다.

이 책은 경찰과 경찰행정학과에 대한 안내와 소개를 위한 전문 교재입니다!!!

70여 개에 달하는 4년제 대학교에 경찰관련 학과가 개설되어 있는 현실에서 학과에 대한 이해 수준이 20여 년 전과 비슷하다니, 그 이유가 궁금합니다. 물론, 이와 같은 문제는 대학 내 모든 학과가 공유하는 문제라고 치부해 버릴 수 있습니다. 하지만 이것으로는 문제가 해결되지 않습니다.

지금까지 경찰행정학과는 학계와 경찰조직을 상대로 자신의 실존을 확인받기 위해 노력해 왔습니다. 학문의 정체성을 공고히 하고 이를 통해 학계에서의 제대로 된 위치잡기(positioning)에 분주해 있었습니다. 신생학문, 신생학과가 경험하는 통과의례로 볼 수 있죠. 보다 적극적인 경·학 협력과 학과에서 창출된 연구 성과에 대해 경찰조직이 경청할 것을 요구하기도 했습니다. 하지만 일반사회에 대한 관심은 부족했습니다. 특별히 알리지 않아도 많은 학생이 학과를 찾는 상황에서 굳이 사서 고생하지 말자는 생각을 했을 수도 있습니다. 그러나 오해와 편견은 장기적인 성장에 방해가 됩니다. 현실이 기대(오해와 편견에 기초한)와 부합하지 않을 때 학생은 학과를 떠납니다. 학과 및 학과생활에 대한 합리적 인식은 그래서 매우 중요합니다. 이러한 문제의식이 학생과 일반인을 대상으로 경찰행정학과에 대한 안내 및 소개를 위한 새로운 교재를 집필하도록 이끌었습니다.

이 책의 주요 특성과 구성 내용은 다음과 같습니다!!!

먼저, 학생과 주변인들로부터 경찰행정학과와 관련하여 궁금한 내용을 광범위하게 수집하였습니다. 경찰행정학과 관련 내용이라고 해서 질문이 학과와 학과생활에 국한되어 있지는 않았습니다. 학과에 대해 궁금해 하는 분은 학과와 경찰 사이의 연계 및 경찰 자체에 대하여도 상당한 궁금증을 지니고 있었습니다. 질문 내용은 크게 학과와 학과생활, 그리고 경찰생활로 분류되었고 이를 반영하여 이 책을 구성하였습니다. 보다 구체적으로, 전체 질문을 <경찰행정학과의 탄생과 발전>, <경찰행정학과 입학과 학과생활>, <경찰행정학과와 경찰>, <경찰생활>로 대분류한 후 관련 질문 내용을 정리하였습니다. 이 책의 표제가 <슬기로운 경찰생활 – 경찰행정학과 탐방 – >이 된 이유도 여기에 있습니다. 경찰행정학과뿐만 아니라 경찰생활에 관한 내용도 함께 다루기 때문입니다.

다음으로, 이 책의 주요 내용은 학생과 주변인들의 질문으로부터 영감을 얻어 탐색되었습니다. 그러므로 해당 질문과 그 질문에 대답하는 형식으로 내용을 구성하였습니다. 대답 과정은 In General - In Specific - In Conclusion 형태로 정리하였습니다. 질문에 대한 보다 구체적인 내용은 <In Specific>에서 살펴보았고 개략적이고 종합적인 내용을 <In General>, <In Conclusion>에서 정리했습니다. 대답 과정에서 근거 없는 주장이나 편견 등에 의존하지 않기 위해 많은 노력도 기울였습니다. 보다 객관적이고 과학적으로 접근하기 위해 학문적 연구 성과를 학제적 접근을 통해 광범위하게 참고했음을 밝혀둡니다.

다음으로, 이 책은 경찰행정학과와 경찰에 관심을 가지고 있는 학생에게 유익한 길잡이 역할을 할 것으로 기대합니다. 많은 학생은 소수의 주변 지인 등으로부터 습득된 파편화된 지식에 의존해서 경찰과 경찰행정학과를 인식하고 있습니다. 이는 다양한 오해와 편견을 야기하는 주요 원인이기도 합니다. 막연한 동경이나 환상이 아닌 실체에 대한 객관적 이해는 자신의 목표와 진로설정에 보다 긍정적으로 영향을 미칠 수 있으며, 이 책이 그러한 역할에 기여할 것으로 기대합니다.

다음으로, 경찰행정학과는 경찰행정학과로 출발해서 해양경찰학과, 경찰학과, 경찰법학과, 경찰소방학과 등 다양한 명칭으로 분화되어 있습니다. 이들을 경찰관련 학과로 통칭하고 이 책에서는 경찰행정학과와 경찰관련 학과를 필요에 따라 함께 사용하고자 합니다. 또한 경찰관련 학과는 4년제 일반대학뿐만 아니라 전문대학에도 많이 설치되어 있습니다. 그럼에도 비교적 안정적인 학과 운영을 보이는 4년제 일반대학이 중심이 되고 있음을 미리 밝혀둡니다.

마지막으로, 이 책은 가급적 독자가 쉽고 재미있게 접근할 수 있도록 구성하였습니다. 각종 도표와 그림 자료를 널리 활용했고 이들은 자료를 시각화하는 데 도움을 줄 수 있을 것으로 기대합니다. 또한 참고자료는 미주로 정리하여 본문 내용을 정독하는 데 가급적 장애가 되지 않도록 처리하였습니다.

이 책은 많은 분들의 도움으로 빛을 보게 되었습니다!!!

삶의 소중한 의미를 항상 되새기게 하는 부모님과 동생들, 사랑스런 아내 경숙, 그리고 명현, 나영이에게 감사 인사 전합니다. 즐겁게 연구와 강의에 매진할 수 있도록 배려해 준 대구대학교 경찰행정학과 교수님들께도 머리 숙여 감사드립니다. 수많은 연구를 통해 훌륭한 길잡이 역할을 해 준 선후배 동료 연구자에게 심심한 감사를 전합니다. 생각지도 못한 기발한 질문을 끊임없이 던져주는 학생들, 이들이 없었다면 이 책은 생각지도 못했을 겁니다. 감사드립니다. 책을 준비하는 과정에서 여러 편의를 제공해 준 박영사 장규식 과장님, 그리고 편집을 위해 많은 수고를 아끼지 않은 김지영 선생님께도 감사의 마음, 전합니다.

경찰행정학과와 경찰생활에 대한 전반적인 내용을 정리하고자 야심차게 출발했으나 많이 부족함을 느낍니다. 앞으로도 지속적으로 개선을 위한 노력을 기울일 것을 약속드리며, 이 과정에서 여러 독자들의 아낌없는 비판과 조언, 그리고 기발한 질문… 함께 기대해 봅니다.

2021년 1월

저자 **김상호**

목 차
Contents

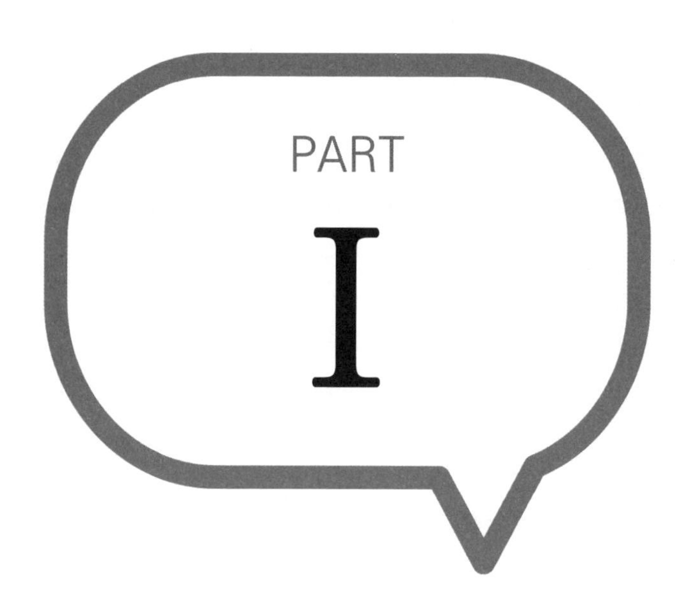

경찰행정학과의 탄생과 발전

경찰행정학과에 대한 궁금증은 경찰행정학과에 대한 과거와 현재를 둘러보게 합니다. 경찰행정학과는 한국에서 언제 최초로 설치되었고 현재 어떤 대학에 설치되어 있는지, 궁금해 합니다. 시야를 조금 넓혀 외국에서 관련 학문은 무엇인지, 역시 알고 싶어 하는 내용입니다.

TV드라마나 영화를 통해 경찰대학을 졸업하고 젊은 나이에 간부로 경찰생활을 하는 사례도 종종 봅니다. 그렇다면 경찰대학과 일반대학 경찰행정학과는 어떤 차이가 있는지, 역시 궁금해 합니다.

여기에서는 이러한 내용을 살펴보고자 합니다. 먼저, 경찰행정학과가 언제, 어떻게 등장하게 되었는지 과거로 들어가 보겠습니다. 다음으로, 현재 경찰행정학과가 설치된 대학은 어디인지 샅샅이 찾아보겠습니다. 일반대학 경찰행정학과와 경찰대학은 다른 것인지, 그렇다면 어떻게 다른지 살펴보겠습니다. 학과의 명칭인 경찰행정학은 무엇인지도 알아보겠습니다. 마지막으로, 외국 특히 미국에서는 관련 학문이 어떻게 성장 · 발전해 왔는지 확인해 보겠습니다.

과거를 돌아보고 외국 상황을 확인하는 것은 경찰행정학과의 현황을 보다 잘 이해할 수 있을 뿐만 아니라 학과의 발전에 필요한 소중한 정보를 얻는 지름길이 될 겁니다. 그럼, 관련 질문에 답해보겠습니다.

Q1. 경찰행정학과는 언제, 어떻게 등장했나요?

현재 존재하는 것들에 대해 우리는 당연시하는 경향이 있습니다. 경찰관련 학과를 주위에서 쉽게 볼 수 있는 오늘날 학생들은 관련 학과가 오래전부터 대학에 설치되어 있었을 거라 생각합니다. 오해입니다. '오래전'에 대한 평가는 상대적일 수 있으나 적어도 제가 대학을 다니던 시절, 경찰관련 학과는 매우 드문 현상이었습니다. 그렇다면 경찰행정학과가 언제, 어떻게 등장했는지 시간을 거슬러 그 기원과 이유를 찾아보기로 하겠습니다.

In General

한국에서 경찰행정학과는 1963년 동국대학교에 최초로 개설되었습니다. 이후 건국대학교, 명지대학교 등에서 (행정)대학원에 공안행정 또는 경찰행정 등의 전공과정을 개설하지만 독립학과로서의 성격을 지니고 있었던 것은 아닙니다.[1] 1979년 12월 「경찰대학설치법」이 제정되고 1981년 신입생 입학이 시작되었지만, 일반대학 경찰행정학과와는 여러모로 차이가 있습니다. 1992년, 드디어 관동대학교(현재의 가톨릭관동대학교)에 경찰행정학과가 개설됩니다. 일반대학 경찰행정학과는 이렇게 거의 한 세대(30년)를 지나서야 다시 모습을 드러낸 겁니다. 하지만 이후 경찰행정학과는 많은 대학에서 경쟁적으로 개설되었고 이러한 움직임은 현재까지도 이어지고 있습니다(<그림 1-1> 참조).[2]

그렇다고 해서 경찰행정학과가 양적 성장만 하고 있는 것은 아닙니다. 일부 대학에서는 학과 통폐합 등이 동시에 이루어지고 있지요. 이에 따라 경찰행정학과가 중심이었던 초기와는 달리 경찰학과, 경찰법학과, 경찰경호학과, 경찰소방학과 등 더욱 다양한 경찰관련 학과들이 등장하고 있습니다.

그림 1-1 경찰관련 학과 설립 추이

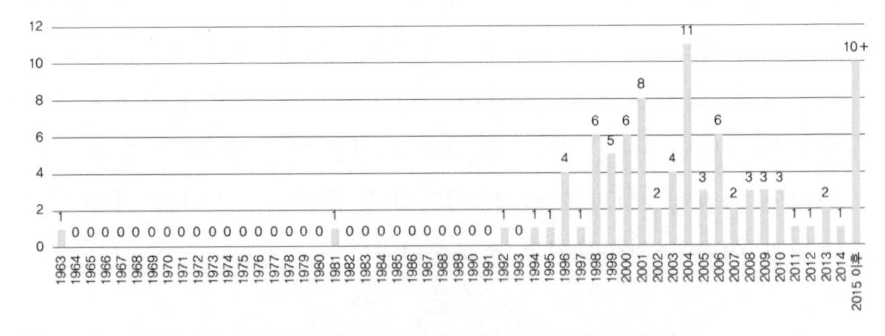

참고 : 연도별 설립 기준이며 이후 통폐합 등에 따른 변동 내용은 반영되지 않음.

경찰행정학과를 비롯해 경찰관련 학과는 어떻게 등장한 것인지, 그리고 통폐합 등 소멸은 왜 발생하는 것인지, 좀 더 자세하게 살펴보도록 하겠습니다.

In Specific

대학은 지식추구라는 교육적 이상과 전문지식 습득이라는 실용적 목적 등을 달성하기 위해 탄생, 발전해 왔습니다.[3] 오늘날 대학은 지식 및 기술을 탐구하고(연구), 해당 지식들을 전달하며(교육) 사회에 적용(봉사)하는 주요 기관으로 기능하고 있습니다.

이러한 대학에는 특정 학문분야에 대해 더욱 전문화된 지식을 추구하기 위해 다양한 학부 또는 학과(전공) 등이 설치되어 있습니다. 대학이 어떤 학과를 설치할 것인지는 건학이념 등에 따라 자율적으로 결정할 수 있으나 기본적으로 해당 학문분야에 대한 수요와 공급 등이 고려됩니다. 물론 해당 분야가 대학에서 독립된 학과로 운영되기에 충분한 학문성을 지니고 있어야 하겠죠.

학과의 등장에는 학문적 · 환경적 · 실천적 요인 등이 복합적으로 영향을 미친다!!!

구체적으로 학과 설치에 영향을 미치는 주요 요인을 살펴보면 다음과 같습니다(<표 1-1> 참조).[4] 먼저, 해당 분야의 연구가 대학에서 독립된 학과 설치를 필요로 할 수준이냐의 문제입니다. 학과는 해당 영역의 전문성 제고에 필요한 교과과정 이수를 요구합니다. 이미 존재하고 있는 다양한 학과의 교과과정과 차별화할 수 있는 교과과정이 필요한 것이죠. 기존 법학과 또는 행정학과와 유사하다면 굳이 새롭게 경찰관련 학과를 설치할 필요는 없을 수 있다는 겁니다. 대학에 설치된 학과는 해당 학문 분야가 정상과학임을 보여주는 대표적인 표식이며[5] 이는 곧 학과의 발전이 해당 학문 분야의 발전과 밀접하게 연결되는 이유이기도 합니다.

다음으로, 해당 학문 분야에 대한 사회적 수요로 사회, 경제, 교육적 환경 등이 중요하게 고려될 수 있습니다. 첫째, 세계화와 정보화, 인구구조변화 등은 우리 사회에 과거와는 다른 문제들을 던져주고 있습니다. 경험하지 못한 새로운 문제들은 해결에 필요한 다각적인 요구를 창출하고 지식과 기술의 집적 공간인 대학에서의 학과 설치로 연결될 수 있습니다. 둘째, 산업과 직업구조, 생활수준변화 등과 관련된 경제적 환경 또한 대학과 학과에 큰 영향을 미칩니다. 오늘날 취업경쟁력은 대학 및 학과를 평가하는 주요 기준으로 작용하고 있습니다. 산업과 직업구조의 개편은 해당 분야에서 활용되는 전문지식과 기술의 변화를 함께 요구하며 이를 습득한 전문 인력을 필요로 합니다. 생활수준의 개선은 좀 더 고차원적 욕구를 추구하도록 유인하지요. 이러한 요구와 유인 또한 대학 내 학과 구조에 중요한 영향을 미칠 수 있습니다. 셋째, 대학은 운영과정에서 상당한 자율성을 행사할 수 있지만 정부, 특히 교육부의 관련 정책으로부터 많은 영향을 받습니다. 특히 학생정원 등에 관한 규제들은 대학차원에서 사회적 수요를 즉각적으로 학과신설 등을 통해 반영하는 데 어려움을 줍니다. 넷째, 정부차원의 주요 정책 변화 등 정치적 요인도 대학 및 학과 등에 영향을 미칠 수 있습니다. 공무원 수 확대, 사회복지 확충, AI기반 신성장정책 추진 등은 이와 연관된 대학과 학과 등에 이런저런 영향을 주고 있습니다.

마지막으로 해당 대학의 교육여건과 관련된 실천적 요인들입니다. 학과에서 운영하고자 하는 교과과정을 전문적으로 전달할 수 있는 교수진을 확보할 수 있는지, 기존 학과와는 차별적이면서도 대학교육에 어울리는 전문성을 확보할 수 있는지, 이와 관련된 다양한 논의들이 현실에서 학과 구조를 결정하게 합니다.

표 1-1 학과(전공) 설치 영향요인

영향요인	내용
학문적 요인	독립 학과 설치 필요성, 정상과학성
환경적 요인	학문에 대한 사회적 수요 사회·경제·교육·정부정책 등
실천적 요인	대학 내 교육여건(교수, 시설·장비 등) 구비 수준

1963년, 최초로 경찰행정학과가 설치 · 운영되다!!!

한국에서는 1963년 동국대학교에 최초로 학과 단위인 경찰행정학과가 개설됩니다. 경찰행정학과는 당시 동국대학교 총장과 내무부 장관의 합의, 그리고 소속 교수 등의 노력으로 1962년 12월 29일 문교부(현재의 교육부)로부터 학과 설립을 인가받아 1963년 3월, 30명을 모집하여 최초로 운영하기 시작했습니다. 당시 학과 설립의 모토는 '참다운 민중의 지팡이'가 될 동량을 길러낸다는 것이었습니다.[6] 이후 몇몇 대학교에 경찰관련 전공의 특수대학원이 설치되었지만 이들이 독립학과로서의 성격을 지니고 있었던 것은 아닙니다.

1979년 12월 경찰대학설치법이 제정되고 1981년 신입생 입학이 시작되다!!!

경찰교육기관으로 4년제 대학설치를 위한 노력은 1960년대 이후부터 있어 왔고, 1970년대 들어 조직내외부의 공감을 얻게 됩니다. 마침내 1979년 11월 「경찰대학설치법」이 국회를 통과하고 1981년 1기 신입생 입학이 이루어졌습니다.[7] 경찰대학은 경찰관련 최초의 대학 단위 조직으로 경찰행정학과를 비롯한 일반 경찰관련 학과와는 성격, 입학, 졸업 등 다양한 차원에서 차별성을 지니고 있습니다 *<Q3. 참고>*.

대학에 학과 단위인 경찰행정학과가 개설되고 4년제 정규대학인 경찰대학이 설립됨으로써 보다 체계적인 경찰교육이 이루어지게 되었다는 긍정적 평가가 있습니다.[8] 동국대학교 경찰행정학과와 경찰대학은 이후 경찰관련 학과의 개설과 성장 과정에 중요한 영향을 미치게 됩니다. 학과 명칭에서부터 교과과정, 교수진, 나아가 학과생활 등 학과의 구체적인 모습이 이들로부터 파급되었기 때문입니다.

하지만 여전히 대학 전체에 비추어보면 경찰행정학과는 예외적인 상황이었음을 알 수 있습니다.

1990년대 이후, 경찰행정학과의 성장과 확장을 경험하다!!!

동국대학교에서 최초로 경찰행정학과가 개설된 후 거의 한 세대가 지나는 동안 유사한 움직임은 없었습니다. 그러다가 1992년 관동대학교에 경찰행정학과가 설치된 것을 시작으로 1995년에 원광대학교, 1996년에 계명대학교·서남대학교·중부대학교·한려대학교, 1997년에 용인대학교, 그리고 1998년에 경운대학교·대구대학교·대불대학교·탐라대학교·한세대학교 등의 4년제 대학교에 경찰관련 학과가 연이어 설치되었습니다. 이러한 움직임은 2000년대 들어와서도 계속되어 현재까지 이어지고 있습니다(<부록 1> 참조). 한국대학교육협의회 대학알리미 학과 찾기에 따르면 2024년도 공시기준, 74개 대학교(전문대학, 원격대학 제외)에서 85개 관련학과(전공)를 개설하고 있는 것으로 나타났습니다.

이 시기의 주요 특징은 다음과 같이 정리할 수 있습니다. 먼저, 전체적으로 경찰행정학과의 추가 신설과 이를 통한 확장이 시대적 특징이었지만 그렇다고 해서 신설과 확장만을 경험한 것은 아닙니다. 일부 대학에서는 관련 학과의 명칭변경과 통폐합 등이 함께 이루어졌는데, 이러한 변화는 특히 전문대학 차원에서 심했던 것 같습니다. 2008년도 조사결과에 따르면 전문대학 경찰관련 학과는 전국 47개교에 개설되어 있었으며 이는 전체 전문대학(152개교)의 약 31% 수준이었다고 합니다.[9] 그것이 2020년 현재, 한국대학교육협의회 자료에 따르면 경찰관련 학과를 개설하고 있는 전문대학은 모두 32개교이며 이는 전체 전문대학(136개교)의 약 24% 수준으로, 지난 2008년에 비해 많이 줄어들었음을 알 수 있습니다.

다음으로, 교육환경의 변화에 따라 학부제의 시행과 학과제로의 전환, 유사학과 통폐합 등 다양한 변화 또한 경험하고 있습니다. 초기엔 경찰행정학과가 중심이 되었다면 이제는 경찰학과, 경찰법학과, 경찰무도학과, 경찰안보학과, 경찰소방학과 등 다양한 명칭도 함께 보이고 있습니다. 이러한 변화는 경찰관련 학문의 대표성에 대한 논의와도 연결되어 있습니다 *<Q4. 참고>*.

마지막으로, 경찰관련 학과의 신설과 확장은 주로 지방에서, 그리고 사립대학이 중심이 되어 이루어졌습니다. 수도권에서는 경찰관련 학과의 신설이 거의 나타나지 않았고 국·공립대학의 경우 수도권과 지방 모두에서 경찰관련 학과의 신설이 더디게 나타났습니다.

1990년대 이후 경찰관련 학과의 성장과 확장이 이루어졌다고 했습니다. 그렇다면, 이러한 배경은 무엇이었을까요? 이에 대하여 좀 더 살펴보기로 하겠습니다.

Why 1990년대??

경찰관련 학과가 대학에서 인기를 끈 이유에 대해서는 다음과 같은 설명들이 제시되고 있습니다. 먼저, 경찰직에 대한 사회적 인식 변화와 이미지 개선에 주목하는 시각입니다. 이에 따르면 IMF시대를 겪으면서 경찰이란 직업이 가지는 안정성이 부각되었고 꾸준히 이루어진 경찰관 처우 개선 등이 학생들에게 매력적으로 다가간 것으로 설명합니다. 문민정부의 출범과 국민에 대한 봉사자로서의 경찰상(像) 또한 과거 경찰의 부정적 이미지를 해소하는 데 기여했고 결과적으로 경찰관련 학과의 인기로 연결되었다고 합니다.[10]

다음으로, 경찰을 둘러싼 환경변화와 이에 따른 사회적 수요에 주목하는 시각도 보입니다. 이에 따르면 민주화와 정보화 등 변화된 환경 속에서 경찰은 과거 경험하지 못한 새로운 문제들 – 프라이버

시, 인권 등 – 과 마주하게 됩니다. 이러한 변화에 효과적으로 대응하기 위해서는 과거와 다른 인재가 필요하며 이러한 필요성에 대학이 부응한 것으로 – 관련 학과를 설치함으로써 – 평가합니다.[11]

마지막으로, 1990년대 중반에 이루어진 정부차원의 교육제도 변화에 주목하는 시각입니다. 이에 따르면 1990년대 중반 ① 대학수학능력시험제도의 도입과 대학 복수지원 가능성 부여로 수험생들의 대학 선택 기회가 확대되었고 ② 학부제 도입여부 및 그 수준에 따른 정부의 대학재정 차등 지원으로 대학들이 경쟁적으로 학부제를 도입하였으며 ③ 수도권대학에서의 인문사회계열 전공 증설이 불가능하게 되었습니다.[12] ④ 대학설립준칙주의를 통해 대학설립 조건이 완화되어 대학 자체의 양적 증가가 이루어진 것도 이 시기였습니다. 결과적으로 이러한 교육제도의 변화는 대학에서의 시장논리를 보다 강화하였고 비수도권 사립대학 중심으로 발 빠른 대응이 이루어진 것으로 평가할 수 있습니다.

한편, 이 시기에는 양적으로 확대된 대학의 입학정원만큼 대학입학을 희망하는 학생의 수가 늘어나지 않고 오히려 학령인구의 감소에 따라 학생모집에 실패하는 대학들이 나타났습니다. 대부분의 사립대학은 학생모집이 학교의 존립에 큰 영향을 미칩니다. 이러한 영향은 지방에 위치한 사립대학일수록 더 크게 경험하고 있습니다. 지방사립대학이 중심이 된 경찰관련 학과의 신설과 증원은 안정적인 신입생 확보가 주요한 동력이 된 것입니다.

앞에서 대학에서의 학과(전공) 설치에 영향을 미치는 주요 요인에 대하여 살펴보았습니다. 학과는 학문적, 환경적, 그리고 실천적 요인 등이 복합적으로 작용해서 등장한다고 했습니다. 그럼에도 경찰관련 학과의 등장에는 특히 사회, 경제(취업구조), 교육, 즉 환경적 요인이 크게 영향을 미친 것을 알 수 있습니다. 반면, 이 과정에서 학문적 여건이나 대학의 교육여건 등에 대한 관심은 상대적으로 소홀

했던 것 같습니다. 당시 제기되었던 몇 가지 상황들을 옮겨보면 다음과 같습니다.

> 경찰관련 과목들이 개설되어 강의되고 있으나 이를 강의할 수 있는 교재도 … 거의 없으며 … 강의하기를 기피하는 과목들이다. 이는 아마도 이들 과목의 대부분이 학문체계가 제대로 정립되지 않았고 … 13)

> 경찰행정학과의 교육은 질적 측면에서 우려할 … 근본적인 원인은 전임교원 확보나 교과과정에 대한 연구가 제대로 되지 않은 상황에서 인기에 편승해서 학과를 설치하기 때문 … 14)

> 일부 대학의 경우 경찰관련 학과가 인기 학과로 부상하자 경찰관련 학문을 연구한 교수가 단 한 명도 없이 운영되는 학과도 있을 정도 … 학과 명칭만을 경찰관련 학과로 변경하여 기존의 법률이나 행정학을 전공한 교수진으로 학과를 운영하고 … 15)

> 경찰관련 학과는 기존에 개설되어 있는 행정학과와 법학과를 통합하여 임시방편으로 개설하기도 … 16)

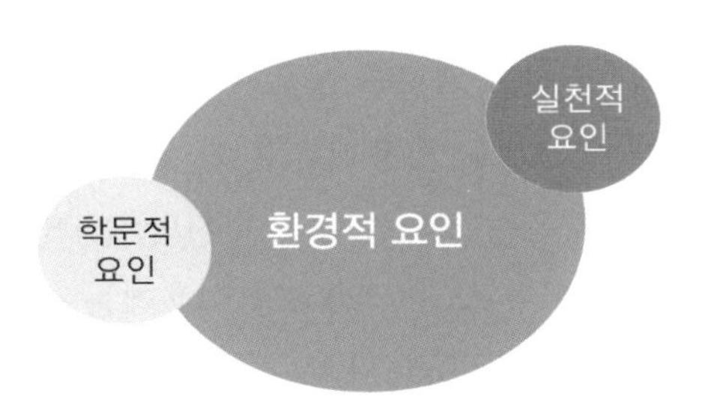

1990년대 경찰관련 학과는 학문적·실천적 요인이 상대적으로 빈약한 상황에서 당시 전개된 환경적 요인의 강력한 영향에 의해 등장하였음을 알 수 있습니다. 이후 해당 학문 분야의 발전과 대학 교육여건의 확충 등이 지속적으로 전개되었고 이에 따라 학문적·실천적 차원에서도 다양한 개선이 병행되어 왔습니다. 물론, 이 과정에서 효과적인 개선이 불가능했던 몇몇 대학에서는 학과의 폐지 혹은 통폐합 등을 경험하기도 했습니다.

경찰행정학과를 경찰학과, 나아가 형사사법학과로 개편해야 한다!!!

경찰관련 최초의 학과로 개설된 동국대학교 경찰행정학과는 이후 경찰관련 학과의 성장과 확장과정에서 중요한 역할 모형(role model)으로 기능하며 시대적 소명에 부응해 왔습니다. 1990년대 이후 신설된 많은 학과들이 경찰행정학과를 표방하고 있음은 이를 단적으로 보여주고 있습니다.

그러나 학문의 정체성, 학과의 교과과정 등을 고려하여 학과의 명칭인 '경찰행정학과'를 개편하는 것에 대한 발전적 논의도 함께 존재합니다. 우선, 경찰행정학은 행정학의 분과적인(일부분인) 성격을 지니고 있어 행정학과에 종속되는 것 같은 인상을 줄 수 있습니다. 그러므로 보다 독립적인 '경찰학과'가 바람직하다고 합니다.[17] 학과 개설시기를 기준으로 학과(전공)명칭을 어떻게 사용해 왔는지 조사한 연구에서는 1997년 이전 개설된 경우 거의 모든(약 91%) 학과(전공)들이 '경찰행정'을 명칭으로 사용했다고 합니다. 이 시기에 '경찰학'이 명칭으로 사용된 경우는 없었습니다. 하지만, 1998년~2006년 사이에 개설된 경우 '경찰학'이 22.5%, 2008년 이후에는 다시 26.7%로 그 사용 비율이 증가하고 있었습니다.[18]

다른 한편에서는 경찰행정학과에서 학습하는 내용들이 경찰직에만 한정되어 있지 않거니와 취업분야로 예시되는 영역 또한 경찰, 검찰, 교정, 민간경비 등 다양하다는 것을 이유로 이들을 포괄하는 '형사사법학과'가 타당하다고 합니다.[19] *<형사사법학에 대해서는 Q6. 참고>*

학과 명칭은 학과의 정체성을 드러내는 핵심 기제일 뿐만 아니라 학과 수요자를 비롯한 일반시민들에게 학과를 이해시키는 유효한 수단으로 평가됩니다. 그러므로 소망성과 타당성에 대한 가치만큼이나 역사성과 명료성 등에 대한 고려도 필요합니다. '경찰행정학과'라는 명칭은 상당히 오랜 기간 대학에서 사용되어 왔고 학과가 지향하는 방향성 또한 단순명료하게 제시하고 있습니다. 이런 상황에서 '경찰학과' 수준으로의 개편은 상대적으로 용이하다고 평가할 수 있습니다만 '형사사법학과'로는 쉽지 않을 수 있습니다.

개혁 또는 혁신을 연구하는 학자들에 따르면 새로운 아이디어가 확산되기 위해서는 잠재적 수용자들이 그 아이디어를 어떻게 인지하느냐가 매우 중요하다고 지적합니다.[20] 새로운 아이디어가 기존 아이디어보다 더 나아야 하고(상대적 이점), 그 내용에 대한 이해 및 활용이 어렵지 않아야 하며(복잡성), 주변에서 널리 사용되는 경우에(관찰가능성) 더욱 쉽게 확산이 될 수 있다는 겁니다. 또한 잠재적 수용자들의 기존 가치나 과거 경험과 부합될수록(적합성) 채택 가능성이 높아집니다. 이에 비추어보면 '경찰행정학과' 명칭을 '경찰학과', 나아가 '형사사법학과'로 개편하려는 아이디어는 '상대적 이점' 차원에서 분명 설득력이 높아 보입니다. 하지만, '복잡성'과 '관찰가능성', 그리고 '적합성' 등의 차원에서는 극복해야 할 과제가 만만찮아 보이기도 합니다. 게다가 '형사사법학과'는 더욱 어렵게 느껴집니다. '형사사법'이라는 개념 자체가 아직까지는 다소 낯설기 때문일 겁니다.

단일 학과가 아니라 학부, 또는 단대(단과대학) 차원에서는 다양한 실험이 상대적으로 용이한 것으로 알고 있습니다. 이 경우 학부 또는 단대 차원에서의 새로운 명칭 사용과 이러한 명칭의 보편화는 향후 경찰관련 학과의 명칭 개편에도 영향을 줄 수 있을 거라 생각합니다.

In Conclusion

한국에서 경찰행정학과는 1963년 최초로 동국대학교에 개설되었습니다. 1981년에 경찰대학 1기 신입생 입학이 이루어졌으나 경찰관련 학과의 성장과 확장에는 10여 년 이상의 시간이 더 필요했습니다. 1992년 관동대학교에 경찰행정학과가 설치된 것을 시작으로 1990년대 중·후반 지방 사립대학을 중심으로 경찰관련 학과는 경쟁적으로 설치됩니다. 대학에서의 학과 설치는 학문적·환경적·실천적 요인 등이 복합적으로 작용하나, 경찰관련 학과의 신설과 확장에는 환경적 요인이 가장 크게 영향을 미쳤습니다. 경찰직에 대한 사회에서의 우호적 평가와 안정적인 신입생 확보라는 대학의 요구가 맞아떨어진 것이죠. 이 과정에서 학문적 여건이나 대학의 교육여건 등은 상대적으로 소홀히 평가되었고 이는 결과적으로 경찰관련 학과의 지속적·안정적 성장을 방해하는 요인이 되기도 했습니다. 그리고 이러한 모습은 상대적으로 여건이 불리했던 전문대학에서 더욱 두드러졌습니다.

오늘날 경찰관련 학과는 학과 명칭에 대한 발전적 개편 논의와 함께 학문분야의 성장과 발달, 체계적인 교육여건 확충 등을 위해 노력하고 있습니다. 이를 통해 대학사회의 일원으로 주어진 역할과 책임을 충실히 수행할 수 있기를 기대합니다.

참고문헌

1) 서기영, 1970, "경찰행정학 - 형성기 우리나라 경찰행정학의 Aporia로서의 서설," 한국행정학보 4, p. 188.
2) 김연수, 2015, "경찰학의 학문성과 교과과정에 관한 연구 - 전공명칭과 교과과정 분석을 중심으로," 한국경찰학회보 17(4), pp. 51-52 ; 김장휘, 2008, "경찰행정학과의 회고와 발전방안 : 나사렛 경찰행정학과를 중심으로," 지성과 창조 11, pp. 333-335 ; 제갈욱 · 장석헌, 2011, "경찰학 교육 현황 및 실태에 대한 실증적인 분석," 한국공안행정학회보 42, pp. 226-229 ; 한국대학교육협의회 http://adiga.kr/EgovPageLink.do?link=EipMain 2020년 9월 2일 검색
3) 권기욱, 2009, 현대적 대학의 특성, 서울 : 보현사 ; 이석우, 1998, 대학의 역사, 서울 : 한길사, pp. 44-57.
4) 김명진, 2015, 통일 대비 북한관련 학과 신설에 대한 타당성 연구, 정책과제 : 한국방송통신대학교 원격교육연구소 ; 노현섭 · 주원식, 2001, "2001 전국 전문대학 학과개설 현황분석," 경영정보연구 7, pp. 463-471 ; 윤황, 2014, "국내대학의 한국학과 설립 활성화방안," 평화학연구 15(1), pp. 171-196.
5) 김상호, 2003, "경찰학의 정체성 및 학문적 성격에 관한 연구," 경찰학연구 4, pp. 180-181.
6) 최응렬, 2000, "경찰관련 학과 및 경찰대학의 발전방안," 한국공안행정학회보 10, pp. 287-288 ; 최응렬 · 이성식, 2000, "경찰행정학 교육과정의 개선 및 발전방안," 치안정책연구 14, p. 195.
7) 경찰대학 20년사 편찬위원회, 2001, 경찰대학 20년사, 경찰대학. p. 15, 108.
8) 최응렬 · 이성식, 2000, 앞의 논문, p. 193.
9) 김장휘, 2008, 앞의 논문, p. 332.
10) 전돈수, 2002, "경찰행정학 교육의 실태 및 발전방향," 경찰학연구 3, p. 59.
11) 김장휘, 2008, 앞의 논문, pp. 337-339.
12) 제갈욱 · 장석헌, 2011, 앞의 논문, pp. 232-233.
13) 최응렬, 2000, 앞의 논문, p. 291.
14) 전돈수, 2002, 앞의 논문, p. 62.
15) 최응렬 · 이성식, 2000, 앞의 논문, p. 200.
16) 최응렬 · 김순석, 2006, "전국 4년제 경찰학 관련학과 교과과정의 문제점과 개선방안에 관한 연구," 경찰학논총 1, p. 200.
17) 최응렬 · 이성식, 2000, 앞의 논문, p. 203.
18) 김연수, 2015, 앞의 논문, p. 55.

19) 전돈수, 2002, 앞의 논문, p. 68.

20) 김상호, 2017, "경찰혁신 환산 요인에 관한 연구," 치안정책연구 31(1), pp. 52-53 ; Moore, G. C. & Benbasat, I., 1991, "Development of an instrument to measure the perceptions of adopting an information technology innovation," Information Systems Research 2(3), pp. 192-222 ; Rogers, E. M., 2002, "Diffusion of preventive innovations," Addictive Behaviors 27, pp. 989-993.

Q2. 경찰행정학과가 설치된 대학은 어디인가요?

관심사항에 대해 우리는 과장하는 경향이 있습니다. 경찰관련 학과에 관심을 가진 학생들은 관련 학과가 대부분의 대학에 설치되어 있을 거라 생각합니다. 오해입니다. 또한, 경찰행정학과를 탐색하다 보면 유사 관련 학과가 많다는 사실을 확인할 수 있습니다. 비록 '경찰'이라는 용어를 함께 사용하고 있지만 이들은 경찰행정학과와 다르다고 생각합니다. 이 또한 오해일 수 있습니다. 현 시점을 기준으로 경찰관련 학과의 실태를 확인해 보기로 하겠습니다.

In General

경찰행정학과는 신설뿐만 아니라 통합, 폐지 등 다양한 변화를 경험해 왔습니다. 현 시점에서 전국적으로 경찰관련 학과는 70여 개가 넘는 4년제 대학교에 개설되어 있습니다. 대학을 둘러싼 환경 탓에 주로 지방, 그리고 사립대가 중심이 되어 학과를 개설하고 있습니다만, 지방 소재 국립대학에서도 해양경찰관련 학과(전공)를 개설하는 사례가 있었고 최근에는 경찰관련 학과가 개설되기도 했습니다.

1963년에 설치된 동국대학교 경찰행정학과는 이후 후발 대학들의 역할모형으로 기능하며 교과과정을 비롯한 학과운영 전반에 영향을 미치게 됩니다. 무엇보다 신설된 많은 학과(전공)가 그 명칭을 경찰행정학과(전공)로 한 것이 그러합니다. 하지만 학과들이 양적으로 확대됨에 따라 다양성도 함께 나타납니다. 경찰행정이 아닌 '경찰'에 초점을 맞춘 경찰학과(전공), 경찰법학과(전공), 경찰무도학과 등이 학과 명칭으로 등장하게 된 것이죠. 현재 한국에서는 '경찰'이라는 개념을 핵심적 징표로 개별 대학이 강조하는 영역들이 추가되는 모습으로 관련 학과 명칭이 사용되고 있습니다.

'경찰' 개념을 공유하는 학과들 사이의 차이는 무엇일까요? 이들에 대하여 우선 살펴본 후, 해당 학과들이 설치된 대학에 대하여 좀 더 자세하게 살펴보도록 하겠습니다.

In Specific

경찰행정학과는 학문 및 학과 정체성 등으로 인해 오늘날 다양한 명칭으로 분화되어 있습니다. 경찰행정학과가 중심이었던 초기와는 달리 경찰학과, 경찰법학과, 경찰무도학과, 경찰소방학과 등 다양한 경찰관련 학과가 등장하고, 최근에는 경찰과학수사학과, 사이버보안경찰학과 등 더욱 세밀한 기능이 강조되는 모습도 보입니다.

학과 명칭은 단순한 형식으로서의 가치 외에 그 속에 담겨질 내용을 시사하기 때문에 중요합니다. 경찰법학과의 경우 경찰행정학과에 비해 상대적으로 법학적 접근이 강조되는 교과과정 운영을, 경찰소방학과의 경우 경찰과 함께 소방분야에 대한 종합적 고려를 하겠다는 의미가 있습니다.

"경찰 + α" 형식의 학과 명칭은 α로 인해 범위가 좁아지는 문제가 있습니다. 어떤 명칭이든 경찰학과(전공)보다는 하위범주에 해당하기 때문입니다. 즉, 경찰행정학이든 경찰법학이든 이들 모두는 경찰학의 하위영역으로 이해될 수 있습니다*<Q4. 참고>*. 또한 경찰행정학과는 행정학과의 일부(부분) 학과, 경찰법학과는 법학과의 일부(부분) 학과 수준으로 평가될 여지가 있습니다. 이러한 성찰은 결국 학과 명칭을 경찰학과로 채택하자는 움직임으로 나타나고 있습니다.

경찰행정학과와 경찰학과는 상대적으로 유사한 교과과정을 보이고 있습니다. 경찰법학과는 법학 교과목이 차지하는 비중이 높고 경찰소방학과는 경찰 이외에 소방 영역의 비중이 높게 나타납니다. 이처럼 현재 한국에서는 경찰관련 학과의 명칭이 학교에 따라 조금씩 차별적으로 사용되고 있으나 기본적으로 '경찰'이 그 중심에 있습니다. 이와 같은 현실을 제도권에서도 반영하기 위해 노력하고 있습니다. 즉, 경찰공무원 경력경쟁채용(특별채용) 요건이 과거에는 "경찰행정학과"가 기준이었으나 현재는 "경찰행정 관련 학과"로 바뀌었습니다. 물론, 경찰행정 관련 학과라고 해서 경찰법학과가 제외되는 것은 아닙니다만, 이왕이면 "경찰관련 학과"였으면 좀 더 좋았을 것 같습니다.

최근에는 '경찰'이라는 개념을 탈피하여 더욱 광범위한 '형사사법학과'로의 변화가 필요하다는 주장도 있습니다. 그러나 아직까지 '형사사법' 분야를 학과 명칭으로 사용하는 대학은 찾기 어렵습니다.

정리하면, 한국에서는 '경찰'이라는 개념을 핵심적 징표로 하여 개별 대학이 강조하는 영역들이 추가되는 모습으로 관련 학과 명칭이 사용되고 있습니다. 학과에서 학습하는 교과과정의 차이는 확인할 수 있으나 경찰공무원 채용 등에 있어 형식적인 차별 요소는 없습니다. 그러므로 이들을 경찰관련 학과로 통칭하고, 현재(2024년) 시점에서 이들이 개설(예정)된 대학에 대하여 살펴보기로 하겠습니다.

자료는 한국대학교육협의회 대학알리미 학과 찾기를 참고하였고, 지역을 <서울·경기도>, <대전·충청남도·충청북도>, <대구·경상북도>, <부산·울산·경상남도>, <광주·전라남도·전라북도>, <강원도·제주도>로 분류하여 재정리하였습니다. 경찰대학은 *<Q3. 경찰대학과 일반대학 경찰행정학과는 무엇이 다른가요?>*에서 따로 관련 내용을 정리하기로 하겠습니다.

〈서울 · 경기도〉

서울과 경기도에는 모두 9개의 대학에 경찰관련 학과(전공)가 개설되어 있습니다. 동국대학교와 서경대학교가 서울에 위치하고 있으며 각각 경찰행정학부, 경찰행정전공이 설치되어 있습니다.

경기도 양주에 위치한 경동대학교(제4캠퍼스)에는 경찰학과가, 화성에 위치한 화성의과학대학교에는 경찰과학수사학과, 의정부에 위치한 신한대학교(제2캠퍼스), 군포에 위치한 한세대학교, 수원에 위치한 경기대학교, 성남에 위치한 가천대학교, 용인에 위치한 용인대학교에는 모두 경찰행정학과(전공)가 설치되어 있습니다. 이들 대학은 모두 사립대학입니다.

〈서울 · 경기〉

서경대학교(사립) 경찰행정전공
동국대학교(사립) 경찰행정학부
경동대학교(제4캠)(사립) 경찰학과
신한대학교(제2캠)(사립) 경찰행정학과
한세대학교(사립) 경찰행정학과
화성의과학대학교(사립) 경찰과학수사학과
경기대학교(사립) 경찰행정학전공
가천대학교(사립) 경찰행정학과
용인대학교(사립) 경찰행정학과

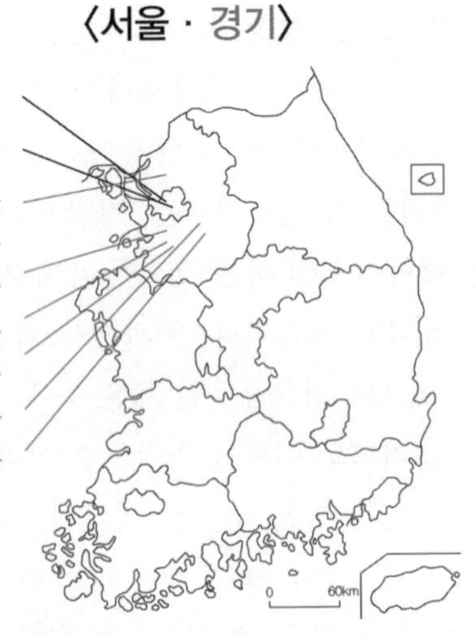

대학유형		학과(전공)명칭			
국립	사립	경찰행정	경찰	경찰법	기타
0	9	7	1	0	1

〈대전 · 충청남도 · 충청북도〉

대전과 충청권에는 모두 22개 대학에 28개 관련학과(전공)가 개설되어 있습니다. 대전대학교, 목원대학교, 배재대학교, 한남대학교가 대전에 위치하고 있으며 경찰학과, 경찰법학과, 경찰행정학부 등 학과(전공) 명칭도 다양하게 사용되고 있습니다.

충청남도 아산에 순천향대학교 경찰행정학과 · 선문대학교 법경찰학과 · 유원대학교 경찰학부/경찰보안전공, 천안에 나사렛대학교 경찰행정학부 · 백석대학교 경찰학부 · 호서대학교 법경찰행정학과, 논산에 건양대학교 국방경찰행정학부, 당진에 세한대학교 경찰행정학과, 서산에 한서대학교 해양경찰학과, 그리고 금산에 중부대학교 경찰행정학전공/경찰법학전공/경찰탐정수사학전공/경찰경호학전공이 각각 설치되어 있습니다.

대학유형		학과(전공)명칭			
국립	사립	경찰행정	경찰	경찰법	기타
0	22	8	9	4	7

충청북도 제천에 세명대학교 경찰학과, 충주에 건국대학교(글로컬캠퍼스) 경찰학과, 음성에 극동대학교 경찰행정학전공, 진천에 우석대학교 경찰학과, 괴산에 중원대학교 경찰행정학과, 청주에 청주대학교 경찰행정학과·서원대학교 경찰행정학부, 그리고 영동에 유원대학교 경찰·소방행정학부/경찰행정전공이 설치되어 있습니다.

대전과 충청권에는 경찰관련 학과(전공)의 수만큼이나 명칭 또한 다양함을 살펴볼 수 있습니다. 이들 대학 역시 모두 사립대학입니다.

〈대구 · 경상북도〉

대구와 경상북도에는 모두 11개 대학에서 12개 관련학과(전공)가 개설되어 있습니다. 대구에는 계명대학교 경찰행정학과가 설치되어 있습니다.

〈대구 · 경상북도〉

대학유형		학과(전공)명칭			
국립	사립	경찰행정	경찰	경찰법	기타
0	11	6	1	0	5

경상북도 경산에 경일대학교 경찰학과 · 대구가톨릭대학교 경찰행정학과 · 대구대학교 경찰행정학전공/자치경찰학전공 · 대구한의대학교 경찰행정학과 · 영남대학교 경찰행정학과, 영주에 동양대학교 경찰행정범죄심리학과, 김천에 김천대학교 경찰소방학과, 구미에 경운대학교 경찰행정전공, 그리고 경주에 동국대학교(WISE) 행정경찰공공학부 · 위덕대학교 경찰정보보안학과가 각각 설치되어 있습니다.

대구와 경상북도에는 많은 대학들이 전통적인 학과 명칭인 경찰행정학과를 사용하고 있으며 경산 지역에는 5개 대학이 경찰관련 학과를 설치 · 운영하고 있는 특색도 확인할 수 있습니다. 대구와 경상북도에 위치한 경찰관련 학과가 설치된 11개 대학 모두 사립대학입니다.

〈부산 · 울산 · 경상남도〉

부산, 울산, 그리고 경상남도에는 모두 13개 대학이 15개 관련 학과(전공)를 개설하고 있습니다. 부산에는 경성대학교 경찰행정학과, 동서대학교 경찰학과, 동아대학교 경찰학과, 동의대학교 경찰행정학과, 부경대학교 경찰범죄심리학전공/해양경찰학전공, 부산외국어대학교 경찰행정전공/사이버경찰전공, 신라대학교 경찰행정학과, 그리고 한국해양대학교 해양경찰학부가 설치되어 있습니다. 부경대학교와 한국해양대학교는 국립대학이며 나머지는 사립대학입니다.

울산에는 울산대학교에서 경찰학전공을 개설 · 운영하고 있습니다. 경상남도에는 창원에 경남대학교 경찰학부, 양산에 영산대학교 경찰행정학과, 김해에 인제대학교 경찰행정학과, 통영에 경상대학교 해양경찰시스템학과가 각각 설치되어 있습니다. 경상대학교는 국립대학이며 나머지 대학은 모두 사립대학입니다.

부산, 울산, 그리고 경상남도에서도 경찰행정학과가 중심이 되고 있습니다. 하지만 부경대학교, 한국해양대학교, 경상대학교와 같은 국립대학에도 관련학과가 개설되어 있고, 지역특성상 해양경찰관련 학과도 확인할 수 있습니다.

〈부산 · 울산 · 경상남도〉

울산대학교(사립) 경찰학전공
부산외국어대학교(사립) 경찰행정전공
사이버경찰전공
신라대학교(사립) 경찰행정학과
동의대학교(사립) 경찰행정학과
동서대학교(사립) 경찰학과
영산대학교(제2캠)(사립) 해양경찰전공
경성대학교(사립) 경찰행정학과
동아대학교(사립) 경찰학과
부경대학교(국립) 경찰범죄심리학전공
해양 경찰학전공
한국해양대학교(국립) 해양경찰학부
영산대학교(사립) 경찰행정전공
인제대학교(사립) 경찰행정전공
경남대학교(사립) 경찰학부
경상대학교(국립)해양경찰시스템학과

대학유형		학과(전공)명칭			
국립	사립	경찰행정	경찰	경찰법	기타
3	10	6	4	0	5

〈광주 · 전라남도 · 전라북도〉

광주와 전라남 · 북도에는 모두 14개 대학에 16개 관련 학과가 개설되어 있습니다. 광주에는 광주대학교 경찰학과/사이버보안경찰학과, 광주여자대학교 경찰행정학과, 남부대학교 경찰행정학과, 송원대학교 경찰행정학과, 조선대학교 경찰행정학과, 그리고 호남대학교 경찰행정학과가 설치되어 있습니다. 이들 모두는 사립대학입니다.

전라남도에는 나주에 동신대학교 경찰행정학과, 목포에 목포해양대학교 해양경찰학부, 무안에 목포대학교 법경찰학부, 그리고 여수에 전남대학교(제2캠퍼스) 해양경찰학과가 설치되어 있습니다. 동신대학교는 사립대학이며 나머지 대학은 모두 국립대학입니다.

전라북도에는 익산에 원광대학교 경찰행정학과, 군산에 군산대학교 법행정경찰학부/해양경찰학부, 완주에 우석대학교 경찰행정학과, 그리고 전주에 전주대학교 경찰학과가 개설되어 있습니다. 군산대학교는 국립대학이며 나머지 대학은 모두 사립대학입니다.

광주, 전라남도, 그리고 전라북도에서도 경찰행정학과가 중심이 되고 있습니다. 하지만 군산대학교, 목포해양대학교, 전남대학교와 같은 국립대학들도 관련학과를 함께 개설하고 있으며 해양경찰 관련 학과도 확인할 수 있습니다.

〈광주 · 전라남도 · 전라북도〉

대학유형		학과(전공)명칭			
국립	사립	경찰행정	경찰	경찰법	기타
4	10	8	2	1	5

〈강원 · 제주도〉

강원도와 제주도에는 모두 5개 대학에서 관련 학과를 개설하고 있습니다. 강원도에는 강릉에 가톨릭관동대학교 경찰학부, 원주에 상지대학교 경찰법학과 · 한라대학교 경찰행정학과가 설치되어 있습니다. 이들은 모두 사립대학입니다.

제주도에는 제주대학교에 해양산업경찰학과, 제주국제대학교에 경찰학부가 설치되어 있습니다. 제주대학교는 국립대학이며, 제주국제대학교는 사립대학입니다.

강원도와 제주도에서는 학과 명칭이 다양하게 나타나며, 사립대학교를 중심으로 경찰관련 학과가 설치되어 있지만 국립대학인 제주대학교에서도 학과가 운영되고 있는 모습을 확인할 수 있습니다.

〈강원 · 제주〉

대학유형		학과(전공)명칭			
국립	사립	경찰행정	경찰	경찰법	기타
1	4	1	2	1	1

In Conclusion

2024년 현재 한국에는 74개 4년제 대학교(원격대학 제외)에 85개의 경찰관련 학과(전공)가 설치되어 있습니다(<표 2-1> 참조). 이들

학과(전공)는 작게는 20명에서 많게는 100명이 넘는 인원을 모집하는 곳도 있습니다.

경찰관련 학과는 수도권인 서울·경기(9개 대학 : 12.2%)보다 지방(65개 대학 : 87.8%)에, 국립대학(8개 대학 : 10.8%)보다 사립대학(66개 대학 : 89.2%)에 상대적으로 많이 설치되어 있습니다. 학과(전공) 명칭은 '경찰행정'이 36개로 다수(42.4%)를 차지하고 있으며 '경찰' 19개(22.3%), '경찰법' 6개(7.1%) 등으로 나타났습니다. 이 외에도 '경찰+국방', '경찰+소방', '경찰+법+행정' 등의 명칭도 보이며 국립대학을 중심으로 '해양경찰' 관련 명칭도 활용되고 있습니다. 현재의 모습이 2년 전과 큰 차이는 없는 것으로 보입니다. 그럼에도 학과 명칭의 경우 경찰학과와 기타의 비중이 높아진 모습을 확인할 수 있습니다.

모든 조직이 그러하듯 대학에서의 학과(전공)도 성장과 발전만을 경험하는 것은 아닙니다. 대학을 둘러싼 환경의 급격한 변화는 대학 내 학과(전공)에도 상당한 영향을 미치고 있습니다. 과거 유망했던 학과(전공)들이 변화된 환경 속에서 폐과되어 사라지는 모습은 더 이상 낯설지 않습니다. 경찰관련 학과들의 미래는 어떤 모습으로 전개될지, 모두 관심 있게 지켜봐야 할 것 같습니다.

표 2-1 경찰관련 학과(전공) 설치 현황(2024)

대학 : 74개교					학과(전공) : 85개			
대학소재			대학유형		학과(전공)명칭			
수도권		지방	국립	사립	경찰행정	경찰	경찰법	기타
9		65	8	66	36	19	6	24
2024	12.2%	87.8%	10.8%	89.2%	42.4%	22.3%	7.1%	28.2%
2022**	12.2%	87.8%	9.5%	90.5%	50.6%	18.1%	7.2%	24.1%
2020*	11.3%	88.7%	9.9%	90.1%	55.3%	13.1%	7.9%	23.7%

* 초판 자료, ** 제2판 자료

Q3. 경찰대학과 일반대학 경찰행정학과는 무엇이 다른가요?

비슷한 것을 우리는 똑같은 것으로 생각하곤 합니다. 경찰관련 학과로 진학한 학생들이 경찰제복과 유사한 옷차림을 하고 수업과 학교생활을 하는 모습이 목격되곤 합니다. 경찰관련 학과로 진학한 학생과 학부모들은 졸업 후 경찰공무원 임용을 당연한 것으로 생각하기도 합니다. 오해입니다. 하지만 한국에는 이러한 생각을 가능하게 하는 대학이 존재합니다. 바로 경찰대학입니다. 경찰대학과 일반대학 경찰관련 학과… 그 차이에 대해 확인해 보도록 하겠습니다.

In General

> 경찰대학은 1981년 개교한 이래 우수한 인재를 모집하여 경찰관으로 양성함으로써 치안역량을 강화하고, 경찰학 연구를 선도하는 등 경찰발전에 기여하였다.[1)]

2017년 출범한 경찰개혁위원회가 경찰대학을 대상으로 평가한 내용입니다. 경찰관련 학과가 설치된 일반대학에서도 학과(전공)가 개설된 이래 우수한 인재들이 모집되었고 학과(전공)에서의 연구 성과가 경찰발전에 기여한 것으로 자평할 수 있을 겁니다. 우수한 인재들을 대상으로 한 경찰학 교육과 연구… 경찰대학과 일반대학 경찰관련 학과는 분명 유사한 점이 있습니다.

그러나 경찰대학은 정예경찰간부의 양성과 치안행정의 발전을 위해 특별법인 「경찰대학설치법」에 의해 설치·운영되는 특수목적대학입니다. 또한 대표적인 경찰교육훈련기관이기도 합니다. 경찰대학 졸업자는 경찰공무원 임용이 예정되기 때문에 입학과정에서 입학생에게 경찰공무원 임용자격을 갖추고, 신체 및 체력기준 등을 충족할 것을 요구합니다. 즉, 경찰대학 입학은 단순한 대학입학과는 달리 경찰공무원 신규채용과정의 일환이라는 겁니다.

대부분의 경찰관련 학과는 「고등교육법」을 근거로 학교법인이 설립·경영하는 일반사립대학에 설치되어 있습니다. 일반대학은 건학이념과 교육목표에 맞추어 조직을 갖추고 교육과정 등을 수립합니다. 국가·지방자치단체 또는 산업체 등이 채용을 조건으로 특별한 교육과정의 운영을 요구하는 경우 계약학과 형태의 학과를 설치·운영하는 사례도 있으나 경찰관련 학과에서는 드물며 대개 일반학과 형태로 설치·운영되고 있습니다.

비록 많은 학생들이 경찰공무원 임용을 생각하며 경찰관련 학과에 입학하고 있으나 모두가 경찰관을 희망하는 것은 아니며 학과생활을 통해 희망 진로가 바뀌는 경우도 많습니다. 경찰학을 비롯해 관련 학문분야에 대한 학습 및 연구가 중심이 되며 졸업 후 경찰을 비롯한 다양한 분야로 진출하게 됩니다 *<Q10. 참고>*. 이로 인해 일반대학 경찰관련 학과에서는 대학과정에서의 학업 능력이 중요한 선발기준이 될 뿐, 경찰공무원 임용을 전제로 이런저런 기준을 요구하지 않습니다.

우수한 인재들을 대상으로 경찰학 교육과 연구를 수행하는 것이 경찰대학만의 역할은 아닌 것 같습니다. 그렇다면 경찰대학의 존재의미는 어디에서 찾아야 할까요? 이를 확인하기 위해서는 경찰대학의 설치과정을 먼저 살펴봐야 할 것 같습니다. 이후 좀 더 자세하게 논의해 보도록 하겠습니다.

In Specific

대학은 다양한 주제를 대상으로 학위를 수여하는 고등교육기관이자 연구기관으로 정의됩니다.[2] 한국에서 대학은 가장 일반적이고 대표적인 고등교육기관이며, 설립·경영 주체에 따라 국립, 공립, 그리고 사립으로 분류됩니다. 국립대학(國立大學)은 국가가 설립·경영하거나 국가가 국립대학 법인으로 설립하는 대학, 공립대학(公立大學)은 지방자치단체가 설립·경영하는 대학으로 설립주체에 따라 다시 시립(市立)대학과 도립(道立)대학으로 구분할 수 있습니다. 사립대학(私立大學)은 법인 또는 사인이 설립하여 경영하는 대학입니다.

한국에서 경찰관련 학과는 동국대학교에 1963년 처음으로 창설되었습니다. 동국대학교는 '학교법인 동국대학교'에 의해 설치·경영되는 사립대학입니다. 이후 1990년대 경찰관련 학과의 신설과 증원이 지방 사립대학을 중심으로 이루어지며 오늘날까지 추세적 성장을 이어오고 있습니다. 물론, 경찰관련 학과가 사립대학에만 개설된 것은 아닙니다. 경상대학교, 군산대학교, 한국해양대학교, 제주대학교 등에서 해양경찰학 분야로 학과를 신설했고, 부경대학교에서도 경찰범죄심리학전공이 설치된 바 이들은 국립대학입니다.

한국에서 대학은 대부분 「고등교육법」에 의해 일반적으로 규율됩니다. 국립대학 역시 다르지 않으며, 「고등교육법」과 「국립학교 설치령」을 통해 설치와 조직에 관한 일반적인 내용이 규정되어 있습니다. 그러나 특별한 설립취지와 목적을 가지고 특별법 및 개별 설치령에 의해 운영되는 대학도 존재하는데 이들을 특수목적대학이라고 합니다. 즉, 특정분야의 전문 인력 양성을 목적으로 정책적으로 설립하고 운영하는 대학이 바로 특수목적대학인 겁니다.3)

경찰대학은 대표적인 특수목적대학이며 이 외에도 각 군 사관학교, 육군3사관학교, 국군간호사관학교, 과학기술원(KAIST, GIST, DGIST, UNIST), 한국전통문화대학교 등이 특수목적대학으로 분류됩니다.4)

일반대학 경찰행정학과와 특수목적대학인 경찰대학의 차이를 확인하기 위해서는 우선 경찰대학에 대해 좀 더 자세하게 살펴봐야 할 것 같습니다.

경찰대학은 정예경찰간부 양성을 위해 국가가 설립한 특수목적대학이다!!!

경찰대학은 정예경찰간부의 양성과 치안행정의 발전을 위해 4년제의 정규경찰대학을 설치하는 것을 목적으로 「경찰대학설치법」(법률 제3172호, 1979. 12. 28. 제정)에 의해 탄생했습니다.

경찰조직 내부에서 4년제 경찰대학을 설치하려는 움직임은 1960년대 이후부터 있어왔다고 합니다. 그러나 공식적인 접근은 1972년부터 보이기 시작하는 바, 당시 내무부에서 작성된 정책보고서(<70년대 한국경찰의 방향>)에 4년제 정규교육과정을 신설하려는 내용이 포함되어 있었습니다. 1978년에는 수사경찰 현대화작업의 일환으로 4년제 경찰사관학교의 설치가 제안되기도 했습니다.5)

경찰에서는 경찰'대학'이라는 형태에 대하여 나름 자부심을 가지고 있는 것 같습니다. 경찰사관학교 설치에 대한 제안이 경찰대학 신설에 합리적 근거를 제시한 것으로 인정하면서도 '대학'이 아닌 '사관학교' 형태를 주장하여 한계가 있었다고 평가하기 때문입니다.6) 하지만 당시 경찰사관학교안을 실질적으로 주도한 안문석 박사에 따르면 "육군사관학교를 모델로 한 경찰사관학교안이 경찰대학으로 태어

난 것"으로 평가합니다. 나아가 이름은 대학이지만 사실은 경찰사관학교이며 실질적으로도 경찰사관학교로 운영되는 것이 바람직하다고 주장합니다.[7] '대학'이냐 '사관학교'냐의 문제는 정체성과 관련되어 있으며 이로 인해 존재에 대한 다양한 쟁점과 연결될 수 있습니다. 자세한 내용은 경찰대학을 둘러싼 개혁 논의에서 다시 살펴보도록 하겠습니다.

이 시기, 경찰공무원 채용과 관련해서 중요한 제도적 변화가 나타납니다. 일반공무원의 경우 각종 시험에서 학력 제한이 1972년 폐지되었으나 경찰공무원의 경우 순경은 고등학교 졸업자, 간부후보생(경위)은 초급대학(전문대학)졸업자 등으로 학력 기준을 두고 있었습니다. 그러다가 1976년, 그동안 유지하고 있었던 경찰공무원 채용과정에서의 학력 기준이 폐지되면서 신임 경찰공무원의 학력 수준도 낮아집니다. 특히 간부후보생의 학력 수준 저하는 다양한 문제를 야기하게 됩니다.

1976년에서 1979년 사이에 채용된 간부후보생들은 평균 32% 정도가 고졸 이하의 학력을 보유하는 것으로 나타났습니다. 이들을 대상으로 한 교육내용은 전문과목에서 모두 예전과 다름없이 초급대학 졸업수준, 즉 대학학부 3학년 수준의 교과내용으로 편성되어 있었습니다. 그러므로 해당 내용들에 대한 수강을 통해 의도한 교육효과를 달성할 수 있을 것인지를 놓고 의문이 제기되었습니다. 나아가 이들의 교육기간이 1년이었던 바, 4년간의 교육과정을 수료하는 사관학교 등의 졸업생과 비교해서 국가가 요구하는 우수한 경찰간부가 될 수 있느냐 하는 점도 다시 부각되었습니다.[8]

이와 같은 조직 내외 상황은 경찰간부의 정예화와 치안행정의 발전을 위해서 4년제 경찰대학 신설이 필요하다는 쪽으로 의견을 모으게 했습니다. 이를 위해 1979년 6월 치안본부에 대학개설 작업의 신속한 추진을 위한 '경찰대학개설 실무위원회'가 구성되며, 「경찰대학설치법」이 11월 28일 국회를 통과하고, 12월 28일 법률 제3172호로 공포되었습니다.[9] 이 법의 주요 내용은 다음과 같습니다.

- ○ 경찰대학 학생의 학비는 전액 국고에서 부담하고, 수당 · 피복 기타 교육에 필요한 급여품을 지급하고 급식을 함
- ○ 경찰대학 졸업생에게는 법학사 또는 행정학사의 학위를 수여하고 경위로 임명함
- ○ 경찰대학 졸업생은 기초군사훈련을 받은 후 전환복무(전경대 또는 기동대 소대장 또는 참모 근무)를 통해 군복무를 필한 것으로 함
- ○ 경찰대학을 졸업하고 경찰공무원으로 임용된 자는 6년간 의무복무하도록 함

경찰대학 학생에게 제공되는 학비를 비롯한 각종 급여, 졸업 후 경위로의 임용, 전환복무 형태를 통한 병역의무 이행 등은 정예경찰 간부를 양성하고자 하는 특수목적 달성을 위한 전략적 선택으로 평가할 수 있습니다. 반면 일반대학 경찰행정학과 학생에게는 이러한 내용들이 적용되지 않습니다. 학비의 개인 부담은 물론이거니와 졸업이 경찰공무원 임용을 보장하는 것도 아니며, 병역의무 이행에 대한 책임도 개인이 부담합니다. 이 때문에 경찰대학을 차별 내지 특혜라는 관점에서 평가하고 이에 따른 개혁을 요구하는 목소리도 존재했습니다.[10]

1981년 3월 부평캠퍼스에서 1기 입학식이 개최되다!!!

'경찰대학개설 실무위원회'는 1980년부터 신입생을 모집하여 교육하고자 하였으나 당시 정치적 상황으로 관련 일정들이 순연되었습니다. 1980년 4월 10일 경찰대학의 조직과 학사운영에 필요한 사항들

이 「경찰대학의 조직과 학사운영에 관한 규정」으로 정비되고, 1980년 7월 15일 1기생 선발 계획이 확정되어 일간신문에 공고되었습니다. 1차 필기시험, 2차 신체검사 · 체력검정 · 면접, 3차 대학입학 예비고사를 거쳐 최종합격한 120명이 1981년 3월 9일 입학하게 됩니다.[11)]

경찰대학은 2016년부터 아산캠퍼스로 이전하여 학생들을 교육하고 있습니다. 아산캠퍼스로 이전하기 전에는 용인캠퍼스에서, 그리고 그 이전에는 부평캠퍼스에서 교육이 이루어졌습니다. 부평캠퍼스는 4년제 대학까지를 예상하고 설계된 시설이 아니었습니다. 이미 간부와 비간부 관련 각종 교육훈련이 이루어지던 교육시설(경찰전문학교)이었기에 새로이 4년제 경찰대학생을 수용하기에는 한계가 있었던 겁니다. 이러한 문제점은 대학신설을 계획하던 당시부터 논의되었고 1980년 중반부터 캠퍼스 신설계획이 추진되었습니다. 서울지역에 대학신설을 허용하지 않는다는 정부 방침을 확인한 후 1980년 11월 15일 용인지역으로 최종 캠퍼스 부지가 확정됩니다. 이후 1982년 12월 31일 1차 준공이 이루어지고 1983년 1월 22일 대학이 이전 · 입주하게 됩니다. 물론, 입주 이후에도 잔여공사는 지속되었으며 1984년 8월 3일이 되어서야 준공식이 거행되었습니다.[12)]

학생 수의 변화(정원 축소)와 여학생 입학, 그리고 통합모집!!!

경찰대학 학생정원은 120명으로 시작하였습니다. 당시 150명, 200명 등의 대안이 함께 제시되었으나 예산문제와 함께 내부 구성원들의 사기 등을 이유로 최종 120명이 되었습니다.[13)] 경찰대학 졸업생은 졸업과 함께 경위로 임명하도록 하고 있습니다. 경위계급은 경찰 내 초급간부로 파출소장, 경찰서 계장 등으로 근무하게 됩니다.

경찰조직은 경위 이하 경찰공무원이 전체 인력의 약 90%를 차지하는 반면, 총경 이상 고위관리직은 0.5% 수준에 불과합니다. 일반직공무원들에 비해 하위직 비율이 매우 높은 구조로, 이로 인해 인사 관련 다양한 문제가 지적되며 특히 승진에 대한 스트레스는 매우 높은 편에 속합니다.

이러한 상황에서 경찰대학 입학정원 120명이 계속 유지될 경우 이들의 고위직 점유비중 확대에 따른 문제 또한 자연스럽게 예견되었습니다. 따라서 경찰지휘부의 인적구성을 다원화하고 치안인력 수급환경의 변화에 탄력적으로 대응하기 위해 경찰대학 입학정원을 100분의 20의 범위에서 감축하여 운영할 수 있도록 2014년 「경찰대학의 조직과 학사운영에 관한 규정」이 개정되고 2015년도부터는 100명으로 정원이 조정되었습니다.

그림 3-1 경찰대학 정원 변천과정

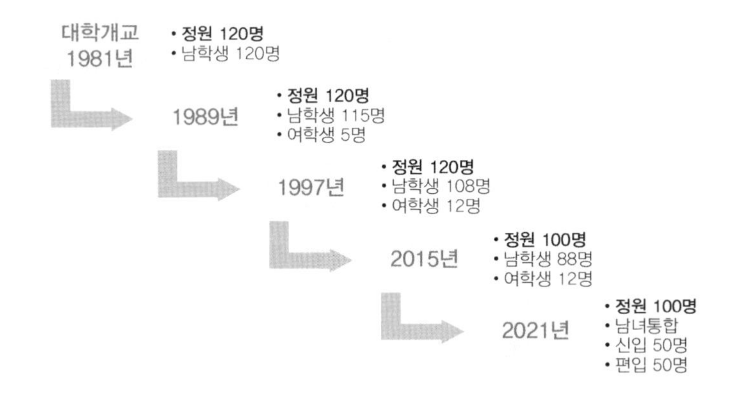

여성의 사회활동 범위와 역할의 증대는 전문여성경찰관에 대한 수요로 나타났습니다. 이에 따라 경찰대학에서도 1989년 5명의 여학생이 입학하게 됩니다. 이후 1997년도부터는 정원의 10%인 12명으로 증원하여 선발하였고, 2015년 정원이 100명으로 조정된 상황에서도 12명으로 그 수를 유지했습니다.

경찰대학 정원과 성별에 따른 구분 모집은 2021년부터 다시 변화를 경험하게 되었습니다. 신입생 입학정원이 50명으로 조정되고, 2023년부터 편입제도를 통해 50명을 모집하게 된 겁니다. 졸업정원 100명은 과거와 동일함을 알 수 있습니다. 나아가 신·편입생 모집과정에서 남·녀 구분모집제도는 폐지되었습니다.

일반대학 경찰행정학과와 경찰대학은 다르다!!!

1990년대 이후 지방 사립대학을 중심으로 경찰관련 학과가 빠르게 성장하기 시작했습니다. 국·공립, 또는 사립 일반대학 경찰관련 학과와 경찰대학은 여러 면에서 차이가 있습니다. 이러한 차이는 기본적으로 경찰대학이 경찰간부(경위) 교육훈련기관이라는 성격에서 발생합니다. 이들을 정리하면 다음과 같습니다.

첫째, 입학 자격입니다. 일반대학 경찰관련 학과와 경찰대학 모두 입학을 위한 학력기준을 두고 있습니다. 즉, "고등학교를 졸업한 사람이나 법령에 따라 이와 같은 수준 이상의 학력이 있다고 인정된 사람"이 입학할 수 있다는 점에서는 공통점을 찾을 수 있습니다. 하지만, 경찰대학의 경우 경찰공무원 임용 결격사유에 해당하지 않아야 하며, 일정한 신체 및 체력 조건을 충족해야 하고, 입학연령에 있어서도 더욱 제한적(상·하한 기준 존재)이라는 점에서 일반대학 경찰행정학과 입학과는 차별성을 보입니다 *<경찰공무원 임용기준에 대해서는 Q13. 참고>*. 일반대학 경찰행정학과의 경우 학교마다 조금씩 차이가 있지만 기본적으로는 일정한 학력기준 이외에 신체, 체력, 연령 등에 대한 제한은 따로 두고 있지 않습니다.

둘째, 학교 생활입니다. 경찰대학 학생의 학비는 전액 국고 부담이며, 수당·피복 기타 교육에 필요한 급여품과 식사 등이 제공됩니다. 일반대학 경찰관련 학과의 경우 장학금 수혜를 통해 학비 부담을 줄일 수는 있으나 어디까지나 학생의 역량에 따라 차등적이며 교육에 수반되는 기타 비용에 대해서는 개인부담을 원칙으로 합니다. 경찰대학 학생은 일정 기간 기숙사에서 의무적으로 생활해야 하나, 일반대학 경찰관련 학과에서 그러한 의무를 부과하는 경우는 드뭅니다.

셋째, 군 복무 문제입니다. 경찰대학을 졸업한 남학생은 기초군사훈련을 받은 후 기동대 소대장 또는 참모 근무를 통해 군 복무를 필하게 해 주었습니다. 의무경찰 전환복무 제도를 운영한 것인데 경찰에서는 경찰대학 졸업생을 의무경찰을 관리하는 소대장 또는 해당 부서 참모로 복무하게 한 것입니다. 반면, 일반대학 경찰관련 학과의 경우 학생이 재학 중 또는 졸업 후 병역법상 병역 의무를 스스로 이행해야 합니다. 경찰관련 학과 학생들은 경찰경험 등 제반 사정을 이유로 의무경찰을 지원하는 경우가 많았습니다. 이때, 이들은 이경-일경-상경-수경 계급체계에 따라 현역병(兵)으로 근무하였습니다. 의무경찰제도는 2023년 폐지되었고 이에 따라 2021년도부터 경찰대학에 입학하는 학생 또한 병역법상 병역의무를 이행하도록 변경되었습니다. 이로 인해 군 복무에서는 차별성이 사라지게 되었습니다.

넷째, 졸업 후 경찰임용입니다. 경찰대학 졸업생은 초급간부 계급인 경위로 임명됩니다. 대학 과정을 무사히 마치고 졸업하게 되면 경찰공무원, 그것도 간부계급인 경위로 임용되는 것이죠. 일반대학 경찰관련 학과 졸업생에게는 이와 같은 경찰 임용이 보장되지 않습니다. 간부는 물론이거니와 경찰공무원 어느 계급에서도 마찬가지입니다. 이들은 경찰공무원 채용 시험에 응시해서 최종적으로 합격해야 경찰공무원으로 임용됩니다. 물론, 경찰관련 학과 재학생으로 관련 교과목을 일정 수준 이수한 경우에 경력경쟁채용 대상이 될 수 있으나 이 역시 채용 시험 과정을 모두 거쳐서 합격해야 비로소 경찰공무원으로 임용될 수 있습니다.

지금까지 살펴본 다양한 차이는 단순한 차이를 넘어 차별에 해당할 수 있고 – 경찰대학 특혜론도 이와 맥락을 같이 합니다 – 이로 인해 제도적 개선이 필요하다는 시각이 존재합니다. 그리고 그런 시각들은 경찰대학 운영의 개선을 요구하는 관점부터 폐지를 주장하는 관점까지 다양한 스펙트럼으로 나타나고 있습니다.

표 3-1 경찰대학과 일반대학 경찰관련 학과(2024년 기준)

구분		경찰대학	일반대학 경찰관련 학과
입학 조건	학력 기준	○	○
	신체·체력·연령 기준	○	×
	성별 기준	×	×
학교생활	학비	국가부담	학생부담
	제복생활	○	× (일부 존재)
	기숙사합숙	○	×
졸업 후	학위 수여	○	○
	경찰 임용	○ (경위)	×

경찰대학에 대한 국민과 경찰관들의 평가는 우호적이다!!!

모든 제도는 장점과 단점을 함께 지니고 있습니다. 경찰대학 역시 예외가 아니죠. 문재인 정부 출범 후 구성된 경찰개혁위원회에서는 경찰대학이 개교 이래 우수한 인재를 모집하여 경찰관으로 양성함으로써 치안역량을 강화하고, 경찰학 연구를 선도하는 등 경찰발전에 기여한 것으로 평가하고 있습니다. 동시에 근본적인 변화 없이 지속되어 오면서 시대상황을 반영하지 못하는 문제점을 지적하였습니다.[14] 이에 따라 다양한 개혁조치들을 권고하였고 경찰대학은

2021학년도 입시부터 주요 내용들을 적극 반영하였습니다. 구체적인 내용에 앞서, 경찰대학에 대한 국민과 경찰관들의 인식에 대해 먼저 간단히 살펴보도록 하겠습니다.

2005년 9월 7일부터 9월 9일까지 전국에 거주하는 20세 이상 무작위 표본추출된 성인남녀 1,900명에 대한 설문조사 결과, 경찰대학 폐지에 대해서 반대(84%)가 다수로 나타났고 보통(9.8%), 찬성(6.2%)의 순으로 나타났습니다. 또한 경찰대학 졸업생들이 경찰의 청렴도 향상, 공정한 업무처리, 경찰 자질향상 등에 긍정적으로 기여한 것으로 평가하는 시각이 부정적 평가보다 높게 나타났습니다.[15]

2007년 3월에서 4월, 무작위 추출 후 우편 설문조사에 참여한 경찰공무원 569명의 응답자료를 분석한 결과에서도 경찰대학에 대한 전반적인 이미지는 긍정적(39.7%), 보통(35.3%), 부정적(24.9%)의 순으로 나타났습니다. 경찰발전을 위해 경찰대학의 존립이 필요한지에 대해서도 긍정적(46.7%), 보통(27.3%), 부정적(27%)으로 나타났습니다. 또한 직접적인 경험에 비추어 경찰관들은 대체로 경찰대학 출신들이 인격적으로 타 경찰관을 대우하며 청렴하고 열성적으로 근무하는 것으로 평가하고 있었습니다.[16]

경찰대학은 설립된 이후 현재까지 40여 년 동안 한국경찰 활동에 있어 중요한 제도로 기능해 왔습니다. 그 사이에도 학계에서는 경찰대학의 역할과 기능에 대한 뜨거운 논쟁이 있었고 정부차원에서의 폐지안 또한 검토되곤 했습니다.[17] 그럼에도 일반국민과 경찰공무원들의 우호적 평가는 경찰대학의 지속가능성을 확인시켜 준 것으로 이해할 수 있습니다.

그림 3-2 **경찰대학에 대한 평가**

경찰대학 폐지 의견(일반국민)

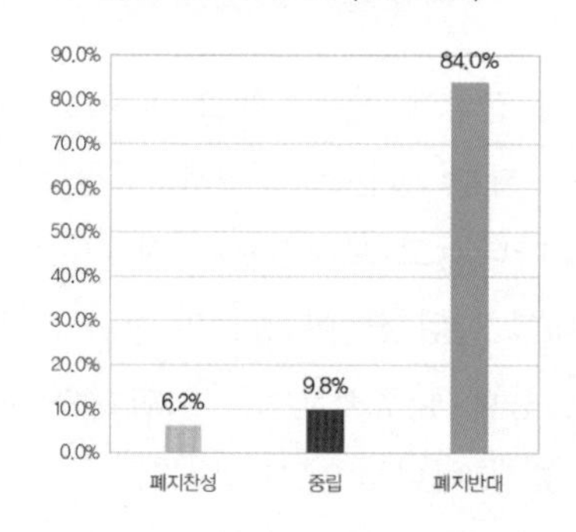

경찰대학 존립 필요성(경찰공무원)

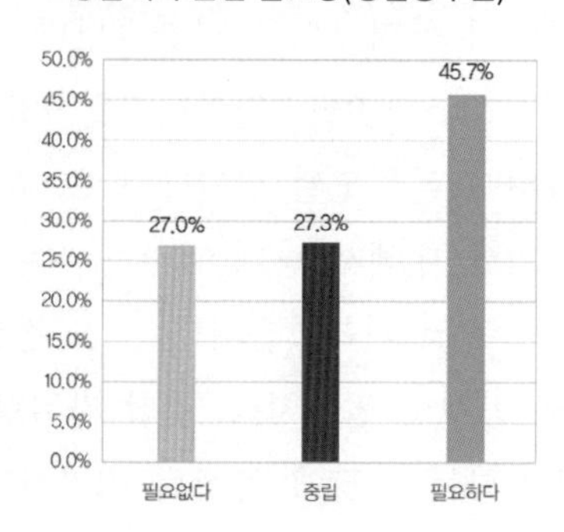

자료 : 이웅혁·최규범(2005 : 185) ; 탁종연(2007 : 219).

경찰대학은 일반대학의 다른 학과로 대치하기 어렵다!!!

분명 국민과 경찰조직 내부에서의 우호적 평가는 경찰대학의 성장과 발전에 큰 동력이 되어왔습니다. 그러나 동시에 경찰대학은 차별 내지 특혜라는 관점에서 비판의 대상이 되기도 했습니다. 일반대학 경찰행정학과의 성장과 발전은 그러한 관점들을 더욱 확대할 수 있어 보입니다. '사관학교'가 아닌 '대학'으로서의 정체성 확립은 이러한 환경에서 상대적으로 불리해 보이기도 합니다.

1998년 세무대학설치법 폐지법률안이 국회에서 의결되고 대통령이 공포하자 이에 대해 반발이 있었습니다. 헌법재판소를 통한 헌법소원 청구도 그중 일부였는데요, 세무대학 폐지가 부당하다며 청구인들은 다음과 같은 주장을 합니다.

> … 경찰대학 등 다른 특수 국립대학은 그대로 두고 세무대학만을 폐지하는 것은 합리적 이유 없이 세무대학을 차별하는 것으로서 처분적 법률의 헌법적 한계를 위반하였으며, 동시에 헌법

제11조 제1항을 통해서 보장된 청구인들의 평등권을 침해한 것으로서 …

이러한 주장에 대해 당시 헌법재판소는 다음과 같은 판단을 내립니다.18)

… 세무대학의 폐교는 … 정부의 구조와 기능을 근본적으로 재조정하기 위한 조치의 일환이었다. 세무대학은 그동안 4,000명 이상의 세무공무원을 양성하여 세무행정발전에 기여한 바가 크지만 세무공무원 채용환경의 변화 및 정부기능 간소화 등 주변여건의 변화에 따라 … 이를 폐지한 것이다 … 경찰대학은 세무대학과는 달리 *일반대학의 다른 학과에 의해 대치할 수 없는 성격의 특수대학*으로서 국가치안업무를 담당할 경찰공무원을 교육·훈련하는 교과과정을 운영하고 있다는 점에서 세무대학과 다른 차이점을 갖는다. 세무대학은 세무관련 직업교육이 다른 일반대학의 세무관련 학과교육보다 강화되어 있다고는 하나 일반대학의 교육과정이 세무대학에서의 교육과정을 전혀 보완할 수 없는 것이 아니므로, 세무대학과 경찰대학은 반드시 동일하게 취급되어야 하는 것은 아니다 …

경찰대학은 특수대학으로 일반대학의 다른 학과에 의해 대치할 수 없고 이로 인해 지속되어 왔습니다. 하지만 일반대학 경찰관련 학과들의 질적 수준이 더욱 강화될수록 어떤 미래가 전개될지는 아직은 불투명해 보입니다.

❙ 경찰대학의 역할 변화와 지속가능성을 위해!!!

최근 경찰대학은 새로운 변화의 중심에 놓여 있습니다. 대학생활을 통해 민주시민에게 필요한 자질과 인격을 함양할 수 있도록 교육과정 전반을 재설계할 것이 요청되고 이 과정에서 각종 특혜를 폐지하거나 축소할 것이 요구되고 있습니다. 이러한 시대적 화두는 2021년도 입학전형에 반영되어 다음과 같은 내용으로 나타나고 있습니다.

○ 신입생 입학정원이 50명으로 조정되었습니다. 2023년도부터 일반대학생과 재직경찰관을 대상으로 편입제도를 운영할 계획이며 이에 따라 졸업정원은 100명이 됩니다.
○ 경찰대학 신입생 입학과정에서 남녀 정원을 따로 구분하여 모집하던 구분모집제도를 폐지하고 통합모집제도를 도입하였습니다.
○ 신입생 입학연령 상한이 기존 21세 미만에서 42세 미만으로 완화되었습니다.
○ 신입생들의 기숙사 생활을 자율적 선택에 맡기고 있습니다.
○ 의무경찰 전환복무 제도가 폐지될 예정이며 이에 따라 남학생들은 병역법상 병역의무를 이행할 것이 요구되고 있습니다.

경찰대학이 과거 21세 미만이라는 연령제한을 둔 것은 젊고 유능한 인재를 확보하고 이들에게 필요한 교육훈련을 일관적이고 체계적으로 실시하여 질 높은 경찰서비스를 제공하기 위한 목적이었습니다. 이와 같은 목적을 완화된 기준과 변화된 환경 속에서 어떻게 효율적으로 달성할 수 있을지, 지속적인 성찰이 필요해 보입니다.

잠깐 ^^ 경찰대학이라는 명칭은 1972년부터 사용되었다!!!

경찰대학이라는 명칭은 1972년도부터 사용되었습니다. 경찰간부후보생 교육을 담당해 온 경찰전문학교를 경찰대학으로 개칭한 것이죠. 하지만 이 시기 경찰대학은 명칭만 대학일 뿐 학위과정이 아닌 경찰교육훈련기관이라는 점에서 4년제 경찰대학과 성격을 달리합니다. 즉, 이 시절 경찰대학 교육과정을 완료했다고 해서 학위가 수여되는 것은 아니었다는 겁니다.

초기 경찰교육은 간부와 비간부로 구분해서 간부급은 경찰전문학교에서, 비간부는 지방경찰학교에서 담당했습니다. 경찰전문학교는 1946년 8월 15일 국립경찰학교가 승격된 것으로, 이곳에서는 간부후보생 교육이 이루어졌습니다. 1954년 경찰전문학교 직제가 개정되어 지방경찰학교를 폐지하고(1962년, 부활) 경찰전문학교에서 간부·비간부 교육을 일원화했습니다. 그리고 1955년 3월에는 부평으로 학교를 옮겨 부평캠퍼스 시대를 열었습니다.[19]

1972년 경찰전문학교 명칭을 경찰대학으로 바꾸고 경찰교육수준의 고도화 등을 추진하였으나 경찰교육기관의 이원화(지방경찰학교에서의 분산적 교육)로 인한 문제점 등은 지속되었습니다. 그러다가 1975년 경찰대학 부설 종합학교를 설치하면서 교육기관의 일원화가 이루어집니다.[20] 1979년 4년제 경찰대학 설치법이 제정되자 경찰대학은 4년제 경찰대학과 경찰종합학교로 분리되고, 이때부터 경찰대학은 4년제 경찰대학을 의미하게 된 겁니다. 경찰대학과의 분리 이후 경찰종합학교는 간부·비간부 교육 공간으로 그 기능을 수행하다가 1987년 중앙경찰학교의 개교와 함께 순경신임교육 기능은 넘기고 간부후보생 교육기관으로 자리매김하게 됩니다. 이후 2009년 아산으로 옮기면서 경찰교육원으로 개칭되고, 2018년에는 다시 경찰인재개발원으로 명칭이 바뀝니다. 나아가 그동안 주관해 오던 경찰간부후보생 교육과정이 경찰대학으로 이관되고, 현재 경찰인재개발원에서는 경찰공무원 직무교육이 중점적으로 이루어지고 있습니다.

In Conclusion

1970년대 중반, 경찰공무원 임용과정에서 학력기준이 철폐됩니다. 당시에 한국 사회에서 경찰관련 학문을 학습하고 연구해 온 준비된 우수인재는 굉장히 드물었습니다. 당시 경찰관련 학과라고는 동국대학교 경찰행정학과가 유일했습니다.

이전부터 논의되어 왔던 4년제 경찰대학 설치문제는 이러한 상황 속에 신규채용된 경찰관들의 학력 수준 저하를 경험하며 빠르게 진척되어 갑니다. 1979년 「경찰대학설치법」이 제정되고 1981년 신입생이 입학함으로써 경찰대학은 한국사회에 등장하게 됩니다.

1990년대 중·후반 지방 사립대학을 중심으로 경찰관련 학과가 급속하게 설치되었고 현재 70여 개가 넘는 4년제 대학에서 관련 학과를 운영하고 있습니다. 경찰대학은 정예경찰간부 양성을 위한 특수목적대학으로 입학과정이 경찰공무원 신규채용과정의 일환입니다. 이로 인해 입학조건, 학교생활, 졸업 후 경찰임용 등에서 일반대학 경찰관련 학과와 차이가 있지만 우수한 인재들을 대상으로 한 경찰학 교육과 연구라는 차원에서는 일반대학 경찰관련 학과와 크게 다르지 않습니다. 이러한 공통점에 대한 평가에 따라 경찰대학을 바라보는 시각이 달라질 수 있는 만큼, 앞으로 경찰대학의 미래가 어떻게 전개될지, 이 또한 관심 있게 지켜봐야 할 것 같습니다.

마무리하기 전에, 경찰개혁위원회에서는 경찰대학에 대해 '선(先) 민주시민, 후(後) 현장에 강한 청년경찰 양성'을 목표로 제식훈련, 제복착용, 전원합숙 등 군대식·사관학교식 생활지도 교육을 전향적으로 개선할 것을 주문했습니다.[21] 그리고 경찰은 이러한 요구를 학교생활에 적극 반영할 계획이라고 합니다. 쉽게 말해 학교생활 과정에서 군대식 요소들을 가급적 제거하고 민주적 요소들로 대체할 것을 요구한 겁니다. 경찰대학에 대한 이러한 요구들은 일반대학 경찰관련 학과에서는 당연한 것들이겠죠.

참고문헌

1) 경찰청, 2018, 경찰개혁위원회 백서, 서울 : 경찰청, p. 294.

2) 신현철, 2017, 대학론, 서울 : 소명출판, p. 14.

3) 권기욱, 2009, 현대적 대학의 특성, 서울 : 보현사, p. 6.

4) 배현웅 · 권기호 · 문미남 · 문호석, 2010, "다차원 척도법을 이용한 특수 목적대학에 대한 이미지 분석," 한국데이터정보과학회지 21(1), p. 12 ; 송승익 · 방희경, 2019, "특수목적대학 운영에 대한 체제론적 분석 : 해군사관학교 사례를 중심으로," 인문사회21 10(5), p. 594.

5) 경찰청, 1994, 한국경찰사 Ⅳ, 서울 : 경찰청, pp. 172-173.

6) 경찰대학 20년사 편찬위원회, 경찰대학 20년사, 용인 : 경찰대학, p. 32. ; 경찰청, 1994, 앞의 책, p. 173.

7) 안문석, 2016, "경찰대학은 당초 경찰사관학교로 설계되었다." 지역정보화 101, pp. 80-81.

8) 경찰대학20년사편찬위원회, 앞의 책, p. 13.

9) 경찰청, 1994, 앞의 책, p. 173.

10) 이영남, 2005, "경찰대학의 새로운 역할모색," 한국경찰학회보 7(2), pp. 141-164 ; 최응렬, 2000, "경찰관련 학과 및 경찰대학의 발전방안," 한국공안행정학회보 10, pp. 304-306 ; 최응렬, 2003, "경찰행정학 전공자의 활용방안," 한국경찰학회보 5(1), pp. 202-204.

11) 경찰청, 1994, 앞의 책, p. 174, 176.

12) 경찰대학 20년사 편찬위원회, 앞의 책, pp. 88-100.

13) 경찰대학 20년사 편찬위원회, 위의 책, p. 40.

14) 경찰청, 2018, 앞의 책, p. 294.

15) 이웅혁 · 최규범, 2005, "경찰대학에 대한 국민의 평가 - 소위 '경찰대학 폐지론'에 대한 타당성 검토를 중심으로," 경찰학연구 9, pp. 184-191.

16) 탁종연, 2007, "경찰대학에 대한 경찰관들의 평가," 한국경찰연구 6(2), pp. 206-219.

17) 안문석, 2016, 앞의 자료, p. 80.

18) 헌재 2001. 2. 22. 99헌마613

19) 경찰대학 20년사 편찬위원회, 앞의 책, pp. 4-5.

20) 경찰대학 20년사 편찬위원회, 위의 책, pp. 8-11.

21) 경찰청, 2018, 앞의 책, p. 296.

Q4. 경찰행정학은 무엇인가요?

경찰관련 학과 다수는 경찰행정학과를 명칭으로 사용하고 있습니다. 학과 명칭은 해당 학과에서 배우고 익힐 학문 전체를 대표할 수 있습니다. 그러므로 경찰관련 학과에 관심을 가진 학생들은 해당 학과에서 경찰행정학을 중심으로 교육과 연구 활동이 이루어질 것으로 기대합니다. 하지만 경찰행정학은 경찰관련 학과에서 학습하는 많은 학문 중 일부에 해당할 뿐입니다. 경찰행정학이 무엇인지, 나아가 경찰관련 학문을 대표할 수 있는 학문은 무엇인지 알아보도록 하겠습니다.

In General

경찰행정학은 행정학의 분과학문으로 탄생·발전해 왔습니다. '경찰'이라는 연구대상을 '행정학'의 이론이나 원리 등을 통해 이해하고자 한 것입니다. 이러한 역사성은 현재 한국연구재단의 『학술연구분야분류』에도 반영되어 경찰행정이 행정학의 분과 영역으로 위치하고 있습니다(<표 4-1> 참조).[1)]

하지만 경찰학의 등장과 함께 경찰행정학의 정체(identity) 및 학문적 위치(positioning)에 대한 논쟁도 새롭게 전개되고 있습니다. 좀

표 4-1 학술연구분야분류표(현행)

학술연구분야분류표

대분류명	중분류명	소분류명	세분류명
인문학	…	…	…
사회과학	정치외교학	…	…
	경제학	…	…
	법학	…	…
	행정학	행정학일반 재무행정	…
		…	…
		분야별행정	경찰행정
			…
			…
자연과학			…
…			

더 자세하게 살펴보도록 하겠습니다.

In Specific

학문 영역의 존재는 대학에 설치된 학과 등을 통해 외부적으로 인식가능하게 됩니다. 현재 많은 대학에서 경찰행정학과를 설치 · 운영하고 있어 경찰행정학의 존재를 당연하게 인식하고 있습니다.

하지만 최근에는 경찰행정학과뿐만 아니라 경찰학과, 경찰법학과, 경찰무도학과, 경찰소방학과 등 보다 다양한 경찰관련 학과들이 등장하고 있습니다. 이러한 현상은 경찰행정학으로 대표된 경찰관련 학문에 대한 문제 제기이자 경찰관련 학문들의 재 체계화 요구의 일환으로 평가할 수 있습니다.

이처럼 경찰행정학은 그 자체의 정체성과 함께 경찰관련 학문 전반에 대한 논의의 중심에 서 있습니다. 먼저, 경찰행정학이 무엇인지 살펴보겠습니다.

경찰행정학은 행정학의 분과학문이다!!!

경찰행정학과가 처음 등장한 1963년, 서재근 총경은 『경찰행정학』(서울 : 삼중당) 교재를 발간하게 됩니다. 저자는 서문을 통해 "일반행정의 체계 위에 경찰행정의 특수성을 살려 보려 …" 시도하였음을 밝히고 있습니다. 나아가 경찰행정학을 "경찰목적을 달성하기 위하여 민주주의 원칙에 입각하여 능률적인 집행을 위한 방법과 절차를 학리적으로 다루는 것"[2]으로 정의하였습니다.

이러한 개념은 후속 학자들에 의해 공유되어 경찰행정학은 행정학의 특수분야 내지 분과학문으로 이해되어 왔습니다. 이황우 교수는 1994년 경찰행정학 교재를 집필하면서 "행정학의 특수한 영역의 하나로서 경찰행정에 대한 관심이 주어지게 된 것"으로 소개하였습니다.[3] 이에 따르면 '경찰'이라는 연구대상에 대하여 '행정학'적 이론을 통한 접근이 경찰행정학의 중심 개념으로 받아들여진 것이죠. 나아가 행정학적 접근은 공공성을 실현할 수 있는 기획, 조직, 인사, 재정 분야 '관리'기법으로 인식되었습니다.[4] 하지만 이러한 개념은 경찰행정학과 내 교과과정과의 괴리를 낳게 됩니다.

경찰행정학과 교과과정은 일반적으로 인간 및 사회현상에 대한 이해, 법집행에 필요한 법률지식, 경찰 관리 및 활동에 관한 전문지식 등을 함양할 수 있는 교과목으로 편성됩니다 *<Q7. 참고>*. 교과목 편성과정에서 전문직업 분야인 경찰직과 경찰공무원 채용에 관한 관심 또한 자연스럽게 고려되지요. 경찰조직의 편제나 경찰공무원의 성격 – 행정부 소속의 행정공무원 – 등을 고려하면 행정학적 지식의 유의성은 충분히 공감할 수 있습니다.

그럼에도 경찰관련 학과의 전체 교과과정에서 행정학적 관점은 여전히 일부에 머물러 있습니다. 전국 4년제 경찰관련 학과 교과과정을 분석한 연구들에 따르면 연구자에 따라 교과과정을 분류하는 기준이 조금씩 차이가 있으나 실제 교과과정에서 행정학 분야의 비중이 높지 않음을 확인할 수 있습니다. 보다 구체적으로 한 연구에 따르면 경찰학, 범죄학, 법학, 기타 영역들이 각각 42%, 19%, 25%, 14% 수준으로 분포되어 있고, 여기서 경찰학 영역은 다시 경찰이론, 경찰실무, 행정학 분야로 나뉘어 각각 15.3%, 17.2%, 9.4%를 차지하고 있습니다.[5] 또 다른 연구에서도 경찰학과 범죄학 등 경찰학문분야 37.1%, 법학 분야 30.1%, 행정학 분야 20.7%, 기타 분야 12.1%로 분석되고 있습니다.[6]

그림 4-1 경찰관련 학과 교과과정 분석

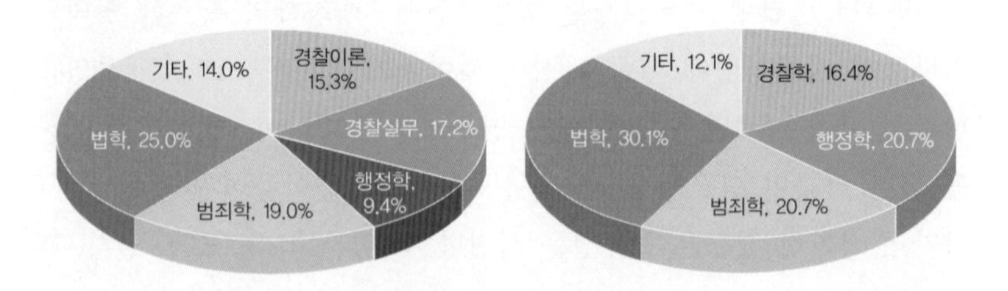

자료 : 최응렬·김순석(2006 : 199-200) ; 제갈욱·장석헌(2011 : 235).

이러한 현실은 경찰행정학과의 학과 명칭 적합성, 그리고 경찰행정학의 상위학문 등에 대한 보다 다양한 논의들을 만들고 있습니다.

경찰에 관한 학문의 총체는 경찰학이다!!!

경찰행정학이 행정학의 일부라면 과연 경찰에 관한 대표 학문으로 바람직한 것인지 의문이 들 수 있습니다. 실제 경찰관련 학과에서 제공하고 있는 교과과정이 경찰행정학으로 포섭되기 어렵다는 사실도 분명해 보입니다. 이와 같은 문제 인식은 경찰행정학이 등장했던 초기에도 분명히 나타났습니다. 1976년 서기영은 "오늘날 경찰은 그 연구가 촉진 향상됨으로써 응용과학인 소위 공안학(公安學)으로서 보다 광의의 개념으로 이해되고 있다"고 적었습니다.[7] 하지만 소위 '공안학'이라는 것이 '경찰행정학'과 별개의 학문분야로 이해된 것은 아니며 전통적인 경찰행정학 범위를 확대하는 방향에서 절충점을 찾고 있음을 확인할 수 있습니다.

일찍이 경찰대학(1982)에서는 경찰학을 행정학 · 조직학 · 사회학 · 교육학 · 범죄학 · 법학 · 심리학 · 경제학 · 정치학 · 군사학 등의 사회과학분야와 수학 · 물리학 · 화학 · 생물학 · 의학 · 공학 등의 자연과학분야가 포함되는 종합학문이어야 함을 천명한 적이 있습니다.[8] 이에 따르면 행정학은 그 일부가 경찰목적을 위해 적용 가능한 학문 영역으로, 이 경우 경찰행정학으로 명명할 수 있고 경찰학의 분과학문으로 위치하게 됩니다. 1998년 경찰대학에서는 경찰관련 학문을 전반적으로 개편하는 작업을 진행하면서 경찰에 관한 학문의 총체를 경찰학으로 규정하고 경찰행정학은 경찰학의 일부로 위치시키는 것이 바람직하다고 주장하게 됩니다.[9]

경찰행정학자 중 일부는 경찰행정학을 행정학의 틀에서 끄집어내어 다양한 학문분야의 성과를 수용함으로써 독자적인 학문으로 발전시킬 것을 요구하기도 합니다. 이러한 시각은 '공안학' 개념과 유사하며 초기 경찰행정학 개념과는 상당한 거리를 둠으로써 결과적으로 경찰학 개념과 대동소이하게 됩니다.

경찰행정학은 한국에서 경찰관련 초기 학문으로 평가할 수 있습니다. 경찰행정학의 역사성을 고려할 때 가급적 원형을 보존하려는 시도 또한 충분히 이해할 수 있습니다. 하지만 오늘날 많은 학자들은 경찰행정학이나 경찰법학으로부터 완전히 탈피한 독립 분과학문으로서의 경찰학을 보다 바람직한 방향으로 강조하고 있습니다.[10)]

이 경우『학술연구분야분류』또한 새롭게 설정 가능합니다. 사회과학의 하위영역으로 경찰학이 자리하고 그 하위영역으로 경찰행정학(론)이 위치하는 형식입니다.

표 4-2 학술연구분야분류표(변경)

학술연구분야분류표			
대분류명	중분류명	소분류명	세분류명
사회과학	경찰학	경찰행정학(론)	

이러한 분류는 국방/안보행정, 사회복지행정 등 분야별행정의 세분류 분야가 군사학, 사회복지학 등으로 독립·분과학문화한 방향과도 맥락을 함께 하는 것입니다.

In Conclusion

1963년, 경찰행정학과가 대학에 설치되자 학과의 대표학문으로 경찰행정학은 자연스럽게 등장하게 됩니다. 행정학 이론의 경찰 원용으로 출발한 경찰행정학은 이후 학문적 폭을 넓히면서 성장·발전해 왔습니다.

오늘날 경찰행정학은 안팎에서 도전에 직면해 있습니다. 먼저, 경찰관련 학문의 대표주자로 계속 기능할 수 있느냐의 문제입니다.

한편에서는 경찰관련 학문은 경찰학으로 통합되어야 하며, 경찰행정학은 경찰학의 분과학문으로 정립되는 것이 바람직하다고 합니다. 이에 따르면 경찰행정학이 경찰관련 학문들 속에서 예전과 같은 위상을 유지하기란 어려워 보입니다. 다른 한편에서는 경찰행정학의 경계를 보다 확장함으로써 기존 '행정학'과의 차별화와 경찰관련 학문의 대표성 유지라는 두 마리 토끼를 모두 잡으려는 시도도 보입니다. 이 경우 경찰행정학은 경찰학과 대동소이하게 됩니다.

다음으로, 행정학 분야의 비약적 발전을 제대로 수용하고 있느냐의 문제입니다. 현대 행정학은 내부관리 중심의 전통적 접근에서 탈피하여 더욱 진화되어 있습니다. 이러한 현실이 경찰행정학을 통해 제대로 반영되고 있는지 행정학 분야에서는 의문을 가질 수 있습니다. 경찰행정학을 '행정학'과 차별화하려는 시도는 현대 행정학에 대한 이해가 전제되어야 하는 바, 이것은 매우 난해한 작업입니다.

오늘날 경찰은 과거 경험하지 못한 문제들과 마주하고 있습니다. 기존 지식체계를 통해 이러한 문제들이 해소되기 어려울 때 새로운 학문 분야가 자연스럽게 등장하게 됩니다. 경찰행정학 역시 새로운 영역으로 등장하였으나 행정학적 접근이라는 기본적인 한계 또한 존재합니다. 경찰문제는 행정학적 접근뿐만 아니라 다양한 학문분야에서의 지식을 필요로 합니다. 경찰학을 경찰관련 지식의 총체로, 그리고 경찰행정학은 경찰학의 분과 영역으로 설정하는 것이 오늘날 더욱 바람직한 접근이라고 생각합니다.

참고문헌

1) 한국연구재단 학술연구분야분류 : https://www.nrf.re.kr/biz/doc/class/view?menu_no=323
2) 서재근, 1963, 경찰행정학, 서울 : 삼중당, p. 36.
3) 이황우, 2000, 경찰행정학, 서울 : 법문사, p. 5.
4) 서기영, 1970, "경찰행정학 - 형성기 우리나라 경찰행정학의 Aporia로서의 서설," 한국행정학보 4, pp. 153-188.
5) 최응렬 · 김순석, 2006, "전국 4년제 경찰학 관련학과 교과과정의 문제점과 개선방안에 관한 연구," 경찰학논총 1, pp. 199-200.
6) 제갈욱 · 장석헌, 2011, "경찰학 교육 현황 및 실태에 대한 실증적인 분석," 한국공안행정학회보 42, p. 235.
7) 서기영, 1976, 한국경찰행정사, 서울 : 법문사, p. 88.
8) 경찰대학, 1982, 경찰학개론, 용인 : 경찰대학, p. 50.
9) 경찰대학, 1998, 경찰학개론, 용인 : 경찰대학, pp. 56-57.
10) 김상호, 2003, "경찰학의 정체성 및 학문적 성격에 대한 고찰," 경찰학연구 4 : 167-194 ; 최선우, 2014, "경찰학의 정체성과 학문분류체계에 관한 연구," 한국경찰학회보 16(2), p. 174.

Q5. 경찰학은 무엇인가요?

오늘날 대형서점과 도서관 등 다양한 곳에서 「경찰학」 또는 「경찰학개론(원론)」 교과서를 볼 수 있습니다. 물론, '경찰'을 표제로 하는 다른 교과서(경찰행정학, 경찰행정법 등)도 많습니다. 경찰관련 학과로 입학하게 된다면 분명 이들과 수시로 씨름해야 할 겁니다. 손자병법에 "적을 알고 나를 알면, 백번 싸워도 위태롭지 않다(지피지기, 백전불태)"라는 말이 있습니다. 상대를 알면 분명 유리한 점이 있을 겁니다. 경찰학에 대해 조금 더 자세하게 알아보도록 하겠습니다.

In General

경찰학은 경찰관련 지식의 총체로, 경찰행정학은 경찰학의 분과영역으로 설정하는 것이 바람직한 접근이라고 했습니다. 매우 간단하고 단순해 보입니다. 그런데 말입니다, 경찰학 내용을 구체적으로 획정하는 작업은 생각보다 어렵고 복잡합니다. 2022년부터 시행된 경찰공무원 공개경쟁채용시험에서는 경찰학을 순경 및 경찰간부후보생(경위) 공개채용의 필수과목으로 지정했습니다. 이와 함께 한국경찰은 경찰학의 출제범위와 출제비율을 아래와 같이 제시합니다.

경찰학: 경찰행정법 35% 내외, 경찰학의 기초이론 30% 내외,
경찰행정학 15% 내외, 분야별 경찰활동 15% 내외, 한
국경찰의 역사와 비교경찰 5% 내외

사실, 경찰학 교과목은 과거에도(2001년) 경찰공무원 공개경쟁채용시험 필수과목으로 지정된 적이 있었습니다. 하지만 당시에는 출제범위와 비율이 따로 제시되지 않았죠. 과거에 비해 분명 한 단계 진화된 모습으로 평가할 수 있습니다. 그럼에도 여전히 많은 것들이 숙제로 남아 있습니다. 과연 출제범위로 제시된 분야가 경찰학 전 범위를 포괄하고 있는지? 출제범위로 제시된 분야가 담고 있는 구체적인 내용은 무엇인지? 쉽지 않습니다. 나아가 한국경찰이 제시하고 있는 출제비율이 정당한 것인지도 의문입니다. 출제비율은 해당 분야의 중요도로 평가될 수 있어 더욱 유의할 필요성이 크기 때문입니다.

한국에서는 '경찰학'을 표제로 한 최초의 교과서(「경찰학개론」)가 1982년 경찰대학에서 출간됩니다. 이후 몇 차례 수정과 개정을 거치면서 한국 경찰학의 모습을 그려가게 됩니다. 이 과정은 한국에서 경찰학이 독립된 학문체계로 성장하는 데 중요한 역할을 한 것으로 평가되지만, 동시에 연구대상과 범위를 둘러싼 중요한 쟁점도 함께 노출시켰습니다. 이들을 살펴보면 한국에서 경찰학의 기원과 성장 그리고 과제 등을 확인할 수 있으리라 봅니다. 먼저, 경찰학 교과서가 처음 작성되던 1982년으로 들어가 보겠습니다.

In Specific

다양한 학문에 대해 그 존재를 확인하고 구체적인 내용을 파악하기에 교과서만 한 것이 없습니다. 경찰관련 교과서는 경찰관련 학과의 성장 및 발달과 긴밀하게 연관되어 있습니다. 초기에는 경찰(행

정)법과 경찰행정학이 중심이었고, 2000년 이후부터는 경찰학이 표제인 경우와 경찰관련 내용을 담고 있는 교과서들이 다수 출판됩니다.

1982년 경찰학개론이 최초로 편찬되었다!!!

한국에서 '경찰학'이 표제인 교과서는 1982년 경찰대학에서 「경찰학개론」이라는 이름으로 처음 빛을 보게 됩니다. 이후 여러 차례 수정과 개정을 거치고 이 과정에서 저자가 달라짐에 따라 내용 또한 상당한 변화를 경험합니다.[1] 우선, 경찰대학이라는 장소를 한 번 주목해 보기 바랍니다. 한국에서 최초의 경찰관련 학과는 동국대학교 경찰행정학과(1963년)로 소개했습니다. 학과 개설과 함께 대내외 연구자들은 각종 교과서도 집필하게 되는데요, 여기에 '경찰학'은 없었던 겁니다(「경찰행정학」의 경우, 1963년 삼중당에서 편찬됩니다).

경찰분야 교과서의 경우 정부수립 초기부터 경찰교육기관, 특히 경찰전문학교를 중심으로 교육훈련을 위해 다수 발행되었습니다. 경찰법, 경찰복무, 법제대의, 사법경찰, 범죄감식학대의, 경무실무, 교통실무, 수사실무 등이 이에 해당합니다.[2] 1979년 경찰대학이 설치되자 이곳에서도 이러한 움직임이 더욱 활성화됩니다. 경찰대학은 교과를 경찰학 과정과 일반학(법학, 행정학) 과정으로 구분하였고, 경찰관 신분인 교관은 경찰학 과정의 교육을, 교육공무원인 교수는 일반학 과정의 교육을 담당하게 했습니다. 교과서 편찬을 대학교육의 근본으로 평가하면서 대학 스스로 다양한 교과서를 편찬했고[3] 이러한 시기에 「경찰학개론」이 등장하게 된 겁니다.

그렇다면, 「경찰학개론」은 누가 집필을 담당했을까요? 경찰대학에는 경찰관인 교관(교수요원)과 교육공무원인 교수가 함께 근무한다고 했습니다. 이들 중 「경찰학개론」 교과서를 쓴 사람(들)이 있는데요, 그들은 바로 경찰관 신분의 교관이었습니다. 교관들이 경찰학 과정의 교육을 담당하였고, 경찰학 과정은 경찰지식의 전문화와 실무능력 배양에 초점을 둔 교과목들로 구성되었기 때문입니다. 일반경무이론, 교통행정, 일반경비이론, 수사이론, 일반보안이론 등이 당시 개설된 교과목들이었습니다. 「경찰학개론」은 경찰학 과정의 도입 교과목으로 자연스럽게 교관의 영역으로 이해된 겁니다.

1982년 '경찰학개론'은 '경찰행정학'과 '경찰행정법'이 혼합된 것이다!?

경찰대학에서는 1982년 「경찰학개론」에 대해 "경찰행정학과 경찰행정법이 혼합된 것"으로 적고 있습니다.[4] 스스로의 업적에 대해 지나치게 겸손했던 것으로 보입니다. 객관적인 평가를 위해, 1982년 「경찰학개론」의 내용을 분석해야 할 것 같습니다. 먼저, 1982년 「경찰학개론」은 교관 7명(황지연 외 6인)이 공동집필한 것으로[5] 교과서 표지에는 이들 대신 '경찰대학'이 표기되어 있습니다. 목차에서 본문, 참고문헌까지 490쪽에 달하는 분량으로, 본문은 총 10장에 걸쳐 구성되어 있습니다(<그림 5-1> 참조). 좀 더 구체적으로 살펴보면, 제1장에서 경찰과 경찰학에 대한 일반적 설명이, 제2장에서 영미법·대륙법계 경찰에 대한 비교론적 고찰 및 한국경찰의 역사가, 제3장, 제6장, 제7장에서 경찰행정학의 주요 내용들이, 제4장에서 경찰행정법의 주요 내용이, 제8장에서 경찰실무 관련 내용이, 제9장에서 경찰개혁 관련 논의가, 제10장에서 범죄의 원인과 대책(범죄학 관련) 등이 소개되고 있습니다.

그림 5-1 1982년 경찰학개론

제1장 서설
제2장 경찰의 역사와 변천
제3장 경찰의 조직
제4장 경찰권
제5장 경찰인
제6장 경찰의 인사관리
제7장 경찰의 교육훈련
제8장 경찰의 업무
제9장 경찰 환경과 대민처우
제10장 경찰과 범죄행위

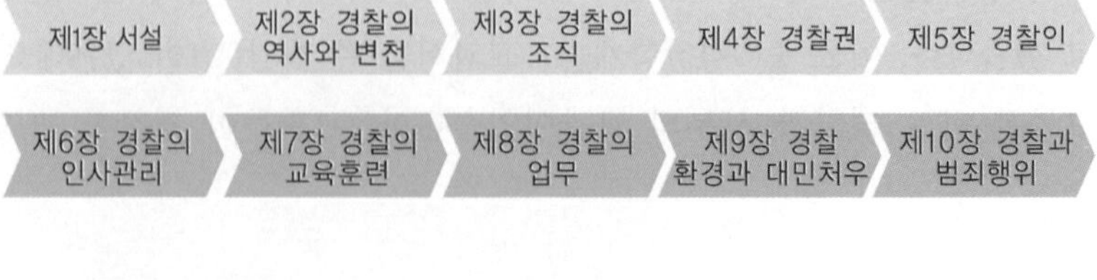

「경찰학개론」이 경찰행정학과 경찰행정법의 혼합인지 확인하기 위해, 1982년 이전까지 한국에서 출판된 관련 교과서를 들추어 보았습니다. 그 결과, 경찰행정법 4권(신경찰법, 박재우, 1948 대성출판사 ; 경찰법신강, 임규손·안갑준, 1958 일조각 ; 경찰행정법, 주용준, 1963 아문각 ; 경찰법론, 유홍수, 1971 정림사), 경찰행정학 2권(경찰행정학, 서재근, 1963 삼중당 ; 경찰행정학, 채원식, 1971 삼아출판사) 총 6권의 교과서를 확인할 수 있었습니다. 이들 교과서 내용을 분석한 후 1982년 「경찰학개론」 내용과 비교한 결과는 다음과 같습니다.[6)]

○ 경찰학개론 제1장, 제2장: 경찰(행정)법, 경찰행정학 교과서 서론에서 일부 기술
○ 경찰학개론 제3장, 제6장, 제7장: 경찰행정학 교과서 중심 내용
○ 경찰학개론 제4장: 경찰(행정)법 교과서 중심 내용
○ 경찰학개론 제8장: 경찰(행정)법, 경찰행정학 교과서 각론 또는 본론에서 일부 기술
○ 경찰학개론 제9장: 경찰행정학에서 일부 기술

자, 어떻습니까? 1982년 「경찰학개론」은 당시 출판되어 참고할 수 있었던 국내 경찰관련 교과서인 경찰행정학 또는 경찰행정법을 단순히 혼합한 것으로 평가하기에 무리가 있습니다. 이들 교과서가 다루었던 중요한 내용 중 상당 부분이 「경찰학개론」으로 전수되지만, 제10장 범죄학 관련 내용을 비롯해 그렇지 않은 부분도(제5장 전체, 제1장, 제8장 일부 등) 함께 존재하기 때문입니다. 한국에서 경찰학은 초기부터 기존 학문과 차별적인 독자성을 추구하기 위해 노력한 것으로 평가해야 할 것 같습니다.

경찰학개론은 저자에 따라 차별화되었고 이를 통해 한국 경찰학의 주요 담론을 주도해 왔다!!!

1982년 「경찰학개론」 교과서가 등장하기 이전, 한국에서 '경찰' 관련 교재는 경찰(행정)법 또는 경찰행정학이 주도했습니다. 쉽게 말해 '경찰학'이라는 영역이 따로 존재한 것은 아니었습니다. 이런 상황에서 새롭게 경찰학을 구성했던 것이죠. 결코 쉬운 일이 아니었을 겁니다. 그리고 이러한 과제가 당시 경찰관 신분이었던 교관들에게 주어져 있었다는 사실, 기억나시죠? 학문을 전업으로 하는 사람에게도 어려운 일이었을 겁니다. 이런 저런 자료들을 열심히 찾아보았을 걸로 생각합니다.

당시 한국에서는 적절한 해답을 찾기 어려웠습니다. 이미 살펴본 바와 같이 경찰(행정)법 또는 경찰행정학이 주도하는 상황이었기 때문입니다. 이들을 단순히 혼합하는 것으로는 왠지 부족해 보입니다. 이때, 타이베이(台北) 중앙경관학교에서 1978년 발행한 「경찰학원리」(梅可望 저)를 확인하게 됩니다. 「경찰학원리」에서 구성한 경찰학의 체계는 그대로 「경찰학개론」으로 이식되었습니다. 앞에서 살펴본 제1장부터 제10장에 이르는 골격이 완성된 겁니다. 여기에 기본 내용을 한국적인 것으로 수정·보완함으로써 경찰학개론이 탄생하게 됩니다. 처음부터 타이베이 「경찰학원리」에 기초해서 「경찰학개론」이 서술되었고 그 결과 경찰행정학 또는 경찰(행정)법과 차별화되는 모습을 보이게 된 것인지, 아니면 경찰행정학 또는 경찰(행정)법과의 차별화를 도모하는 과정에서 「경찰학원리」가 눈에 띈 것인지, 정확한 사정은 확인하기 어렵습니다. 어쨌든 새롭게 한국에서 경찰학이 등장한 사실은 분명합니다.

경찰대학 「경찰학개론」은 이후 매년 복제와 미세 보완을 거듭하게 됩니다. 기본적인 골격(10장 체계)이 변한 것은 아니고 연도에 따라 갱신이 필요한 내용이 조정되는 형태였습니다. 이러한 배경에는 황지연을 포함한 주저자의 연속성이 자리하고 있었습니다. 1991년, 기본 구조의 변화가 처음 나타난 바, 이전 10장 체계에서 8장으로 간소화됩니다. '경찰권'과 '경찰과 범죄행위' 분야가 삭제되어 경찰(행정)법 분야와 범죄학 분야가 상대적으로 소외되는 결과를 가져옵니다. 그럼에도, 이때까지 주저자의 연속성은 유지되고 있습니다.

1998년, 경찰대학 「경찰학개론」은 이전과는 달리 대폭적인 변화를 경험합니다. 구조는 물론 내용까지 상당한 변화가 있었는데요, 이러한 변화를 주도한 당시 경찰대학장(이무영 치안정감)과 주저자(이운주 경정)의 생각을 옮겨 보도록 하겠습니다.

> … 경찰학계에서 아직 시도된 바 없는 실무의 이론화를 위하여 경찰학 교재를 발간 … 경찰학 교재는 <경찰학개론>, <경찰윤리론>, <경찰방범론>, <경찰수사론> … 등 총11권으로 편찬 … 각 교재는 총론 부분에서 해당 분야의 이론을 체계화 … 각론 부분에서는 실무능력의 배양에 도움이 되도록 선진 실무기법과 치안사례 등을 연구 · 정리 … 경찰대학은 이 교재의 발간을 계기로 경찰학의 메카(mecca)로서 그 사명을 다할 것 …
>
> – 발간사 중 일부 / 이무영

> … 우리나라에서 … 경찰학의 일분야라고 볼 수 있는 경찰행정학과가 거의 대부분 … 경찰학에 관한 문헌은 경찰행정학 서적을 제외하고는 경찰대학의 교과서 외에 현재로는 없는 듯 … 현행 경찰대학의 경찰학개론 교과서는 경찰법학의 분야가 전혀 다루어지지 아니하고 주로 경찰행정학 측면에서 기간(旣刊)의 경찰행정학 교과서의 범주를 크게 벗어나지 못하고 … 전면적인 저술의 계기가 …
>
> – 본문 중 일부 / 이운주

1998년 경찰대학 「경찰학개론」은 이전 경찰학개론 내용에 대한 저자의 비판적 성찰과 경찰대학의 위상 제고를 위한 학장의 목표의식이 결합한 결과로 보입니다. 총론·각론 분리 서술 원칙에 따라 이전 교과서에서 '경찰의 업무'로 다루었던 내용들이 각론 분야로 옮겨가고 비중도 커졌습니다. '경찰행정학' 중심성에 대한 비판은(사실, 1982년 경찰학개론에는 적용되기 어렵고 1991년 이후 경찰학개론에 대한 비판에는 적절할 수 있습니다) '경찰과 그 법적 토대' 분야의 추가와 비중 확대를 통해 경찰(행정)법의 부활로 보완됩니다. 단순한 부활보다는 화려한 부활이라는 평가가 더욱 적당해 보입니다. 경찰(행정)법 관련 내용이 교과서 전체에서 가장 높은 비중을 차지했기 때문입니다.

경찰대학 「경찰학개론」은 2009년 다시 한 번, 저자 변동(강용길 외 7인)과 이에 따른 구조 변화를 경험합니다. 전체적인 내용은 1998년 「경찰학개론」과 유사하나, 여기에서는 각론에 '경찰과 범죄' 분야가(범죄학 관련) 새롭게 추가됩니다.

경찰대학 「경찰학개론」은 경찰학에 대한 표준교재로서의 역할을 담당해 왔다!!!

경찰대학이라는 공간을 통해 경찰학개론이 형성·발전되어 온 과정을 살펴보았습니다. 한국에서는 미지의 영역이나 다름없었던 '경찰학' 분야가 경찰관 신분의 교관들에 의해 학문적 정체성을 형성해 온 겁니다. 그런데 말입니다, 일반적으로 학문은 학자 또는 연구자의 영역으로 이해되고, 교과서 집필 또한 이들이 주도하는 것으로 알고 있습니다. 경찰학의 역사는 이러한 일반적 인식과 조금 달라 보입니다. 왜 그럴까요? 몇 가지 이유를 생각할 수 있습니다. 먼저, 한국에서 경찰학은 학계보다 경찰대학에서 교관들의 필요에 의해 만들어졌습니다. 경찰대학은 교과를 일반학 과정과 경찰학 과정으로 분류했습니다. 경찰실무와 관련된 다양한 교과목들이 경찰학 과정에 포함되었고 교관들이 담당했습니다. 이러한 과목들의 기초과목으로 경찰학개론이 필요했고 이에 따라 교과서가 제작된 것입니다.

한국에서 경찰학은 경찰교육훈련기관인 경찰대학에서 장래 경찰을 대상으로 교육되었습니다. 당시 학계에서는 경찰학이 아닌 경찰행정학 또는 경찰(행정)법 정도가 존재했습니다. Q1에서 살펴보았듯이 한국에서 경찰관련 학과는 1990년대 이후 성장과 확장을 경험했습니다. 이 과정에서 경찰관련 과목들이 교과과정으로 편성되었으나 적합한 교재가 부족했다는 지적은 꾸준했습니다.[7] 그러다가 2000년 이후부터 학계를 중심으로 경찰학 교과서들이 출판되기 시작합니다. 이황우 · 조병인 · 최응렬의 「경찰학개론」(2001, 한국형사정책연구원), 김충남의 「경찰학개론」(2001, 박영사), 김상호 외8인의 「경찰학개론」(2004, 법문사), 김창윤 · 이창한의 「경찰학」(2006, 다해), 배철효 외4인의 「경찰학개론」(2007, 대영문화사) 등입니다.

2000년 이후 경찰학 교과서들이 증가한 배경에는 물론 경찰관련 학과의 성장과 확장이 큰 역할을 했습니다. 이와 함께 또 다른 요인, 즉 경찰공무원 공개채용시험 필기시험 과목 조정에도 주목해야 합니다. 한국에서는 2001년부터 경찰공무원 채용시험에 경찰학개론을 필수과목으로 지정하였고, 이에 따라 관련 분야 수요가 한층 증폭되었습니다. 이러한 환경은 자연스럽게 경찰학 분야의 성숙과 발달을 견인할 것으로 기대되었습니다. 기존 경찰학 관련 교과서들은 조금씩 구성과 체계를 달리하고 있었습니다. 저자에 따른 차별화로 이해할 수 있지요. 해당 교과서가 지향하는 학습대상자의 차이도 내용에 반영되었을 것으로 믿습니다. 경찰교육훈련생과 일반대학생이 동일하게 취급될 수는 없기 때문입니다. 경찰대학과 학계에서 출판된 경찰학 교과서들은 학문의 장에서 선의의 경쟁을 통해 조정과 통합이 이루어질 수 있었습니다. 하지만 이러한 기대는 실현되지 못했습니다.

경찰학개론이 경찰공무원 채용과목으로 채택된 시점은 2001년이었습니다. 시험을 준비하는 수험생들은 그 이전부터 해당 교과목을 학습해야 했습니다. 그런데 말입니다, 2000년 이전까지는 참고할 수 있는 경찰학개론 교과서란 경찰대학에서 출판한 1998년 개정판이 유일했습니다. 그리고 당시 경찰공무원 채용시험은 현직 경찰관들이 문제를 출제했고, 이들은 자연스럽게 경찰대학 교재(만)를 참고하게 됩니다. 이러한 편중은 학계와 경찰관련 학과에도 지대한 영향을 끼쳤습니다. 경찰대학 「경찰학개론」(1998년 이후)이 한국 경찰학의 표준교재로 자리한 겁니다. 이 과정에서 경찰학의 학문적 다양성은 위협을 받게 되는데요, 연구자들이 애써 교과서를 저술하기보다 경찰대학 교과서를 사용하려는 상대적으로 쉬운 선택을 할 수 있기 때문입니다.

경찰학 관련, 여전히 풀어야 할 과제들이 많다!!!

오늘날 경찰학은 경찰과 경찰활동에 대한 학제적 접근방법의 총체로 이해되고 있습니다. 학문에 대한 전통적 개념 규정에 따라 연구대상과 연구방법을 중심으로 경찰학도 정의되고 있는 것이죠.[8] 하지만 구체적인 연구대상과 방법에 대해서는 상당한 이견이 존재합니다. 이러한 이견은 사실 경찰대학에서 발행된 「경찰학개론」들 사이에서도 표출되고 있습니다. 앞서 살펴보았듯이 일관되고 통일된 구조와 내용을 보인 것이 아니기 때문입니다. 저자에 따라 구조와 내용이 차별적이었죠. 이러한 차별성이 경찰학을 둘러싼 주요한 쟁점으로 나타나고 있습니다. 이들을 중심으로 몇 가지 과제를 살펴보도록 하겠습니다.

먼저, 경찰학의 연구범위(경계)와 관련된 문제입니다. 경찰학개론에는 범죄학 분야가 포함되었다가 삭제, 그리고 다시 포함되는 등 변화를 경험해 왔습니다. 실무와 관련해서도 초기에는 그 비중이 높지 않았지만 점차 확대되었습니다. 경찰학의 연구범위로 범죄학 및 실무 분야의 포함, 그 비중 등이 쟁점이 될 수 있습니다. 첫째, 범죄학 분야는 경찰관련 학과 학생들이 학습해야 할 주요 교과목이 분명하지만 경찰학의 일부로 분류하는 것은 곤란한 면이 있습니다. 범죄학은 그 자체가 성숙된 분과학문으로서의 성격을 지니고 있기 때문입니다. 제도적으로도 경찰공무원 채용 필기시험 교과목으로 경찰학과 범죄학은 구분되어 있습니다. 둘째, 실무 분야의 중요성 또한 충분히 공감할 수 있습니다. 교과서를 통해 실무능력을 배양할 수 있다면 경찰학이 공리공론에 그치지 않음을 보여주는 것으로 평가할 수도 있습니다. 경찰이 추진하는 다양한 정책 또는 전략에 대해 그 배경과 효과 등을 소개하고 검증하는 내용은 학문성(과학성)도 충실히 갖출 수 있을 것으로 기대합니다. 하지만 현실에서 실무 분야는 주로 법령, 나아가 행정규칙을 토대로 경찰의 기능과 활동을 소개하는 내용이 중심이 되고 있습니다. 실무 분야와 관련해서는 비중도 중요하겠지만 더욱 중요한 것은 구성되는 내용일 겁니다. 향후, 학문성에 대한 추가적인 고민과 보완이 필요해 보입니다.

다음으로는 경찰학의 연구대상인 경찰을 어떻게 이해해야 하는지, 그리고 학제적 접근방법 속에서 다양한 학문분야를 어떻게 종합화해야 하는지, 그 합의가 어렵습니다. 첫째, 경찰학의 연구대상인 '경찰'은 형식적이고 제도적인 차원에서의 경찰(즉, The Police)을 의미하는 것으로 평가할 수 있습니다. 다른 한편에서는, 제도적인 경찰이 수행하는 활동인 사회 안녕과 질서유지 작용(즉, Policing)을 경찰학의 연구대상으로 바라봅니다. 전자에서는 경찰이 중심적인 위치를 차지하고 나머지 질서유지 장치들은(민간경비, 자율방범대 등) 보조적이거나 부수적인 기관으로 평가됩니다. 반면, 후자에서는 경찰 또한 질서유지를 담당하는 수많은 기관 중 하나로 평가됩니다. 극단적으로 전자에서는 경찰이 없으면 경찰학도 사라지는데, 후자에서는 그렇지 않습니다. 그렇다고 해서 경찰이 무시되거나 경시되는 것은 아닙니다. 공권력을 배경으로 경찰은 다른 질서유지 기관들과 차별화된 권한과 역할을 담당하기 때문입니다. 개인적으로는 경찰뿐 아니라 넓은 의미의 경찰활동을 포함하는 포괄적인 이해가 필요하다고 생각합니다. 둘째, 전통적으로 경찰학은 경찰행정학과 경찰(행정)법을 혼합한 것으로 평가했습니다. 물론 사실과는 괴리가 있다는 점을 확인했습니다. 2020년, 경찰학 출제범위와 비율이 제시되면서 경찰행정학, 경찰행정법뿐 아니라 역사와 비교경찰, 분야별 경찰활동(실무), 경찰학 기초이론 등이 주요 내용으로 함께 포함됩니다. 이 정도 수준으로 경찰학의 하위구조가 분류될 수 있는지, 그리고 제시된 출제비율은 정당한 것인지, 이들에 대한 후속 논의가 더욱 활발하게 전개되어야 할 것으로 봅니다.

In Conclusion

한국에서 경찰학의 등장과 성장, 그리고 발달 과정에 대해 살펴보았습니다. 1982년 경찰대학에서 경찰학과 교관들에 의해 처음 발행된 「경찰학개론」은 '경찰행정학'은 물론 '경찰(행정)법'과도 차별화된 모습이었습니다. 이후 새롭게 저자로 등장하는 교관(들)에 의해 경찰학 또한 차별화되는 모습을 보여줍니다.

경찰학은 경찰과 경찰활동에 대해 다양한 학문분야의 성과들을 학제적으로 종합한 융합학문의 성격을 띠고 있습니다. 연구대상과 연구방법을 둘러싼 다양한 쟁점들이 여전히 남아 있으나 과거와 확연히 다른 정상과학으로서의 독자적 정체성을 구축하고 있습니다.

경찰이 독점했던 경찰공무원 채용시험은 외부 전문가(교수) 참여로 개편되었습니다. 이러한 변화가 경찰학의 학문적 다양성에도 긍정적으로 기여할 수 있기를 다시 한 번 기대해 봅니다.

참고문헌

1) 김상호, 2023, "한국 경찰학에 대한 성찰 : 경찰대학 경찰학개론 교과서 분석을 중심으로," 한국경찰연구 22(2), pp. 77-85.

2) 이윤정, 2013, "근·현대 경찰교과서의 변천," 근대서지 12(8), p. 272, 279.

3) 경찰대학, 2001, 경찰대학 20년사, pp. 273-277.

4) 경찰대학, 2001, 상게서, p. 273.

5) 황지연, 1984, 한국경찰의 봉사상정립에 관한 연구, 석사학위논문 : 동국대학교, p. .6.

6) 김상호, 2023, "한국 경찰학의 학원(學源): 경찰대학 경찰학개론(1982) 이전 경찰 관련 교과서 분석," 범죄와 경찰정책 1(2), pp. 1-23.

7) 최응렬, 2000, "경찰관련 학과 및 경찰대학의 발전방안," 한국공안행정학회보 10, p. 291.

8) 김상호, 2003, "경찰학의 정체성 및 학문적 성격에 대한 고찰," 경찰학연구 4, pp. 167-194.

Q6. 외국(미국)에서 경찰행정학은 어떻게 학습되나요?

해방 이후 한국 제도는 대륙법계 전통을 바탕으로 영미법계의 전통이 혼합되어 발전해 오고 있습니다. 경찰과 경찰관련 학문 또한 예외일 수 없습니다. 경찰관련 학문에 관심을 가진 학생들은 한국의 경찰행정학과를 세계 여러 나라 – 적어도 독일, 프랑스, 영국, 미국 등 – 에서도 쉽게 찾을 수 있으리라 생각합니다. 역시 오해입니다. 하지만 이들 나라에 경찰관련 학문이 없는 것도 아닙니다. 과연 어디에 있을까요?

In General

한국의 경찰행정학과는 미국으로부터 영향을 받은 제도적 산물입니다. 유능한(전문지식을 겸비한) 경찰공무원 양성이라는 목표는 20세기 초, 캘리포니아대학교(University of California, Berkeley)의 볼머(A. Vollmer)에 의해 설계되어 미국 내 고등교육기관으로 파급되었습니다.

미국에서는 1960년대 후반부터 경찰관련 대학 프로그램이 급증하여 오늘날에는 관련 학사학위 수여자 수에서 10위 내외를 차지하는 규모로 성장해 있습니다. 이 과정에서 경찰행정학(Police Administration)이 중심이 된 초기 학문적 성과는 경찰학(Police Science) 또는 경찰연구(Police Studies)로의 진화를 거쳐 형사사법학(Criminal Justice)으로 통합, 발전되는 모습을 보여주고 있습니다.

형사사법학은 범죄와 범죄에 대한 대응체계로서 경찰, 법원, 교정기관들의 활동을 과학적이고 체계적으로 연구하는 학문분야입니다. 형사사법학에서는 경찰을 주요 연구대상으로 이해하고 있으나 경찰만을 대상으로 하지는 않습니다. 즉, 경찰을 중심으로 이루어진 초기 학문적 관점이 형사사법학을 통해 확장된 것이죠.

미국에서는 한국과 같이 학과 명칭을 '경찰행정학과'로 사용하는 사례도 있지만 대개 '형사사법학과(전공)'로 사용하고 있습니다. 경찰관련 학문 또한 형사사법학과(전공)에서 광범위하게 학습되고 있습니다.

그렇다면 형사사법학은 무엇인지, 왜 학문적 관점이 변화된 것인지, 좀 더 자세하게 살펴보도록 하겠습니다.

In Specific

독일 등과 같은 대륙법계 국가에서는 기본적으로 법학이 중심이 되는 경찰관련 연구가 수행되어 왔습니다. 즉, 경찰행정조직이나 경찰행정작용, 그리고 경찰행정구제 등에 관하여 법적인 관점을 동원해서 관련 연구를 진행하고 있으며 이를 경찰행정법 또는 경찰법 등으로 부르고 있습니다.[1]

한국에서의 경찰행정학은 규범적인 성격의 법학적 시각에 바탕해서 탄생한 것이 아니라 행정학의 분과학문으로 등장했습니다 *<Q4. 참고>*. 이 과정에서 미국으로부터 많은 영향을 받게 됩니다. 이는 행정학의 실질적인 기원이 미국행정학에 기초하고 있다는 점, 경찰행정학(Police Administration) 분야의 표준으로 평가되는 교재가 윌슨(O. W.

Wilson)에 의해 1950년에 저술되었다는 사실,[2] 그리고 한국에서 경찰행정학 최초의 교재를 저술한 서재근 총경이 미국에서 석사와 박사과정을 이수했다는 점 등을 통해 자연스럽게 추론할 수 있습니다.

그러므로 여기에서는 미국을 중심으로 경찰관련 연구가 어떻게 전개되어 왔는지, 좀 더 자세하게 살펴보겠습니다.[3]

시작은 경찰행정학(Police Administration)으로부터!!!

경찰학 분야에서 최초의 학위프로그램은 1935년 산호세주립대학교(San Jose State University)와 미시건주립대학교(Michigan State University)에 개설되었습니다. 이들 프로그램은 캘리포니아대학교(University of California, Berkeley) 볼머(A. Vollmer)의 영향 아래 경찰관리자 양성을 목표로 설계되었던 겁니다.[4] 캘리포니아대학교에서는 이미 1910년대에 경찰관련 교육 프로그램이 개설·운영되었습니다.

하지만 이와 같은 대학에서의 학위프로그램은 2차 세계대전의 발발로 그 성장이 정체되게 됩니다. 전쟁이 끝난 후 참전 군인들이 귀국하고 경찰 등 법집행 분야에 대한 관심이 높아지자 대학들은 자연스럽게 관련 프로그램을 재정비합니다. 1949년 인디애나대학교(Indiana University)에서는 4년 학위과정의 경찰행정학과(Department of Police Administration)를 개설하기도 합니다.[5]

경찰관련 분야가 학문적으로 기초를 다지는 데 결정적인 기여를 한 윌슨(O. W. Wilson)은 캘리포니아대학교에서 볼머(A. Vollmer)의 지도를 받았으며 풀러턴경찰서(Fullerton Police Department)를 비롯해 다양한 곳에서 경찰업무도 경험하였습니다. 그렇게 1950년에 윌슨은 경찰학 분야에서 가장 대표적인 학문적 성과로 꼽히는 경찰행정학(Police Administration) 교재를 저술하게 됩니다.

윌슨은 당시 유행한 행정원리학파(principles approaches to administration)로부터 지적 영향을 받았습니다. 이들은 조직 운영에 있어 최선의 방식(one best way)이 존재한다고 믿고 있었습니다. 경찰행정학을 통한 경찰 연구는 곧 효율적 경찰관리에 관한 연구를 의미하게 되었고 이것이 경찰학으로 지칭됨으로써 경찰학 발달에 중요한 역할을 합니다. 이처럼 미국에서 경찰학은 경찰행정학으로 출발하게 됩니다. 윌슨의 경찰행정학 교재는 이후 30여 년 동안 경찰관리의 방향성을 제시함으로써 경찰활동과 관련된 연구에 지대한 영향을 끼친 것으로 평가받고 있습니다.[6]

경찰학(Police Science) 또는 경찰연구(Police Studies)로의 진화를 경험하다!!!

미국에서는 경찰인력의 질적 수준을 교육과 훈련을 통해 향상시키려는 관심을 통해 대학에서 경찰행정학(Police Administration)이 학습되었습니다. 이후 단순히 경찰의 조직이나 기구 및 행정이 아닌 경찰의 기능과 역할에 대한 이론적 접근과 과학적 방법을 통해 경찰학(Police Science)으로 발전시키고자 하는 노력이 나타납니다.[7] 즉, 경찰관리와 재직자 교육훈련 등에 초점을 둔 경찰행정학 중심의 접근에서 벗어나 경찰활동 전반에 대한 연구, 다시 말해 경찰연구(Police Studies)로 범위가 확장되는 것이죠.[8]

경찰에 대한 체계적인 연구는 1960년대, 민권(civil rights)에 대한 관심의 연장에서 촉발됩니다. 이 시기, 형사사법 분야 개혁을 위한 전국단위 위원회조직들이 자주 결성되었고 이들이 제출한 보고서에서는 거의 언제나 경찰개혁이 강력하게 요구되었습니다. 나아가 사회학자들을 중심으로 재량, 일탈 등 일선경찰활동에 대한 연구가 관심을 받게 됩니다. 이와 함께 경찰관련 프로그램을 제공하는 대학의 수가 급증하게 됩니다.

이 시기에 경찰관련 대학 프로그램이 급성장하게 된 배경에는 다음과 같은 사실들이 함께했습니다. 먼저, 지역전문대학(Community College)의 발달입니다. 이는 신생학문 분야였던 경찰학이 고등학문 영역으로 진입하기에 상대적으로 유리한 환경으로 작용했습니다. 경찰학이 바로 학사학위 프로그램 등 고등학문 영역으로 도약하기에는 부담이 있었지만 지역전문대학을 기반으로 일정한 성장단계를 거침으로써 이러한 부담을 줄일 수 있게 된 겁니다. 다음으로, 학사학위 과정의 성격이 교양교육 중심에서 전문(직업)교육을 강조하는 방향으로 변화한 것 또한 저명한 대학에서 경찰을 비롯한 형사사법 분야를 수용하는 데 긍정적으로 기여하게 됩니다.[9] 마지막으로, 미국 연방차원에서의 법집행원조청(Law Enforcement Assistance Administration : LEAA) 창설(1968년)과 이를 통한 법집행교육프로그램(Law Enforcement Education Program : LEEP)의 시행입니다.

LEEP는 경찰 재직자와 경찰을 희망하는 학생에게 대학 또는 대학원 교육에 소요되는 비용을 보조했습니다. LEEP가 시작되기 이전인 1966~1967년, 경찰관련 프로그램을 제공하는 학교 수는 180여 개에 불과했지만 1974년에 이르러서는 1,000개가 넘게 됩니다. 관련 분야에서의 4년제 학위 또한 이전 39개에서 LEEP 시행 10년 후에는 376개로 성장하였습니다.

정부차원의 자금지원은 경찰관련 프로그램과 경찰관련 학문의 성장과 진화에 매우 큰 영향을 미치게 됩니다. 이러한 요인은 1990년대 이후 한국에서 이루어진 경찰관련 학과의 신설 및 증원 과정에서도 비슷하게 관찰됩니다 *<Q1. 참고>*. 지방사립대학이 중심이 되어 경찰관련 학과를 신설하고 규모를 확장한 배경에는 안정적인 신입생 확보, 즉 재정(비용)에 대한 고려가 중심에 있었기 때문입니다.

경찰관련 대학 프로그램의 성장 이면에는 어두운 그림자도 함께 나타납니다. 교과과정과 교육의 질에 대한 문제제기가 이어졌고, 다른 분야에서의 학생 수 및 자금 부족 등을 보충하려는 학문적 이익실현 행위(academic profit-taking)라는 비아냥거림도 견뎌야 했습니다.

사실, 미국 대학에서의 경찰교육프로그램은 경찰(정부) 차원의 교육훈련기관이 정비되기 이전부터 존재했었고 이로 인해 교육(education)과 훈련(training) 모두의 성격을 지니고 있었습니다. 총기 사용(firearms), 응급구조(first aid), 무선운영절차(radio procedures), 교통 통제(traffic control), 보고서 작성(report writing) 등과 같은 교과목이 대학에 개설되어 있었던 배경이기도 하지요.[10] 하지만, 주 정부(States) 차원에서 경찰훈련의 필요성이 강조되고 1970년대 후반 무렵 교육훈련 시스템이 자리를 잡자 자연스럽게 대학에서 이루어졌던 기술 지향적인 교육 또한 변화를 요구받게 됩니다.[11]

형사사법학(Criminal Justice)으로 성장, 발전!!!

1980년대 초, LEEP가 폐지되자 대학에서 제공하던 경찰관련 프로그램의 성격도 변화를 경험합니다. 경찰관을 대상으로 한 기술 지향적 프로그램의 수는 축소되고 전업 학생을 대상을 한 학문지향적인 프로그램의 수는 오히려 증가하게 된 것이죠. 이러한 과정에서 교과과정 및 관점의 확장과 함께 경찰 이외의 형사사법 분야에 대한 강좌들도 함께 개발됩니다. 사실, 범죄와 비행문제에 대한 체계적 접근의 출현과 이를 바탕으로 한 형사사법체계(criminal justice system)라는 개념은 이미 1960년대에 등장했습니다. 범죄와 비행문제에 대한 대응이 경찰만의 몫일 수는 없으며 경찰이 아무리 열심히 업무를 수행해도 혼자만의 힘으로는 한계가 있다는 시각입니다. 신입생 유치와 재정 확보를 위해서도 협소한 경찰프로그램에 비해 형사사법이 더욱 유리할 수 있다는 대학 차원의 고려 또한 중요하게 작용했습니다.[12]

경찰관련 대학 프로그램은 형사사법학(Criminal Justice)이라는 보다 포괄적인 틀 속으로 흡수되었습니다. 자연스럽게 관련 프로그램의 명칭도 경찰학 또는 법집행 대신 형사사법학이 중심이 됩니다. 형사사법학에 있어 경찰분야의 역할이 큰 비중을 차지한다고 볼 수 있지만 경찰학보다는 형사사법학이 보다 일반적인 학문분야로 평가되고 있습니다.[13] 이러한 변화과정은 한국에서도 반영되어야 하며 경찰관련 학과를 '형사사법학과'로 개편하는 것이 바람직하다는 주장이 있음은 앞서 살펴보았습니다.

미국대학에서 형사사법학이란 형사사법체계를 공부하는 것이며, Cops(경찰), Courts(법원), 그리고 Corrections(교정)을 나타내는 3Cs로 이해될 수 있습니다.[14] 형사사법학은 범죄(Crime)와 사법정의(Justice)에 대한 해답을 추구하며 범죄로부터 개인과 사회를 보호하려는 모든 활동의 총체로도 정의됩니다.[15] 이와 같은 정의에 따르며, 형사사법학은 범죄와 범죄에 대한 대응체계로서 경찰, 법원, 교정기관들의 활동을 과학적이고 체계적으로 연구하는 학문분야인 것입니다.

오늘날 형사사법학은 스스로의 과학성과 정체성에 대한 규명과 함께 범죄학(Criminology)과의 학문적 경계를 두고 긴장관계를 보입니다. 범죄학이 벤담(Bentham)과 베카리아(Beccaria) 등에 뿌리를 두고 롬브로조(Lombroso), 가로팔로(Garofalo), 페리(Ferri) 등에 주목하는 데 반해 형사사법학은 볼머(Vollmer), 레너드(Leonard), 윌슨(Wilson) 등과 같은 인물들로 역사를 거슬러 올라갑니다.[16] 범죄학은 범죄의 원인, 정도 및 본질을 설명하고자 하는 학문인 데 반해 형사사법학은 범죄의 통제에 관련된 기관(경찰, 법원, 교정기관 등)을 더욱 강조하는 차이도 보입니다. 이로 인해 형사사법학은 범죄자의 체포, 구금, 기소, 평결 및 처우와 관련된 주제에 주목하고 있습니다.[17] 형사사법학에서 다루어지는 광범위한 주제들은 이들에 대한 체계적 접근을 어렵게 하고 이것이 다시 과학성과 학문성의 저하로 평가받는 요인으로 작용하기도 합니다.[18] 그럼에도 두 학문 모두 범죄와 관련이 있으며 상호보완적임을 알 수 있습니다.

형사사법학과 범죄학의 관계에 대해 다음과 같은 개념 모형을 설정할 수 있습니다(<그림 6-1> 참조).[19] 첫째, 상호배타적관계 모형입니다. 양자는 별개의 학문분야로 공통점을 찾을 수 없다는 겁니다. 형사사법학의 역사를 돌아보면 이러한 관계는 사실과 거리가 있습니다. 경찰학을 중심으로 하는 형사사법학은 경찰교육에 매몰되어 상대적으로 큰 그림을 그리지 못해 범죄학의 주류에서 멀어져 갔으나,[20] 범죄학의 세부영역으로 출발했고 실용범죄학(practical criminology) 수준으로 이해되었기 때문입니다. 다른 한편에서는 범죄학이 과학적인데 반해 형사사법학은 실무지향적인 기술성이 강해 양자는 동일할 수 없다는 주장도 있습니다. 이에 대해서는 범죄학뿐만 아니라 형사사법학 역시 학문성(과학성)을 지니고 있으며 양자의 차이는 관심의 대상(topical foci)에 있다는 반론도 있습니다. 이에 따르면 범죄학이 범죄의 원인('why' of crime)에 보다 관심을 둔다면, 형사사법학은 범죄통제를 위한 방법('how to' of crime control)을 보다 강조한다고 합니다. 그럼에도 양자 모두 과학적 연구방법론을 지향함으로써 과학성을 확보하기 위해 노력한다고 봅니다.[21]

둘째, 일부중첩관계 모형입니다. 양자는 별개의 학문분야이나 일정 부분에서 중첩되는 영역이 있다고 봅니다.

셋째, 형사사법학 포괄관계 모형입니다. 상대적으로 광범위한 영역에 관심을 두는 형사사법학이 존재하고 범죄행동에 초점을 맞춘 범죄학은 형사사법학에 포함되는 것으로 바라봅니다.

넷째, 범죄학 지배관계 모형입니다. 형사사법학을 범죄학적 성찰을 통해 개발된 정책들을 집행하는 영역으로 이해하면서 범죄학의 일부로 간주하는 시각도 이에 해당합니다. 범죄학이 지배적인 학문영역이 되고 이로 인해 형사사법학은 부수적이고 이차적인 영역으로 평가됩니다. 비록 형사사법학이 광범위한 영역을 다루는 것은 사실이나 실질적인 지배권은 범죄학이 행사하는 것으로 이해합니다.

그림 6-1 **범죄학과 형사사법학 관계 모형**

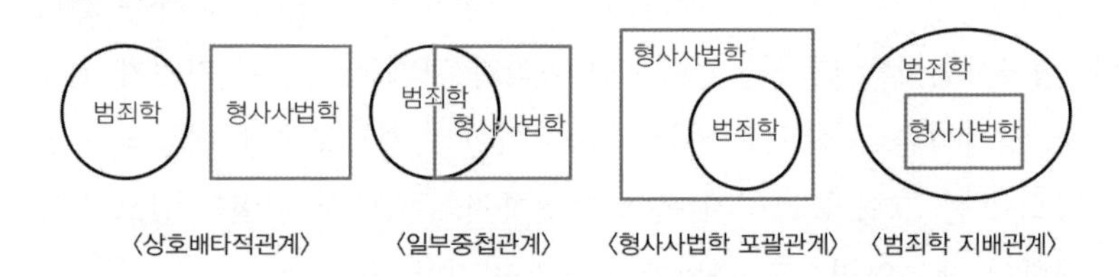

전통적으로 형사사법학에 비해 범죄학이 조금 더 우월적인 지위를 누렸습니다. 이는 실무적이고 응용적인 접근을 선호한 형사사법학에 비해 범죄학은 보다 과학적이고 경험적인 접근을 지향하는 것으로 이해되었기 때문입니다. 범죄학이 사회과학의 일환으로 범죄에 대한 연구에 초점을 맞춘 반면, 형사사법학은 법집행분야에서 근무하게 될 인력에 대한 교육훈련에 방점을 둔 차이 또한 존재합니다. 하지만 최근에는 이들 사이의 차이에 주목하기보다 하나로 묶어 범죄학과 형사사법학(CCJ : Criminology and Criminal Justice) 또는 형사사법학과 범죄학(Criminal Justice and Criminology)이라는 통합 명칭을 사용하는 학자 및 대학들이 등장하면서 차별화 논쟁이 퇴색되는 모습도 보이고 있습니다.[22]

양적 성장에 걸맞는 질적 성숙을 향해!!!

미국 대학에서 형사사법학은 1960년대와 1970년대에 걸쳐 LEEP 자금 지원을 받은 경찰관들에 대한 교육훈련프로그램과 함께 성장했고, 이후 시민들의 지속적인 관심과 흥미를 유발하며 발전해왔습니다. 대중매체를 통해 경찰관련 소재들이 지속적으로 노출되었고 이는 시민들의 경찰활동에 대한 관심을 붙드는 역할을 했습니다. 형사사법 분야에서의 취업기회 또한 상대적으로 매력적인 것으로 평가되었습니다. 공공분야뿐만 아니라 민간영역에서의 취업기회와 적절한 수준의 보수 등이 학생들을 해당 전공으로 유인해 왔던 것이죠.[23]

표 6-1 학사학위 수여 건수

학년	70−71	75−76	80−81	85−86	90−91	95−96	00−01	05−06	10−11	15−16	16−17
전체	839,730	925,746	935,140	987,823	1,094,538	1,164,792	1,244,171	1,485,104	1,716,053	1,920,750	1,956,032
형사사법	2,045	12,507	13,707	12,704	16,806	24,810	25,211	35,319	47,600	61,159	59,581

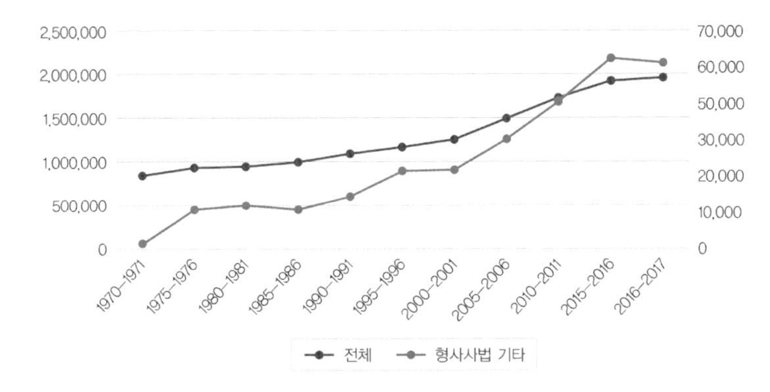

자료 : Snyder et al(2019 : 335).

2018년 기준, 형사사법/경찰학(Criminal Justice/Police Science) 분야가 포함된 국가안보, 법집행, 소방, 기타 보호서비스(Homeland Security, Law Enforcement, Firefighting and Related Protective Service) 부분 학사학위(Bachelor's Degree)는 59,581명에게 수여되었으며 이는 전체 학사학위 수여자 수에서 11위 수준에 해당합니다. 1970년−1971년 학기 기준, 2,045명에게 수여되었던 해당 학사학위는 47여 년 동안 약 29.1배 수준으로 증가했음을 알 수 있습니다. 같은 기간, 학사학위 전체 수여건수는 839,730건에서 1,956,032건으로 약 2.3배 증가한 수준이었습니다(<표 6-1> 참조).[24] 형사사법 분야에서의 학문적 성장을 충분히 확인할 수 있습니다.

형사사법 관련 학사학위 과정을 개설해서 운영 중인 교육기관을 분석한 최신 자료에 의하면 과거에 비해 형사사법 관련 학사학위 과정은 사립(private)시설에서 차지하는 비중이 높게 나타나고 있고 영리추구(for-profit), 온라인 대학의 증가 또한 주목되고 있습니다. 대학원 과정보다 학부과정(undergraduate) 중심으로 운영되고 있음도 확인됩니다. 학사학위를 제공하는 학과의 명칭은 형사사법학과(Criminal Justice)가 가장 많은 것으로 나타나지만(20.1%), 형사(criminal), 사법(justice), 안전(safety), 법(legal) 등이 포함된 매우 다양한 명칭이 사용되고 있음 또한 확인됩니다. 소속 학부 또는 대학(단대), 학위명칭, 그리고 전공교육과정(curricula) 등에 있어서도 매우 다양한 차별성이 확인되고 있습니다.[25]

형사사법학은 초기 교수진을 주로 사회학, 심리학, 정치학 전공자들로 충원했고 그와 관련된 교과목이 주요 교과과정으로 편성되어 있었습니다. 하지만 최근 연구에서 보이는 이들 교과목 비중의 감소 추세는 형사사법학이 점차 정상과학으로 성장하고 있음을 보여주는 것으로 해석될 수 있습니다. 그럼에도 형사사법 프로그램을 제공하는 학교들 사이에서 합의된 교과과정을 운영하는 것으로 평가하기는 여전히 어렵다고 합니다.[26]

분명, 과거에 비해 양적으로 성장한 것은 사실이지만 여전히 개선해야 할 부분이 많습니다. 수 세대에 걸친 생존에도 불구하고 형사사법학은 아직까지 학계로부터 미온적인 수용에 머물러 있을 뿐 아니라 "수갑채우기 개론"(Handcuffing 101)이라는 초창기 부정적 이미지에서도 완전히 벗어나지 못했습니다. 형사사법학 분야의 질적 성숙을 위해 계속해서 노력해야 할 것입니다. 그리고 이러한 노력들은 한국 경찰관련 학과에 주요한 방향성을 제시할 것으로 기대합니다.

먼저, 형사사법학 분야에 독특한 이론적 기반을 정립하기 위해 노력해야 합니다. 형사사법학은 경찰, 법원, 그리고 교정기관의 역할이나 기능을 중심으로 논의되고 있습니다. 이러한 기관들의 저변에 깔려있는 또는 이들 전체를 포괄하는 이론적 기반에 대해 상대적으로 관심이 부족했습니다.[27] 학문(과학)으로서의 형사사법학이 보다 굳건하게 유지되기 위해서는 이론성을 더욱 강화해야 합니다.

이와 함께, 형사사법학 프로그램에 대한 명확한 목표설정과 일정 수준에서 합의된 교과과정도 정상과학화를 위해 필요해 보입니다. 형사사법학 분야의 모든 학사학위 프로그램은 학생들이 자신의 생각을 말 또는 글의 형태로 효과적으로 전달할 수 있는 비판적 사고가 가능한 사람이 되도록, 그리고 형사사법체계에 대한 광범위한 지식을 개발할 수 있도록 구조화되어야 합니다. 또한 학생들로 하여금 실제 형사사법 환경에서 윤리적 행동을 적용할 수 있도록, 그리고 범죄와 비행의 복잡한 성격과 원인을 이해할 수 있도록 구성되어야 합니다.[28]

미국 형사사법학회(ACJS : Academy of Criminal Justice Sciences)에서 마련한 형사사법학/범죄학 분야 학사학위 프로그램에 대한 표준안에 따르면 해당 분야 필수교과영역과 주제로 <그림 6-2>와 같은 내용을 제시하고 있습니다.[29] 경찰과 관련된 연구가 형사사법의 일부로 '법집행(Law Enforcement)' 영역에서 다루어질 수 있음을 확인할 수 있습니다.

그림 6-2 **형사사법 학위과정 필수교과영역 및 주제**

사법행정 Admin. of Justice	현대형사사법체계, 주요 사회통제체계와 그들의 정책 및 전술, 피해학, 소년사법, 비교형사사법 분야
교정 Corrections	역사, 이론, 실무 및 법적 쟁점, 교정철학의 변천, 구금, 다이버전, 지역사회기반 교정, 범죄자 처우 분야
범죄이론 Criminological Theory	범죄의 특성과 원인, 유형, 범죄자, 피해자 분야
재판 Law Adjudication	형법, 형사소송절차, 기소, 변호, 재판절차 및 판결 분야
법집행 Law Enforcement	역사, 이론, 실무 및 법적 쟁점, 경찰조직, 재량, 하위문화 분야
연구 및 분석방법 Research & Analytic Methods	양적/질적 연구방법, 형사사법 분야 연구 수행 및 그 결과 분석 분야

잠깐, 그런데 말입니다. 형사사법학 전공자는 유능한 경찰이 될 수 있을까요?

형사사법학은 경찰고등교육의 지배적 모형으로 성장해 왔습니다. 초기 대학에서 이루어진 경찰행정학, 경찰학, 법집행 등의 프로그램에 비해 지적으로 심화되고, 개념적으로 범위가 확장되었고, 더욱 학구적인 성격의 학문으로 진화된 것으로 평가할 수 있습니다.[30]

그러나 경찰교육이라는 차원에서 형사사법학 모형은 경찰연구를 중심이 아닌 부분으로 전락시켰다는 비판이 있습니다. 형사사법학을 통해 범죄(crime)와 정의(justice)에 초점을 맞춘 교양교육은 충실히 제공되지만[31] 경찰 재직자와 경찰을 꿈꾸는 사람들의 요구에 어느 정도 부응할 수 있는지, 의문을 제기하는 겁니다.

미국 내 주요 대학에서 이루어지는 형사사법 학사학위 프로그램 분석 결과, 경찰 강좌(경찰, 법집행, 범죄수사 등이 교과목 명칭에 사용된 강좌)가 평균적으로 전체 학위과정의 10%에도 미치지 못하고 있음이 확인되었습니다.[32] 이러한 상황에서 형사사법학 전공자가 유능한 경찰관이 될 수 있을까요? 형사사법학에서 요구하는 광범위한 영역에 대한 관심이 경찰분야에 대한 심층적 연구를 어렵게 할 수 있음이 지적되는 겁니다. 이는 대학에서의 교육이 교양교육을 추구할 것인지, 전문직업교육을 추구할 것인지에 대한 오래된 논쟁과도 닿아 있습니다.

경찰과 형사사법은 범죄를 공통분모로 하고 있지만 경찰활동은 범죄 이외에 안전이나 사회봉사 등에 대한 관심도 필요합니다. 일선 경찰관은 범죄뿐 아니라 무질서를 비롯한 지역사회 내 다양한 문제들에 대응해야 하기 때문입니다. 이러한 사정을 고려할 때, 경찰활동에 더욱 초점을 맞춘 새로운 고등교육 모형이 필요하다고 합니다.[33] 여러분들은 어떻게 생각하나요?

In Conclusion

오늘날 대륙법계 국가에서는 법학을 중심으로 경찰관련 학문이 연구되고 있습니다. 한국의 제도가 대륙법계 전통에 기반하고 있어 이들의 연구 성과는 한국경찰 연구에도 중요한 영향을 미치고 있습니다.

그러나 한국에서 등장한 경찰행정학과는 미국의 학문적 영향을 받아 탄생했습니다. 미국에서는 초기 경찰행정학(Police Administration)이 중심이 된 학문적 성과가 경찰학(Police Science) 또는 경찰연구(Police Studies)로의 진화를 거쳐 형사사법학(Criminal Justice)으로 통합, 발전되는 모습을 보여주고 있습니다.

오늘날 미국에서는 경찰관련 연구가 형사사법학이라는 보다 확장된 시각 속에서 이루어지고 있으며 양적 성장에 어울리는 질적 성숙을 도모하기 위한 노력이 함께하고 있습니다. 학과(전공) 명칭 또한 '경찰행정학과(전공)' 또는 '경찰학과(전공)'보다 '형사사법학과(전공)'가 더욱 일반적입니다. 그러니 적어도 영미권에서 관련 분야를 학습하기 위해서는 형사사법(Criminal Justice)이라는 용어를 반드시 기억하고 있어야 할 것입니다.

마무리하기 전에, 미국에서 경찰관련 대학 프로그램이 급성장하게 된 배경에는 LEEP를 통한 자금 지원이 있었다고 했습니다. 대학 차원에서는 관련 프로그램을 제공함으로써 재원(비용)을 확보할 수 있는 효율적인 기회였던 셈이죠. 충실한 준비가 미비했던 상황에서 경찰관을 대상으로 한 초기 경찰관련 프로그램이 기술 지향적인 성격을 지녔던 것은 어쩌면 당연한 결과로 보입니다. 왠지 낯설지 않습니다. 한국에서 경찰관련 학과가 양적 성장을 하던 시기, 비슷한 상황을 경험했습니다. 이후 양국 모두에서 학문적 성장·발전을 위한 노력이 경주되는 모습도 유사해 보입니다. 모두의 성공을 기원합니다. 더불어, 학문적 성숙과정에서 자칫 경찰연구가 중심이 아닌 일부 또는 부분으로 전락하지 않기를! 함께 기원합니다.

참고문헌

1) 김상호, 2021, 경찰학, 서울 : 청목출판사, p. 47 ; 박균성 · 김재광, 2010, 경찰행정법, 서울 : 박영사, pp. 6-7.
2) Adler, F., Mueller, G. O. W. & Laufer, W. S., 2009, Criminal Justice. New York, NY : McGraw Hill, p. 139 ; Walker, S. & Katz, C. M., 2018, The Police in America, New York, NY : McGraw Hill, p. 47.
3) 아래 내용은 저자가 저술한 경찰학(2021, 청목출판사) 교재(pp. 44-46)와 새로운 내용들을 추가하여 정리한 것입니다.
4) Hoover, L. T., 2005, "From police administration to police science : the development of a police academic establishment in the United States," Police Quarterly 8(1), p. 10.
5) Mears, J. A., 1962, "The evolution of the department of police administration at Indiana University," The Journal of Criminal Law, Criminology, and Police Science 53(2), pp. 253-257.
6) Hoover, L. T., op. cit., pp. 9-10.
7) 박정선, 2019, "범죄학과 경찰학 및 형사사법학의 형성에 관한 역사적 고찰 : 미국의 사례를 중심으로," 공공정책연구 35(2), pp. 193-194.
8) Hoover, L. T., op. cit., p. 12.
9) Hoover, L. T., op. cit., p. 11.
10) Cordner, G., 2016, "The Unfortunate Demise of Police Education," Journal of Criminal Justice Education 27(4), p. 485 ; Cordner, G., 2019, "Rethinking police education in the United States," Police Practice and Research 20(3), p. 226.
11) Cordner, G., 2016, op. cit., p. 485, 487.
12) Cordner, G., 2016, op. cit., p. 490.
13) 박정선, 2019, 앞의 논문, pp. 193-194.
14) 전돈수, 2002, "경찰행정학 교육의 실태 및 발전방향," 경찰학연구 3, p. 68.
15) Adler, F., Mueller, G. O. W. & Laufer, W. S. 2009, Criminal Justice, N.Y. : McGraw Hill, p. 4.
16) Oliver, W. M., 2016, "Celebrating 100 Years of Criminal Justice Education, 1916-2016," Journal of Criminal Justice Education 27(4), p. 465.
17) 박정선, 2019, 앞의 논문, p. 194.
18) Steinmetz, K. F., Schaefer, B. P., del Carmen, R. V. & Hemmens, C.,

2014, "Assessing the boundaries between criminal justice and criminology," Criminal Justice Review 39(4), p. 370.

19) Steinmetz, K. F., Schaefer, B. P., del Carmen, R. V. & Hemmens, C., 2014, op. cit., p. 371.

20) 박정선, 2019, 앞의 논문, p. 194.

21) Steinmetz, K. F. et al., 2014, op. cit., pp. 359-361.

22) Steinmetz, K. F. et al., 2014, op. cit.,, p. 358.

23) Sloan Ⅲ, J. J. & Buchwalter, J. W., 2017, "The state of criminal justice bachelor's degree programs in the United States," Journal of Criminal Justice Education 28(3), pp. 309-310.

24) Snyder, T. D., de Brey, C. & Dillow, S. A., 2019, Digest of Education Statistics 2018, National Center for Education Statistics, p. 335.

25) Sloan Ⅲ, J. J. & Buchwalter, J. W., 2017, op. cit., pp. 307-334.

26) Southerland, M. D., 2002, "Criminal Justice Curricula in the United States : A Decade of Change," Justice Quarterly 19(4), p. 595.

27) Owen, S. S., 2005, "The death of academic criminal justice," ACJS Today (Sep/Oct), pp. 10-12.

28) Southerland, M. D., 2002, op. cit., p. 599.

29) ACJS, 2018, Academy of Criminal Justice Sciences : Standards for College/University Criminal Justice/Criminology Baccalaureate Degree Programs, Greenbelt, ML : ACJS National Office.

30) Cordner, G., 2016, op. cit., p. 489.

31) Cordner, G., 2019, op. cit., p. 233.

32) Cordner, G., 2019, op. cit., p. 228.

33) Cordner, G., 2019, op. cit., pp. 235-236.

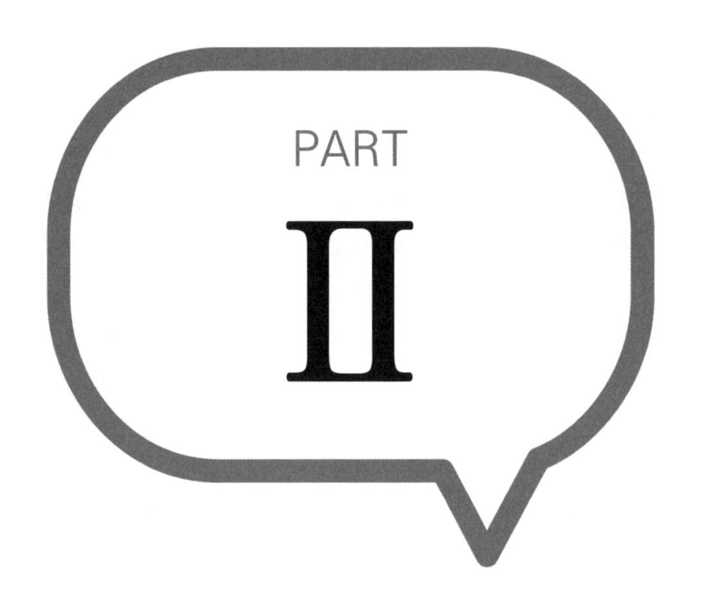

경찰행정학과 입학과 학과생활

경찰행정학과의 과거와 현황에 대한 이해를 바탕으로 애정이 보다 높아졌음을 느낍니다. 경찰행정학과에 입학해서 멋진 대학생활을 하고 싶다는 꿈을 꾸게 되었습니다. 경찰행정학과에 입학하기 위해 어떤 준비가 필요한지, 궁금함이 커집니다. 신체나 체력기준이 있는지, 무도 유단자에게 특별한 혜택은 없는지, 무엇을 어떻게 준비해야 할지 마음이 앞섭니다. 다른 한편에서는 학과 생활은 어떨지, 기대와 걱정이 함께 됩니다. 범죄를 예방하고 범인을 검거하는 데 필요한 다양한 지식과 기술을 습득할 생각으로 가슴이 벅찹니다. 하지만 엄격한 군기가 있는 건 아닌지, 솔직히 걱정되는 부분도 있습니다.

여기에서는 이러한 내용을 살펴보고자 합니다. 먼저, 경찰행정학과에 입학하기 위해 준비해야 할 내용에 대해 알아보겠습니다. 다음으로, 경찰행정학과 학과생활에 대해 확인해 보겠습니다. 교과과정을 통해 학과에서 학습하는 내용뿐만 아니라 학생이 참여할 수 있는 다양한 비교과활동에 대해서도 알아보겠습니다. 마지막으로, 경찰행정학과의 군기 문제에 대해 살펴보겠습니다.

기대가 충족되지 않을 때, 불만이 생깁니다. 기대는 지식과 정보에 의해 만들어지며 정확한 지식과 정보는 합리적 기대를 불러옵니다. 학과생활에 대한 합리적 기대는 학과생활의 만족에 중요한 영향을 미칩니다. 이를 기억하며 관련 질문에 답해보겠습니다.

Q7. 경찰행정학과에 입학하기 위해 어떤 준비를 해야 하나요?

“경찰행정학과에 입학하기 위해 무도 단증이 필요한가요?”, “경찰행정학과는 체력이 좋아야 입학할 수 있나요?”, “여학생은 경찰행정학과 입학이 어렵나요?” 경찰행정학과에 관심이 있다는 학생들에게 종종 듣는 질문이자, 대표적인 오해와 편견입니다. 경찰관련 학과는 경찰공무원 교육훈련기관이 아니기 때문입니다. 물론, 경찰공무원 임용과정에서도 단증이나 체력 등이 필요할 수 있으나 그것만으로 충분한 자격기준은 아닙니다. 경찰관련 학과 입학을 위해 준비해야 할 내용들에 대하여 알아보기로 하겠습니다.

In General

대한민국헌법에서는 모든 국민에게 능력에 따라 균등하게 교육을 받을 권리를 명시하고 있습니다. 이러한 상황에서 체력, 성별 등을 이유로 입학과정에서 차별을 받게 된다면, 여러분은 어떻게 하겠습니까?

위와 같은 질문이 제기되는 배경에는 경찰행정학과의 성격에 대한 오해와 경찰업무의 성격에 대한 편견(체력이 중시되는 남성지향 업무일 거라는)이 자리하고 있습니다. 즉, 경찰행정학과를 경찰공무원

교육시설 내지 준비기관 등으로 간주하고 경찰공무원 임용과정에서 적용되는 다양한 요소들이 경찰행정학과 입학과정에도 그대로 적용된다고 생각하는 겁니다.

하지만 대학에 설치된 경찰행정학과는 경찰공무원으로 임용될 사람의 교육훈련을 담당하는 경찰교육기관이 아닙니다. 이 점이 바로 경찰대학과의 차이입니다<*Q3. 참고*>. 물론, 많은 학생들이 경찰공무원 임용을 희망하고 이를 위해 노력하고 있습니다만 경찰공무원이 아닌 다른 분야로 진출하는 학생들도 많습니다<*Q10. 참고*>. 때문에 무도단증 소지 여부나 체력, 혹은 성별 등이 경찰행정학과 입학에 영향을 미치지는 않습니다.

참고로, 제가 속한 대학교에는 많은 외국인이 함께 공부하고 있습니다. 당연히 경찰행정학과에도 외국인 학생들이 소속되어 수업 및 학과활동에 참여하고 있습니다. 대한민국국적을 가지지 아니한 사람은 경찰공무원이 될 수 없음에도 말입니다.

헌법에서 보장하는 교육받을 권리는 '능력'을 조건으로 합니다. 경찰관련 학과에 입학하기 위해서는 대학이 요구하는 능력을 갖추어야 합니다. 구체적으로 어떤 능력들이 필요한 것인지, 좀 더 자세하게 살펴보겠습니다.

In Specific

경찰행정학과는 다양한 지식과 경험의 학습·전달을 통해 학생들의 경찰공무원 임용 및 경찰공무원 생활에 긍정적으로 기여할 수 있습니다<*Q11. Q12. 참고*>. 하지만 경찰관련 학과는 경찰공무원만을 목표로 하는 학과는 아닙니다. 그러므로 경찰관련 학과에서 학생들을 선발하고자 할 때 적용하는 기준은 경찰조직이 경찰공무원을 채용할 때 활용하는 기준과는 당연히 차이가 있습니다.

대학은 다양한 입학전형을 통해 학생을 선발한다!!!

현재 경찰관련 학과는 전국에 걸쳐 많은 대학에 설치되어 있습니다 *<Q2. 참고>*. 「고등교육법」과 그 시행령에서는 대학으로 하여금 자격이 있는 사람 중에서 입학전형에 의해 입학을 허가할 학생을 선발할 수 있도록 권한을 부여하고 있습니다. 나아가 대학이 입학자를 선발함에 있어 지켜야 할 몇 가지 기준을 제시하고 있습니다. 이에 따르면 모든 국민이 능력에 따라 균등하게 교육받을 권리를 보장하고 초·중등교육이 교육 본래의 목적에 따라 운영되는 것을 도모하도록 해야 합니다. 이와 함께 학생의 소질·적성 및 능력 등이 반영될 수 있도록 그 방법 및 기준을 다양하게 마련하여 시행하도록 요구하고 있습니다.

한국에서는 그동안 수십 차례에 걸쳐 대입제도가 변화되어 왔고 기본적으로 전형요소 및 전형방법 개선을 통해 그러한 변화가 이루어졌습니다. 그 속에서 학생 선발의 자율성을 강조하는 대학의 입장과 대학입시의 공정성을 강조하는 국가의 입장이 상호 경쟁을 이루어 왔습니다.[1]

표 7-1 **표준 대입전형 체계**

구분	전형유형	주요 전형요소
수시	학생부위주	• (학생부교과) 교과 중심
		• (학생부종합) 교과, 비교과, 면접 등
	논술위주	• 논술 등
	실기/실적위주	• 실기 등 〔특기 등 증빙자료 활용 가능〕
정시	수능위주	• 수능 등
	실기/실적위주	• 실기 등 〔특기 등 증빙자료 활용 가능〕

자료 : 한국대학교육협의회(2024b : 4)

현재 한국의 대입전형 방식은 크게 모집 시기에 따라 수시모집 · 정시모집 · 추가모집으로, 전형요소 반영비율에 따라 학생부위주 · 수능위주 · 실기/실적위주 등으로 구분됩니다. 학생부위주 전형이란 학교생활기록부를 주된 전형요소로 하는 전형으로 다시 학생부교과전형과 학생부종합전형으로 나눌 수 있습니다. 학생부교과전형은 학생부에 기재된 교과 성적을 중심으로 평가하며(50% 이상 반영), 학생부종합전형은 입학사정관 등이 참여해서 교과성적뿐만 아니라 학생생활기록부 비교과를 중심으로 학생을 종합평가하는 전형입니다. 수능위주 전형은 수학능력시험성적을 중심으로 평가하며, 실기/실적위주 전형에서는 실기를 주된 전형요소로 반영합니다.[2] 통합적 지식을 바탕으로 추론능력과 문제해결능력을 평가하는 논술위주 전형도 있습니다.

최근의 대입전형 주요특징은 다음과 같습니다. 먼저, 전체 모집인원 중 수시모집 비율이 매년 증가하는 모습을 확인할 수 있습니다. 2026학년도의 경우 전체 모집인원 345,179명 중 수시에서 79.9% 수준인 275,848명을 모집할 계획입니다. 나머지 20.1%인 69,331명이 정시모집인원입니다.[3]

그림 7-1 수시·정시 모집인원(2023~2026)

자료 : 한국대학교육협의회(2024a : 5)

다음으로, 수시모집에서는 학생부위주로, 정시모집은 수능위주로 선발합니다. 2026학년도 기준, 수시모집인원 275,848명 중 236,868명(86.0%)을 학생부위주(교과, 종합) 전형으로, 정시모집인원 69,331명 중 63,902명(92.2%)을 수능위주 전형으로 선발할 계획입니다.[4)]

마지막으로, 비록 정시에서는 수능위주 전형이 중심이 되고 있으나 전체적으로 학생부위주 전형이 차지하는 비중이 높습니다. 2026학년도 기준 전체 모집인원의 68.8%인 237,404명이 학생부위주 전형을 통해 선발되도록 설계되어 있습니다.[5)]

표 7-2 전형유형별 모집인원계획(2026학년도)

구분	전형유형	모집인원	비율(%)
수시	학생부위주(교과)	155,495	45.0
	학생부위주(종합)	81,373	23.6
	논술위주	12,559	3.6
	실기위주	21,865	6.3
	기타	4,556	1.3
소계		275,848	79.9
정시	수능위주	63,902	18.5
	실기위주	4,726	1.4
	학생부위주(교과)	317	0.1
	학생부위주(종합)	219	0.1
	기타	167	0.0
소계		69,331	20.1
합계		345,179	100.0

자료 : 한국대학교육협의회(2024a : 6)

대입전형은 전형기준에 따라 일반전형과 특별전형으로 구분합니다. 일반전형은 일반학생을 대상으로 보편적인 교육적 기준에 따라 학생을 선발하는 전형입니다. 대학은 교육목적에 적합한 입학전형 기준 및 방법을 구축하고 이에 따라 공정한 경쟁에 의해 공개적으로 전형을 시행합니다. 적법성·타당성·신뢰성·공정성·공공성의 원칙에 따라 전형방법을 결정하며 교육목적에 비추어 균등한 교육기회를 침해하는 부적절한 기준(종교·성별·재산·장애·연령·졸업연도 등)으로 자격을 설정하거나 제한할 수 없습니다. 특별전형은 특별한 경력이나 소질 등 대학이 제시하는 기준 또는 차등적인 교육적 보상기준에 의한 전형이 필요한 자를 대상으로 학생을 선발하는 전형입니다. 대학은 사회통념적 가치기준에 적합한 합리적인 입학전형 기준 및 방법을 구축하고 이에 따라 공정한 경쟁에 의해 공개적으로 전형을 시행해야 합니다. 특별전형에서는 학생의 특별한 경력이나 소질을 전형기준으로 설정할 수 있으나, 적법성·타당성·신뢰성·공정성·공공성의 원칙을 고려하여 전형방법을 결정해야 합니다. 즉 대학이 자격기준, 전형대상 및 방법을 자율로 결정할 수 있으나 이 경우에도 반드시 합리적 기준에 따라 선발하도록 요구하는 겁니다.[6] 특별전형은 다시 정원 내 특별전형과 정원 외 특별전형으로 나누어지며 정원 외의 경우 유형에 따라 법령에서 모집인원이 설정되어 있습니다.

대학입학을 위해서는 성적(수능, 교과) 및 학교생활 전반에 대한 관리가 필요하다!!!

한국에서 대학에 입학하기 위해서는 일반전형이나 특별전형을 통해 가능하며 수능위주 전형이 중심이 되는 정시에서는 일반전형이 우위를, 학생부위주 전형이 중심이 되는 수시에서는 일반전형과 특별전형이 비슷한 비중을 보이고 있습니다. 전형에 따라 주요 전형요소는 다르지만 기본적으로 수능성적, 교과성적, 학교생활 전반 등이 중심이 되고 있으며, 특별전형에서 요구하는 다양한 기준들이 함께 고려되는 것을 볼 수 있습니다. 일반적으로 학생이 선호하는 대학에 입학하기 위해서는 교과성적과 수능성적을 관리할 필요성이 높습니다.

이와 함께 학생부를 중심으로 면접 등을 종합평가하는 학생부종합전형에도 관심이 필요합니다. 학생부종합전형은 대부분 1단계에서 서류평가를 하고, 2단계에서 1단계 성적과 면접을 실시하여 최종 선발합니다. 서류평가와 면접평가를 일괄 합산하여 선발하는 경우도 있습니다. 서류평가에서는 학업역량, 진로역량, 공동체역량 등이 주요 평가요소이며 평가요소별 배점 및 명칭 등은 대학마다 조금씩 다를 수 있습니다.7) 대학은 해당 학교에 입학할 학생을 선발함에 있어 성적 외에 학교생활기록, 인성·능력·소질·지도성 및 발전가능성과 역경극복 경험 등 학생의 다양한 특성과 경험을 입학전형자료로 생산·활용하여 학생을 선발하는 업무를 전담하도록 입학사정관을 둘 수 있습니다. 현재 많은 대학에서 입학사정관이 학생부종합전형에 참여하고 있습니다.

입학사정관은 지원자의 고등학교 학업성적, 환경, 지원학과에 대한 소질 및 잠재력 등을 종합적으로 평가하여 대학의 인재상이나 모집단위 특성에 맞는 신입생을 선발하고 있습니다. 이들은 고등학교와 대학의 교육과정 이해, 학생선발 방법과 평가에 대한 전문적인 지식과 실무를 갖춘 입학전형전문가로서, 기존의 학업점수위주의 획일적인 학생선발 방식에서 벗어나 학교생활기록부 등 지원자를 평가할 수 있는 다양한 자료를 활용하여 지원자의 학력, 소질과 능력, 인성, 성장잠재력 등을 종합적으로 평가하는 평가전문가입니다.8)

학생부종합전형은 성적만이 아니라 소질과 잠재력, 창의력 등을 종합적으로 판단해서 학생을 선발합니다. 즉, 학업능력이 다소 부족해도 잠재력이 충분한 학생에게는 기회를 제공하자는 취지임을 알 수 있습니다. 하지만 성취도 평가점수가 낮은 학생에게 원하는 대학에 입학할 길을 열어주는 것은 아님을 분명히 하고 있습니다. 학생부종합전형의 가장 큰 특징은 성적뿐만 아니라 학생의 다면적인 모습을 평가하여 선발한다는 것입니다. 교과성적 또한 정량적으로만 평가되는 것은 아니며, 지원 학과와 관련된 교과목 성적이 우수하다거나 지속적으로 향상되는 경우에는 정성적으로 긍정적인 평가를 받을 수 있습니다. 지원학과와 관련된 과목의 성적이 낮더라도 비교과영역의 활동에 대한 관심과 참여를 보여주거나 학업 외적인 활동과 진로에 대한 탐색 등이 충실히 이루어졌다면 여기에도 긍정적인 평가가 가능합니다.[9)]

종합해 보면 학생부종합전형으로 입학하기 위해서는 고등학교 시절부터 자신의 진로를 결정하고 자기주도적으로 학과전공에 대한 지식을 충실히 쌓아야 합니다. 전공 관련 교과목에 많은 관심을 가지고 성적도 관리할 필요성이 있습니다. 나아가 창의적 체험활동, 독서활동 영역 등에서 학과전공에 대한 관심과 해당 분야에서의 내적 성장을 확인할 수 있도록 다양한 노력 또한 필요합니다. 독서활동상황은 직접적으로 대입에 반영되지는 않지만, 창의적 체험활동이나 교과별 세부능력 및 특기사항 등을 통해 대학에 제공되고 학생부종합전형에서 활용할 수 있기 때문입니다.

경찰관련 학과의 입학전형은 권역별 · 학교별로 차이가 있다!!!

지금부터는 좀 더 구체적으로 경찰관련 학과를 중심으로 입학과정에 대하여 살펴보기로 하겠습니다. 전국에 걸쳐 많은 대학에 경찰관련 학과가 설치되어 있다고 했습니다 *<Q2. 참고>*. 해당 학과 입학전형은 매우 다양하게 나타나고 있습니다. 최근에는 특정 학과가 아니라 무전공 또는 계열 단위로 지원을 하고 성적과 희망에 따라 추후 세부 학과를 선택하는 광역 모집도 이루어지고 있습니다. 물론 해당 모집단위 입학전형은 개별 학과와 차이가 있을 수 있습니다.

경찰관련 학과에서 나타나는 전형 특성에 비추어 관련 학과에 입학하기 위해 필요한 내용을 일반적으로 정리하면 다음과 같습니다. 먼저, 대체로 학생부를 중심으로 학생을 모집하고 있습니다. 이 경우 교과성적이 매우 중요하게 작용하며 학생이 선호하는 대학에 입학하기 위해서는 우선 교과성적을 잘 관리해야 할 것으로 보입니다. 일부 대학에서는 수시모집 과정에서도 수능최저학력기준을 적용하기도 하니, 수능성적에 대한 관심도 필요합니다. 나아가, 교과성적뿐만 아니라 출결상황을 평가하는 대학도 있으니 충실한 학교생활은 기본 중에서도 기본이 될 겁니다. 이러한 사실은 경찰관련 학과뿐만 아니라 대학에 설치된 대부분의 학과에서 공유하는 내용이라고 생각합니다. 다만, 대학마다 학년별 성적 반영 비율이나 반영 교과들이 조금씩 다를 수 있습니다. 그러니 관심 있는 대학에 대해서는 미리 관련 내용들을 확인해야 합니다.

다음으로, 대입전형의 전반적인 모습과 비슷하게 경찰관련 학과 역시 수시가 차지하는 비중이 상대적으로 높습니다. 학교에 따라 학생부교과전형의 비중이 높기도, 또는 학생부종합전형의 비중이 높기도 합니다. 학생부종합전형에 응시하는 학생들은 1학년부터 자신의 진로에 대해 비교적 뚜렷한 목표의식을 지니고 이에 대한 지식과 직·간접적 경험들을 쌓기 위해 노력합니다. 일반적으로 대학은 평가요소와 평가기준 등을 모집요강을 통해 제시하고 있으니 이들을 꼼꼼히 살펴야 합니다.

학생부종합전형에서는 일반적으로 학업역량, 진로역량, 공동체역량 등을 중심으로 평가하고 있습니다. 특히 주의해야 할 점은 어느 하나의 요소만으로 평가가 이루어지는 것이 아니라는 사실입니다. '학업역량'의 경우 교과성적(등급)이 고려되나 학업태도와 탐구력 등을 종합적으로 평가하게 됩니다. '진로역량'은 지원자의 전공에 대한 관심과 열정, 전공에 대한 이해도와 전공학습 수행능력 등을 검토하여 평가합니다. 이를 위해 전공관련 교과의 이수 노력 및 성취도, 진로탐색활동과 경험 등을 종합적으로 평가합니다. 경찰관련 학과에 응시하고자 하는 학생들은 1학년부터 경찰이나 형사사법분야를 희망진로로 설정하고 이와 관련된 다양한 활동을 실천하고 있음을 볼 수 있습니다. 하지만 학생들의 희망진로는 변경될 수 있습니다. 이 경우 진로 변경에 대한 계기와 자세한 설명 등이 충분히 드러날 수 있도록 세심한 주의가 필요합니다. '공동체역량'은 협업과 소통능력, 나눔과 배려, 성실성과 규칙준수, 리더십 등을 평가합니다.

학생부종합전형에서 면접이 실시되기도 합니다. 면접에서는 학생이 제출한 각종 지원서류를 활용하여 대학에서의 학업수행능력, 전공적합성, 인성 및 가치관 등을 종합적·정성적으로 평가합니다. 이 과정을 통해 학생이 제출한 서류와 활동 결과물의 사실여부와 함께 해당 활동들의 내면화·내실화 수준을 확인할 수 있습니다. 가령, 경찰관서 봉사활동에 참가했다는 서류내용에 대해 참가한 동기, 참가 후 느낀 점 등을 더욱 구체적으로 질문할 수 있습니다. 일부 학생들은 면접에 대한 압박으로 긴장을 많이 하는 모습을 보이곤 합니다. 긴장한다고 해서 무조건 나쁘게 평가되지는 않지만 제한된 시간 안에 자신을 충분히 드러내기에 어려움을 겪을 수 있습니다. 그러므로 평소에 준비를 철저히 하고 친구들 또는 선생님과 다양한 의견을 주고받는 일상 활동도 필요합니다. 비속어나 줄임말 등 일상에서 쉽게 사용하는 용어들이 면접과정에서 자신도 모르게 나올 수 있습니다. 성실하고 진지한 일상생활이 중요한 이유입니다.

마지막으로, 수도권을 비롯해 논술전형을 실시하는 대학으로의 진학을 위해서는 논술전형에 대한 준비도 필요합니다. 과거와 달리 논술고사에 대비하기 위한 자료들은 비교적 풍부하게 확보할 수 있습니다. 각 대학에서 제공하는 '논술가이드북'을 통해 논술고사를 이해하고 준비하는 데 도움을 받을 수 있고, 모의논술고사 등에 적극적으로 참여해 보는 것도 훌륭한 전략이 될 겁니다. 평소 논리적이고 창의적인 사고를 함양하기 위한 추가적인 노력도 필요합니다. 언론 매체를 통해 제공되는 사설이나 칼럼 등을 주의 깊게 살펴보고 사회적 쟁점이 되는 주제에 대하여 항상 관심을 가지고 체계적으로 준비한다면 좋은 결과를 얻을 수 있습니다.

In Conclusion

경찰관련 학과에 입학하기 위해서는 해당 학과가 설치된 대학이 요구하는 능력을 갖추어야 합니다. 현재 한국에서는 표준화된 대입전형 체계에 따라 대학들이 학생을 선발하고 있습니다. 경찰관련 학과의 경우 수도권을 제외하고는 대체로 학생부와 수능을 중심으로 학생을 모집하고 있습니다. 그러므로 무엇보다 교과 성적과 수능성적을 관리해야 원하는 대학(학과)에 진학할 수 있습니다.

성적만이 아니라 소질과 잠재력, 창의력 등을 종합적으로 판단해서 학생들을 선발하고자 하는 학생부종합전형에도 관심이 필요합니다. 자신의 진로에 대해 뚜렷한 목표의식을 지니고 이에 대한 지식과 직·간접적 경험을 쌓기 위해 노력해야 하며, 면접을 대비한 성실하고 진지한 일상생활도 중요합니다. 진로역량과 발전가능성 등의 차원에서 무도 단증 등이 필요할 것으로 생각할 수 있으나, 어디까지나 학업능력이 기본이 될 때 고려될 수 있을 거라고 판단합니다.

마지막으로, 경찰관련 학과가 설치된 대학마다 입학전형은 조금씩 차이가 있습니다. 궁금한 내용은 관심 있는 대학(입학관련 부서)에 직접 문의하시면 아주 자세하게 안내해 줄 겁니다. 주저하지 말고 편하게 연락해 보시기 바랍니다.

참고문헌

1) 김은영 외, 2013, 대학입학전형 정책의 성과와 개선 방안 연구, 연구보고서 : 한국교육개발원, pp. 11-14.
2) 한국대학교육협의회, 대입정보포털, https://adiga.kr/uct/asi/ces/systemView.do?menuId=PCUCTASI1100
3) 한국대학교육협의회, 2024a, 2026학년도 대입정보 119, 서울 : 한국대학교육협의회, p. 5.
4) 한국대학교육협의회, 2024a, 앞의 자료, p. 6.
5) 한국대학교육협의회, 2024a, 앞의 자료, p. 6.
6) 한국대학교육협의회, 2024b, 2026학년도 대학입학전형 기본사항, pp. 11-12.
7) 한국대학교육협의회, 2024a, 앞의 자료, p. 124.
8) 한국대학교육협의회, 2014, 현직 입학사정관에게 듣는 입학사정관전형(학생부종합전형) 100문 100답, 서울 : 한국대학교육협의회, p. 10.
9) 한국대학교육협의회, 2014, 위의 자료, p. 61.

Q8. 경찰행정학과에서 배우는 내용은 무엇인가요?

"경찰행정학과에서 무술이나 체포술을 배우나요?", "경찰행정학과에서는 테이저 건이나 총기 사용 훈련도 하나요?", "경찰서나 지구대 등에 나가서 실습은 하나요?" 이와 같은 질문들의 배경에도 경찰관련 학과에 대한 오해와 편견이 숨어 있습니다. 하지만 이들 중 일부는 대학에 따라 교과과정으로 편성하는 사례도 있습니다. 경찰관련 학과에서 학습하는 내용은 무엇인지 확인해 보겠습니다.

In General

경찰관련 학과에 입학하게 되면 지금까지 학생들이 일반적으로 경험했던 생활과 다른 경험을 하게 됩니다. 국어·영어·수학 중심의 교과학습, 양과 질에서 항상 부족함을 느꼈던 자율 활동 등과의 이별이 가능합니다.

경찰관련 학과에서는 학생들이 전공과 교양으로 구성된 교과과정에 대한 학습, 동아리·봉사 등 다양한 비교과활동 등을 통해 학교가 지향하는 유능한 인재로 성장할 수 있도록 노력하고 있습니다. 특히 해당 학과가 지향하는 교육목적을 실현하기 위해 전공교과목을 중심으로 하는 교과과정 편성에 적극적인 역할을 수행하고 있습니다. 물론, 대학생으로서의 기초적인 능력 함양에 필요한 교양과정에도 관심을 기울입니다.

구체적으로 경찰관련 학과에서는 경찰과 범죄관련 교과목을 중심으로 법, 행정, 기타 교과목을 학습하고 있습니다. 경찰관련 교과목은 경찰학(개론), 비교경찰론, 경찰과 사회, 경찰윤리론, 지역사회경찰론 등이, 범죄관련 교과목은 범죄학(개론), 범죄심리학, 현대사회와 범죄, 피해자학, 특수범죄론 등이 중심이 됩니다. 경찰활동의 제도적 기초로서 법학개론, 경찰과 법, 헌법, 형법, 형사소송법, (경찰)행정법 등을 학습하며 관리능력 배양을 위해 (경찰)행정학, 경찰정책론, 경찰조직관리론, 경찰인사관리론 등을 배웁니다.

과학적 연구의 실행과 연구결과 해독을 위해 경찰연구방법론, 기초통계론 등을, 경찰실무 역량 제고를 위해 무술, 체포술, 경찰수사론, 교통경찰론, 사이버수사론 등을 학습하기도 합니다. 경찰뿐만 아니라 형사사법체계에 대한 이해를 목표로 형사정책, 교정학 등과 같은 교과목도 개설되어 있습니다.

경찰관련 학과에서는 기초학업과 인성함양을 통한 학생들의 전문교양역량 개발에도 관심을 기울이며 이를 위해 창의적 글쓰기, 실용영어, 고전과 현대문화 등과 같은 교양교과목 학습을 적극 지도하고 있습니다. 이들에 대하여 좀 더 자세하게 살펴보겠습니다.

In Specific

대학 또는 학과에서 학습하는 내용은 교육과정을 통해 살펴볼 수 있습니다. 교육과정은 커리큘럼(curriculum)이라고도 하며 모든 학문분야의 핵심요소로 정기적인 검토와 개선 노력이 수반되어야 합니다.[1)] 교육과정은 교육목적을 달성하기 위해 학생에게 가르치는 교육내용의 체계를 의미합니다.[2)]

교육과정은 대학의 교육이념과 교육목적을 반영하고 있어 대학별로 차별성을 보이고 있으나 대개 교양, 전공, 그리고 비교과 과정으로 분류할 수 있습니다. 교양과정은 현대 사회에서 대학을 통해 고등교육을 이수한 사람에게 일반적으로 요구되는 역량을 기르기 위한 교과목들로, 전공과정은 특정 학문분야의 전문가적 자질을 기르는데 필요한 교과목들로 구성되며 이로 인해 교과과정으로 이해되고 있습니다.

대학에서는 학습이 중심이 되는 교양, 전공과정 이외에도 봉사활동, 동아리활동, 특별활동 등 다양한 활동이 이루어지고 있으며 이들은 비교과과정으로 분류되고 있습니다. 교양과 전공과정이 일반적으로 성적(학점)이 부여되는 교과들로 구성되어 있다면 비교과과정은 대학에서 이루어지는 다양한 활동이지만 대개 학점이 부여되는 것은 아니라는 점에서 차이가 있습니다.

전공과정은 학과에 의해 주도적으로 편성됩니다. 교양과정은 일반적으로 대학 차원에서 주도하나 학과는 학과에서 필요로 하는 교양교과목에 대한 개설 또는 개설요구 등을 통해 교양과정에도 일정한 영향을 끼칠 수 있습니다.

경찰관련 학과에서는 다양한 교과 · 비교과 과정을 경험한다!!!

경찰관련 학과에서 학생은 교양과 전공으로 구성된 교과과정에 대한 학습, 동아리 · 봉사 등 다양한 비교과활동 등을 경험할 수 있습니다. 경찰관련 학과에서 이루어지는 다양한 교육과정 중 이곳에서는 교과과정에 보다 초점을 맞추어 살펴보기로 하겠습니다. 비교과과정에 대해서는 *<Q9. 경찰행정학과는 기율이 센가요? 학과 생활은 어떤가요?>*에서 좀 더 자세하게 살펴보기로 하겠습니다. 다만, 비교과과정은 학교별 차이가 매우 크고 구체적 내용에 대한 확인 또한 쉽지 않음을 먼저 밝혀 둡니다.

경찰관련 학과의 개설과 성장 과정에서 동국대학교와 경찰대학이 중요한 역할모형(role model)이 되었음은 이미 살펴보았습니다 *<Q1. 참고>*. 이러한 영향은 경찰관련 학과의 교과과정 편성에도 이어지게 됩니다. 먼저, 동국대학교 경찰행정학과가 설치되는 과정에서 교과과정은 다음과 같은 원칙에 의해 수립되었다고 합니다 : ① 인격과 덕성 함양에 필요한 인간성 ② 사회환경에 대한 기본지식 습득에 필요한 사회학 · 사회심리학 지식 ③ 법집행을 위한 기본법률지식 ④ 경찰과학, 범죄학, 감식학 등 경찰에 관한 전문지식 ⑤ 육체훈련[3)]

다음으로, 경찰대학에서도 대학설치와 함께 교과과정 편성에 관한 기본원칙이 천명되었습니다. 교과를 교양과목, 전공과목, 경찰학과목의 세 가지 범주로 구분하며 교양과목은 인격도야와 보통시민생활에 필요한 교과목으로(윤리, 영어, 체육, 무도 등), 전공과목은 법학과 행정학 영역의 교과목으로, 경찰학과목은 경찰지식의 전문화와 실무능력 배양에 충분한 교과목으로 구성하였습니다.[4)]

경찰관련 학과에서는 경찰과 범죄관련 교과목을 중심으로 법, 행정, 기타 교과목을 함께 학습한다!!!

오늘날 경찰관련 학과에서 학습하는 전공교과목은 다양하나 비슷한 성격을 지닌 교과목을 묶어 집단화(Grouping)할 수 있습니다. 구체적으로 어떠한 분류기준을 활용해서 이들을 집단화할 것이냐는 연구자들에 따라 조금씩 차이를 보이고 있습니다. 경찰학영역 / 범죄학영역 / 법학영역 / 타과목,[5)] 기초과목 / 법률학과목 / 형사학(범죄학)과목 / 경찰학과목 / 기타과목,[6)] 경찰이론과목 / 경찰실무과목 / 범죄학과목 / 법학과목 / 경비 · 보안과목 / 기타과목[7)] 등으로 분류되어 왔습니다. 또한 교양과목 / 법학과목 / 행정학과목 / 경찰학 및 범죄학과목이라는 분류도 보이고,[8] 경찰학교과목 / 범죄학교과목 / 법학교과목 / 행정학교과목 / 기타교과목이라는 분류도 보입니다.[9]

종합해보면 경찰관련 학과에서는 경찰과 범죄관련 교과목을 중심으로 법이나 행정, 기타 학과가 지향하는 가치나 목적 등을 달성하기 적합한 교과목들이 학습되고 있습니다(<그림 8-1> 참조).

그림 8-1 경찰관련 학과 주요 교과과정

경찰관련 학과 교과과정

개별 교과목을 중심으로 살펴보면 다음과 같습니다. 먼저, 경찰관련 교과목입니다. 경찰학개론, 경찰학, 비교경찰론, 경찰과 사회, 한국경찰사, 경찰윤리론, 지역사회경찰론, 자치경찰론, 경찰생활안전론, 범죄수사론, 과학수사론, 사이버수사론, 교통경찰론, 경찰정보론, 경비경찰론, 경찰과 테러 등이 이에 해당합니다.

다음으로, 범죄관련 교과목입니다. 범죄학, 범죄예방론, 범죄심리학, 현대사회와 범죄, 피해자학, 범죄학세미나, 소년비행론, 특수범죄론, 신종범죄론, 폭력범죄론, 여성범죄론 등이 이에 해당합니다.

다음으로, 법관련 교과목입니다. 법학개론, 경찰과 법, 헌법, 형법총론, 형법각론, 형사소송법, 행정법, 경찰행정법, 행정구제법, 경찰관직무집행법, 형사법연습 등이 이에 해당합니다.

다음으로, 행정관련 교과목입니다. 행정학, 경찰행정학, 경찰기획론, 경찰정책론, 경찰조직관리론, 경찰인사관리론, 경찰예산관리론, 경찰행정학세미나 등이 이에 해당합니다.

마지막으로, 기타 교과목입니다. 경찰학연구(조사)방법론, 형사정책, 민간경비론, 산업보안론, 교정학, 무술, 체포술 등이 이에 해당합니다.

그림 8-2 경찰관련 학과 주요 전공교과목

구분	교과목
경찰관련	경찰학개론, 경찰학, 비교경찰론, 경찰과 사회, 한국경찰사, 지역사회경찰론, 경찰윤리론, 자치경찰론, 경찰생활안전론, 범죄수사론, 과학수사론, 사이버수사론, 교통경찰론, 경찰정보론, 경비경찰론, 경찰과 테러, 경찰학원서강독, 기타
범죄관련	범죄학, 범죄예방론, 범죄심리학, 현대사회와 범죄, 피해자학, 범죄학세미나, 소년비행론, 특수범죄론, 신종범죄론, 폭력범죄론, 여성범죄론, 기타
법관련	법학개론, 경찰과 법, 형법총론, 형법각론, 형사소송법, 행정법, 경찰행정법, 행정구제법, 경찰관직무집행법, 형사법연습, 기타
행정관련	행정학, 경찰행정학, 경찰기획론 경찰정책론, 경찰조직관리론, 경찰인사관리론, 경찰예산관리론, 경찰행정학세미나, 기타
기타	형사정책, 민간경비론, 산업보안론, 교정학, 경찰학연구방법론, 기초통계론, 무술, 체포술, 기타

최근에는 학교와 경찰 사이의 협력(경학협력)을 강조하며 그 일환으로 관서실습(경찰서 기능별 업무학습 및 참여), 합동순찰 등이 이루어지고 이러한 활동에 대해 학점을 부여하는 사례도 있습니다. 하지만 이러한 활동은 기관장의 관심과 지지 수준에 따라 프로그램의 내용과 존폐 등이 자주 변화되는 모습을 보이고 있습니다. 해당 활동들의 성과를 면밀하게 평가해야 하며, 그 성과가 확인된다면 안정성과 예측가능성을 확보할 수 있는 대책마련이 있어야 할 것으로 생각합니다.

경찰관련 학과의 전공교과과정은 학교사정이나 학과(전공)명칭 등에 따라 조금씩 차별적이다!!!

경찰관련 학과의 전공교과과정은 기본적으로 경찰과 범죄관련 교과목을 중심으로 구성되어 있습니다. 하지만 개별학교에 따라 조금씩 차이가 나는 경우들이 있습니다. 학과(전공)명칭이 동일한 경우라도 대학의 교육여건, 즉 학과 교수진 구성 등에 따라 차이가 나기도 합니다.

경찰관련 학과는 다양한 학과(전공)명칭을 사용하고 있습니다 *<Q2. 참고>*. 이러한 학과(전공)명칭에 따라 교과과정에서 차이가 있음 또한 유의해야 합니다. '법' 또는 '법학' 등이 사용된 학과(전공)에서는 법학과목의 편성비율이 상대적으로 높게 나타나며, '무도' 또는 '경호' 등이 사용된 학과(전공)에서 역시 관련 교과목의 비중이 높습니다.[10)]

지금까지 살펴본 교과과정은 대학에서 편성된 교과목을 중심으로 살펴본 것입니다. 실제 학과 운영과정에서는 모든 편성 교과목이 개설되는 것은 아닙니다. 현실에서는 편성 교과목 중 일부가 학기 단위로 개설되며 학과(전공) 사정에 따라 편성만 된 채 개설이 되지 않는 교과목이 존재할 수 있습니다.

또한, 개설되었다고 해서 학생들이 해당 교과목을 무조건 수강하는 것도 아닙니다. 그러므로 경찰관련 학과 학생들이 졸업과정에서 어떠한 교과목을 실제 수강하였는지, 이를 살펴보는 것 또한 경찰관련 학과에서 배우는 내용을 확인하는 유효한 방법이 될 수 있다고 봅니다.

학생들은 교양교과목 학습을 통해 전문교양인으로 성장한다!!!

경찰관련 학과에 입학해서 대학생활을 하는 학생들은 위에서 살펴본 다양한 전공교과목을 학습하게 됩니다. 학생들은 이 외에도 현재와 미래에 대한 폭넓은 이해, 사회 내 모든 영역에서 적응할 수 있는 기초적인 능력을 대학생활을 통해 배우게 되는데요,[11] 이것이 바로 교양과정입니다. 교양과정은 학생들로 하여금 사회적 쟁점에 대한 정통한 분석, 건설적이고 비판적인 사고능력, 문제 해결을 위한 유연한 접근, 그리고 거시적이면서도 장기적인 안목을 높이는 데 초점을 맞추고 있습니다.[12]

그림 8-3 교양과정 구성

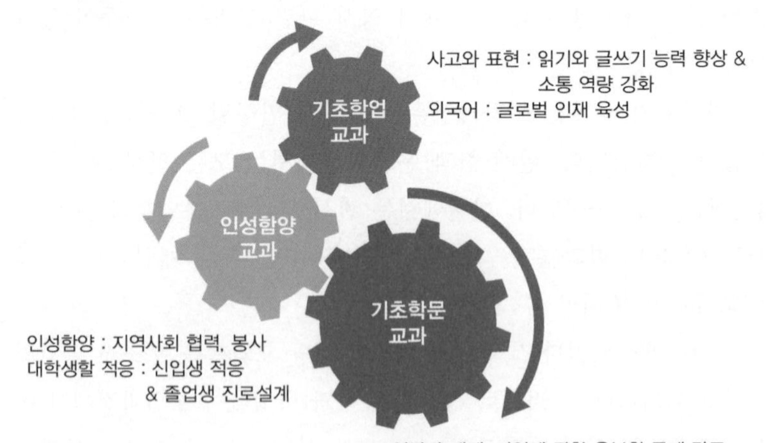

많은 대학에서 교양학점 비중을 확대하고 있으며, 일반적으로 교양과정은 기초학업 교과, 인성함양 교과, 그리고 기초학문 교과 등으로 분류됩니다(<그림 8-3> 참조).[13] 기초학업 교과목으로는 '글쓰기 기초', '창의적 글쓰기', '실용영어' 등이, 인성함양 교과목으

로는 '진로설계', '지역사랑 프로젝트' 등이, 기초학문 교과목으로는 '즐거운 철학 이야기', '고전과 현대문화', '인문학과 과학기술', '경제의 이해', '기초수학', '인성개발과 리더십', '행복한 삶과 가족' 등이 있습니다.

현실에서 경찰관들은 전문분야에 대한 지식뿐만 아니라 다양한 교양관련 분야의 중요성을 강조합니다. 미네소타(Minnesota) 주에 근무하는 법집행관들에게 법집행관으로서의 역할에 가장 도움이 되는 대학 수업을 꼽아보게 했더니 이들은 관리(56%), 형사사법(43%) 뿐만 아니라 인간관계(43%), 컴퓨터 과학(43%), 사회/심리학(38%), 영어/회화(32%) 등을 지목했습니다.[14] 아칸소(Arkansas)와 애리조나(Arizona) 주 경찰관리자들에게 교육훈련 과정에서 강조해야 할 주제를 문의한 결과, 이들은 글쓰기(보고서 작성)가 가장 중요하다고 평가했으며, 윤리, 법령, 경찰직무집행, 컴퓨터 활용, 체력, 수사기법, 교통, 지역사회경찰활동, 범죄와 형사사법 등의 순으로 답했습니다.[15] 경찰을 비롯한 형사사법 종사자들은 형사사법 체계에 대한 광범위한 지식과 함께 윤리적 행동 기준을 상황에 맞게 실천하며, 범죄와 비행에 대한 복잡한 성격과 원인을 이해할 수 있는 비판적 성찰인이 되어야 합니다.[16] 이를 위해 다양한 교양 교과목에 대한 관심과 학습이 필요함을 명심해야 합니다.

교과과정에 대한 지속적인 진단과 개선 활동이 필요하다!!!

경찰관련 학과의 교과과정 또한 고정된 것은 아닙니다. 학계, 사회 환경, 그리고 학습수요자 등으로부터 다양한 요구가 있을 수 있고 이에 맞추어 지속적인 개선 노력이 필요합니다. 몇 가지 고려할 수 있는 내용을 정리하면 다음과 같습니다.

먼저, 일부 전문가들은 교과과정 구성에 있어 실무 역량을 보다 제고할 수 있어야 한다고 합니다. 졸업 후 경찰로의 입직이 확정된 경찰대학뿐만 아니라 일반대학의 경찰관련 학과에서도 실무연계성이 강화되어야 한다고 강조합니다.[17] 경찰생활안전론, 범죄수사론, 교통경찰론, 경비경찰론 등과 같은 경찰기능별 교과목들이 개설되고 실무 경험이 있는 교·강사진들이 강의에 참여해야 한다는 것이죠. 무술이나 체포술 등과 같은 교과목은 경찰행정학과 등장 초기부터 중요한 교과과정으로 인식되었고 현재까지 경찰관련 학과의 주요 교과목으로 편성되어 있습니다. 이는 경찰관련 학과의 실무지향성이 일정 부분 반영된 것으로 이해할 수 있습니다.

경찰이나 형사사법기관을 주된 취업분야로 계획한다면 해당 분야에 대한 실무 지식은 소중한 경험이 될 수 있습니다. 관서실습이나 인턴십 등을 통해 실무 분야를 경험한다면 향후 진로에 대한 보다 명확한 설계를 할 수 있기 때문입니다. 하지만, 너무 실무 및 응용 위주의 교과목으로만 편성된다면 대학이 마치 경찰직업훈련소와 같이 전락할 수 있다는 우려[18]도 충분히 고려해야 할 것으로 보입니다. 오늘날 경찰사회에서는 문제지향경찰활동(Problem-Oriented Policing)이 중시되고 있습니다. 이는 문제로부터 야기되는 사건들(Incidents)을 쫓아 다닐 것이 아니라 문제 그 자체에 집중할 것을 요구하는 경찰전략입니다(<그림 8-4> 참조).[19] 피상적인 사건이 아닌 본질적인 문제를 강조하는 것이죠. 본질에 대응하기 위해서는 광범위한 지식과 의사소통 역량이 요구됩니다. 이론과 학문성, 그리고 실무 역량 등에 대한 적절한 균형이 필요함을 알 수 있습니다.

그림 8-4 문제지향경찰활동

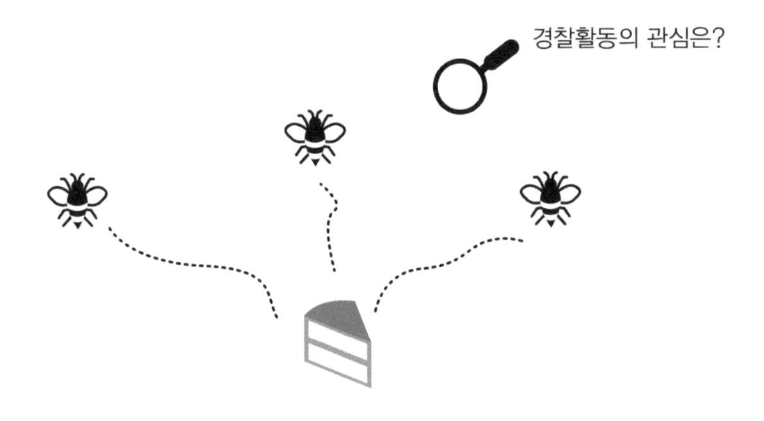

다음으로, 학습수요자인 학생들과 현직 재직자들이 교과목을 어떻게 평가하고 있는지에 대한 의견도 참고할 수 있습니다. 경찰대학 학생들은 법학 및 경찰학 과목의 비중확대, 교양 및 행정학 과목의 축소 또는 통합이 필요하다는 의견을 제시하고 있습니다.[20] 교과목에 대한 학생들의 관심과 선호는 분명 다양하게 나타날 수 있습니다. 그러나 한국과 미국 경찰관련 학과에서 연구방법론(Research Methods)은 학생들의 관심과 개설 필요성 모두 낮은 것으로 평가되고 있습니다.[21] 하지만 전문가들은 연구방법론의 중요성과 확대 필요성을 한 목소리로 강조합니다.[22] 과학적으로 수행된 연구결과를 읽고 이해할 수 있는 능력은 물론, 필요하다면 스스로가 직접 관련 연구를 설계하고 집행할 수 있어야 하기 때문입니다. 연구와 분석에 기초해서 경찰활동이 이루어져야 한다는 증거기반경찰활동(Evidence Based Policing)은 이러한 능력을 더욱 요구할 수 있습니다.[23] 교육수요자인 학생들의 의견이 중요한 것은 분명하지만 이를 통해서만 교과과정을 편성하기에는 한계가 있을 수 있음을 함께 이해해야 할 것으로 보입니다.

현직 경찰관들을 대상으로 설문조사를 실시한 자료도 있습니다. 경찰교육기관에 근무하는 교수요원들에게 경찰관련 학과에서 우선적으로 편성해야 할 교과목에 대하여 문의한 결과, 경찰실무과목(33.6%) > 법학과목(26.2%) > 경찰이론과목(22.8%) > 범죄학과목(17.4%)의 순으로 평가하였습니다. 동일한 질문을 학자들에게 한 결과, 경찰이론과목(29.4%) > 법학과목(25.2%) > 범죄학과목(23.8%) > 경찰실무과목(21.9%)으로 나타났습니다.[24] 학자와 실무자 사이에서 의견이 나뉘는 모습입니다.

그림 8-5 경찰관련 학과 우선 교과목

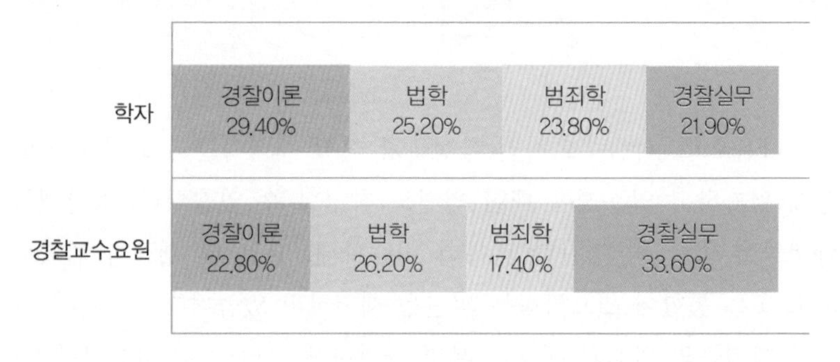

자료 : 김연수(2016 : 77)

또 다른 조사에서는 경찰관들에게 순경공채 필기시험에 필요한 과목을 선택하도록 했습니다. 그 결과, 경찰학개론(19.6%), 형법(19.1%), 형소법(17.9%), 수사(9.9%), 범죄학개론(2.5%), 헌법(2.0%), 행정법(2.0%), 행정학(0.4%) 등의 순으로 나타났습니다.[25] 전반적으로 교수요원을 포함한 경찰관들은 실무와의 연관성을 상대적으로 강조하고 있음을 확인할 수 있습니다. 이러한 의견들을 경찰관련 학과에서의 교과과정 개편에 어떻게 반영할 것인지, 이 또한 중요한 과제입니다.

In Conclusion

오늘날 경찰관련 학과에서는 경찰과 범죄관련 교과목을 중심으로 법, 행정, 기타 교과목을 학습하고 있습니다. 학생들은 전문교양 역량에 필요한 교양교과목 또한 함께 학습합니다. 이러한 학습활동을 통해 학과에서는 교양을 겸비한 형사사법전문가를 배출하기를 희망하고 있습니다.

하지만 구체적인 부문에서 여전히 쟁점이 되는 사항들이 있습니다. 먼저, 이론과 실무 차원에서의 균형문제입니다. 한편에서는 피상적인 이론에서 벗어나 실무 역량을 제고할 수 있도록 교과과정이 개편되어야 한다고 주장합니다. 다른 한편에서는 실무중심의 기술지향적인 성격은 학문성의 발달에 장애가 되는 것으로 평가합니다.

앞에서(<Q3. 참고>) 살펴본 바와 같이 경찰관련 학과는 경찰대학과 다양한 차원에서 차이가 있습니다. 경찰대학에서도 '경찰'과 '대학' 사이의 어려운 균형 잡기는 지속되어 왔고 최근에는 '대학'으로의 성격을 강화하는 방향으로 개혁이 요구되고 있습니다.[26] 경찰관련 학과는 당연히 스스로의 정체성을 '대학'에서 찾아야 합니다. 실무 역량을 강조하는 것과는 무관하게 교과과정을 실무 교과목 중심으로 편성하는 것은 주의가 필요합니다. 동아리, 기타 다양한 비교과활동을 통해 필요한 실무지식을 경험하는 것이 더욱 바람직한 방향일 수 있습니다. 현재 한국에서는 경찰대학, 중앙경찰학교 등과 같이 우수한 경찰교육훈련기관들이 설치되어 있습니다. 경찰공무원으로 신규채용되면 바로 현장에 투입되는 것이 아니라 이들 기관에서 교육훈련을 받게 됩니다. 경찰관에게 필요한 실무 지식과 기술 등은 이러한 경찰교육훈련기관을 통해 전달하는 것이 효율적이라는 사실도 명심해야 합니다.

다음으로, 경찰과 기타 형사사법 분야 사이에서의 균형문제입니다. 형사사법 기관은 경찰, 검찰, 법원, 교정기관 등 다양한 주체로 구성되어 있습니다. 경찰관련 학과의 교과과정에서 이들 사이의 비중은 차별적일 수 있습니다. 거시적이고 통합적인 관점에서는 보다 다양한 주체에 대한 지식 전달을 요구합니다. 하지만 대부분의 경찰관련 학과에서는 여건상 경찰을 중심으로 제한된 교과과정을 운영하고 있습니다. 형사사법학과(전공)로의 명칭 변경에 대한 논의는 접어두더라도 이들 교과목에 대한 학과 차원에서의 관심은 필요합니다. 경찰관련 학과에 입학하는 학생들은 경찰 이외 다양한 분야로의 진출 또한 희망할 수 있기 때문입니다.

참고문헌

1) Southerland, M. D., 2002, "Criminal Justice Curricula in the United States : A Decade of Change," Justice Quarterly 19(4), p. 589.

2) 권기욱, 2009, 현대적 대학의 특성, 서울 : 보현사, p. 95.

3) 최응렬, 2000, "경찰관련 학과 및 경찰대학의 발전방안," 한국공안행정학회보 10, p. 289.

4) 경찰대학 20년사 편찬위원회, 2001, 경찰대학 20년사, 경찰대학. pp. 197-198.

5) 최응렬 · 김순석, 2006, "전국 4년제 경찰학 관련학과 교과과정의 문제점과 개선 방안에 관한 연구," 경찰학논총 1, p. 199.

6) 최응렬 · 이성식, 2000, "경찰행정학 교육과정의 개선 및 발전방안," 치안정책연구 14,pp. 196-197.

7) 김연수, 2015, "경찰학의 학문성과 교과과정에 관한 연구 - 전공명칭과 교과과정 분석을 중심으로," 한국경찰학회보 17(4), p. 56.

8) 문경환, 2017, "경찰대학 커리큘럼에 대한 인식 연구," 경찰학논총 12(1), p. 49.

9) 김재운, 2014, "경찰관련 교과목을 실무연계성 강화 연구," 한국경찰학회보 16(3), p. 13 ; 제갈욱 · 장석헌, 2011, "경찰학 교육 현황 및 실태에 대한 실증적인 분석," 한국공안행정학회보 42, p. 235.

10) 김연수, 2015, 앞의 논문, p. 58.

11) 권기욱, 2009, 앞의 책, p. 104.

12) 김상호, 2016, "경찰공무원과 학력," 한국치안행정논집 13(3), p. 51.

13) 대구대학교, 2017, 대학자율역량강화지원사업(ACE+) 사업계획서, pp. 25-27.

14) Berci, M. G., 1997, "What motivates officers to continue their college education?," Journal of Criminal Justice Education 8(1), p. 55.

15) Johnston, C. W. & Cheurprakobkit, S., 2002, "Educating out police : perceptions of police administrators regarding the utility of a college education, police academy training and preferences in courses for officers," International Journal of Police Science and Management 4(3), p. 194.

16) Southerland, M. D., 2002, op. cit., p. 599.

17) 김재운, 2014, 앞의 논문, pp. 3-24 ; 문경환, 2017, 앞의 논문, p. 46.

18) 전돈수, 2002, "경찰행정학 교육의 실태 및 발전방향," 경찰학연구 3, p. 71.

19) 김상호, 2021, 경찰학, 서울 : 청목출판사, pp. 141-142.

20) 문경환, 2017, 앞의 논문, p. 55.

21) 문경환, 2017, 위의 논문, p. 55 ; Kelley, T. M., 2004, "Reviewing criminal justice baccalaureate curricula : the importance of student input," Journal of Criminal Justice Education 15(2), p. 224.

22) 전돈수, 2002, 앞의 논문, p. 75 ; ACJS, 2018, Academy of Criminal Justice Sciences : Standards for College/University Criminal Justice/Criminology Baccalaureate Degree Programs, Greenbelt, ML : ACJS National Office.

23) 김상호, 2024, "연구와 연구증거에 관한 경찰공무원 인식," 한국경찰연구 23(2), pp. 5-7 ; 김상호, 2024, "SWOT분석을 통한 증거기반경찰활동 활성화 전략 탐색," 한국경찰학회보 26(6), pp. 310-312.

24) 김연수, 2016, "경찰학전공 교과과정에 대한 학계와 실무의 인식비교 연구," 한국경찰학회보 18(5), p. 77.

25) 경찰청, 2018, 경찰채용 교과목 개편 설문조사, 내부자료(15,827명).

26) 경찰청, 2018, 경찰개혁위원회 백서, 서울 : 경찰청, pp. 294-297.

Q9. 경찰행정학과는 기율(세칭, 군기)이 센가요? 학과 생활은 어떤가요?

"경찰행정학과에서는 구보를 해야만 하나요?", "경찰행정학과 선후배 사이에 군기가 있나요?" 이러한 질문 또한 경찰행정학과 학과 생활을 둘러싼 오해와 편견에 기초하고 있습니다. 사실 정확한 답변은 '학교마다, 그리고 동일한 학교에서도 시간에 따라 다르다'는 것입니다. 과거와 현재 사이에 괴리가 존재한다는 것이죠. 분명한 사실은 자율성을 지향하는 방향성입니다. 이 과정에서 군기(기율, 얼차려, 폭력 등)는 대학 캠퍼스에서 점차 설자리를 잃게 되겠죠. 경찰행정학과 학과 생활에 대하여 좀 더 자세하게 알아보기로 하겠습니다.

In General

대학 캠퍼스와 군기는 어울리지 않습니다. 얼차려나 폭력 등으로 표출되는 군기는 군사문화의 산물입니다. 학문의 자유는 폭력적인 환경 속에서 빈말이 될 수 있습니다.

비록 많이 사라졌다고는 하나, 얼차려나 폭력 등의 문제가 여전히 캠퍼스에 유령처럼 머물러 있는 것도 사실입니다. 경찰관련 학과를 비롯해 특정 학과들이 군기잡기에 열중하는 것처럼 평가되기도 합니다. 하지만 대학 캠퍼스에서 목격되는 군기문제는 특정 학과들만의 문제는 아닙니다. 한국에서 군사문화는 지배문화 혹은 보편문화가 되어 있으며 일반인들의 일상과 삶의 의식 부문에서 뿌리 깊게, 그리고 골고루 퍼져 있는 것으로 평가되기 때문입니다.[1)]

물론, 대학마다 조금씩 다른 문화가 존재하며 같은 대학 내에서도 학과(전공)마다 다른 문화가 존재합니다. 오늘날 대학에 진학하는 학생들은 과거 선배들과는 다른 가치관과 태도를 보입니다. 선호가 분명하고 개성 또한 뚜렷합니다. 한때 캠퍼스를 지배한 군사문화는 자연스럽게 썰물처럼 밀려가고 있으며 곧 캠퍼스와 이별을 할 것으로 기대합니다.

그 전에, 대학으로 군사문화가 유입된 배경(조건)에 대하여 알아보고, 대학 또는 학과문화의 정상화를 위해 필요한 내용은 무엇인지 이어서 살펴보겠습니다. 그리고 난 후, 경찰관련 학과 학생들이 일반적으로 경험하는 학과 생활에 대하여 간단히 소개하겠습니다.

In Specific

요즘은 뜸하지만 한때 매년 1학기 초(3~4월) 대학 선배들이 후배들의 기율(군기)을 잡겠다는 명목으로 얼차려를 주거나 심하면 폭력을 행사해서 관련 내용들이 언론을 통해 소개되곤 했습니다. 대학 내에서 벌어지는 얼차려나 폭력행위 등은 군사문화의 전형적인 유산입니다. 대학 캠퍼스에서 벌어지는 군기잡기는 일반 시민들의 눈살을 찌푸리게 하며 대학(학과)을 선택해야 하는 학생들에게는 상당한 공포로 평가되기도 합니다. 이러한 점을 의식한 듯 "우리 학과에는 군기가 없어요"라는 학과소개 인사도 많이 보입니다.

경찰관련 학과는 체육관련 학과, 간호학과 등과 함께 선후배 사이에 위계가 엄격한 학과로 알려져 있습니다.[2] 하지만 조금만 시선을 돌려보면 아직도 대학 내 많은 학과(전공)에서 비슷한 양상을 확인할 수 있습니다. 학기 초 운동장 한 편에서는 공과대학 학생들의 얼차려가 목격되고, 음악대학이나 연극영화과 등과 같은 예술대학에서의 군사문화 역시 여전히 존재하고 있기 때문입니다.[3]

대학문화와 군사문화는 차별적이다!!!

쉽게 이해되지 않습니다. 일반적으로 대학문화의 주요 특징이라면 다양성, 자율성, 그리고 합리성 등으로 이해할 수 있습니다. 대학문화는 학문적 문화로서의 의미와 함께 이를 추구하는 과정에서의 합리성을 강조합니다. 학문의 자유는 대학 구성원의 자율성과 다양성에 대한 존중을 바탕으로 합니다.[4] 이러한 가치들은 군사문화의 주요 속성인 획일성, 집단성, 폭력성 등과는 양립하기 어려워 보입니다. 좀 더 자세하게 살펴보기로 하겠습니다.

군사문화에 대해서는 다양한 특징이 있으나 일반적으로 획일성, 집단성, 그리고 폭력성 등이 주목됩니다.[5] 먼저, 군이 지향하는 일사

그림 9-1 대학문화와 군사문화

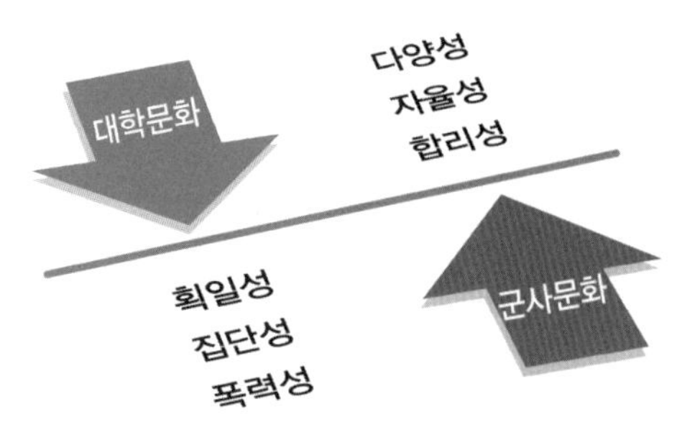

불란한 업무처리와 목표(승리) 지상주의는 지휘관을 정점으로 통일과 획일성을 요구하며 이 과정에서 상명하복의 일방적 조직 원리를 강조합니다. 다음으로, 개인의 이익보다 집단의 이익이 우선되며 패거리 문화와 연고주의 등이 자연스럽게 등장합니다. 소속집단에 대한 자긍심을 넘어 집단이 우상화되고 개인의 무조건적 복종이 강요되기도 합니다. 마지막으로, 군대 혹은 전쟁 등의 요소를 빌어서 폭력이 정당화됩니다. 폭력을 문제시하기보다 조직운영을 위해 필요한 것으로 받아들이는 겁니다.

'캠퍼스' 하면 쉽게 낭만을 생각합니다. 규칙적이고 정형화된 중·고등학교 시절과는 다른 자율과 다양성이 먼저 떠오르기 때문입니다. 캠퍼스 낭만의 구체적인 모습은 개인마다 다르겠지만 적어도 획일성, 집단성, 그리고 폭력성 등과는 거리가 있을 겁니다. 이러한 일반적 기대와 배치되는 현실은 어떻게 나타나게 되었을까요?

한국에서는 1961년 5월 16일 군사쿠데타를 통해 군사정권이 등장합니다. 물론 한국사회에서의 군사문화는 일제 강점기에 기초하고 있지만 군사정부 수립 이후 한국사회는 군사문화적 요소의 확산을 경험합니다.[6] 대한민국이 하나의 군대로 평가되는 시각에서는[7] 대학에서 발견되는 군사문화적 특징이란 어쩌면 당연한 것으로도 볼 수 있습니다. 실제 신입생을 대상으로 신병 훈련소와 유사한 얼차려가 자행되고, 학과가 추구하는 목표를 위해 학생들의 개성은 억압되곤 했습니다.

한국대학에서 군사문화가 나타나는 이유에 대한 다양한 연구가 존재합니다. 이들은 특히 군 복학생을 통해 유지·재생되는 군사문화에 초점을 맞추어 왔습니다. 군 생활을 통해 체득한 군사문화적 요소를 대학 생활에까지 끌고 들어온다는 겁니다. 여대에 비해 남녀공학대학에서 군사문화적 특징이 더욱 두드러지는 이유가 여기에 있다고 합니다.[8] 한국과 유사한 징병제가 존재하는 대만대학에 비해 한국의 대학문화가 보다 위계적인 까닭도 여기에서 찾고 있습니다.[9] 즉, 한국에서는 일반적으로 재학 중 군대를 다녀오지만 대만에서는 대학을 마친 후 군대를 다녀오는 차이가 있다는 겁니다.

군사주의 문화는 남성을 중심으로 남성에 의해 주도되는 것으로 평가되어 왔습니다. 이는 여성이 다수인 공간에서 군사주의의 완화 내지 해체 등을 기대할 수 있게 합니다. 하지만, 여성의 수적 우위가 확보된 학과에서 군사주의가 사라지는 대신 '여성화된 군사주의'라는 형태로 유지되는 모습도 지적되고 있습니다.[10] 이는 대학에서 나타나는 군사문화가 성별 비율 또는 군 복학생만의 문제는 아닐 수 있다는 것을 보여줍니다.

> 군사주의 문화는 조직성, 효율성, 미래성 등이 강조되는 상황에서 나타날 수 있다!!!

서울 소재 7개 남녀공학대학교 성악과에서 군사문화를 존재하게 하는 조건들을 분석해 보았습니다. 그 결과 집단성, 효율성, 미래(폐쇄)성 등이 강조되는 상황에서 대학 학과(전공)는 군사문화에 노출되기 쉽다는 사실이 발견됩니다(<그림 9-2> 참조).[11] 먼저, 교육과정 중 단체 활동을 요구하는 사례가 많다고 합니다. 단체 활동에서 개인적 자유나 개성 등은 무시되기 쉽고 단체 목표의 효율적 수행을 위해 위계적 질서, 나아가 폭력까지 쉽게 용인될 수 있습니다. 다음으로, 학과가 지향하는 뚜렷한 목표가 존재하고 목표 실현 과정에서 정신력 또는 체력 등이 강조되는 사례가 많습니다. 학생들 사이에서 나타나는 위계성과 폭력 등은 학생들의 정신력과 체력을 기르는 효율적 수단으로 인식되며 이를 통해 지향하는 목표 또한 달성이 용이해진다고 믿습니다. 마지막으로, 학생들이 지향하는 목표가 유사하고 지금 함께하는 선·후배, 동기들이 앞으로도 자신의 인생에 상당한 영향을 미칠 수 있다고 생각합니다. 현재의 평판이 미래에까지 영향을 미친다고 생각할 때, 개성 강한 튀는 행동보다는 집단가치에 순응하는 획일화된 행동이 보다 자연스러울 수 있습니다.

그림 9-2 군사문화 존재 조건

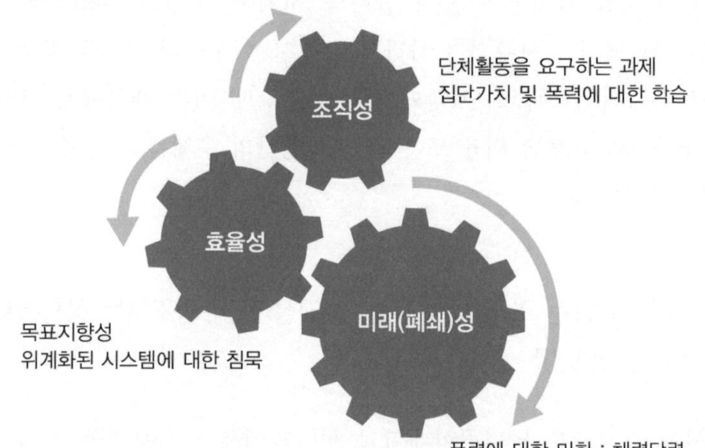

연극영화과에서도 학생들이 조직의 정체성을 형성하고 예술혼을 성장시키는 과정에서 군사문화가 작용하고 있음이 발견되었습니다. 입학하기 전의 군기형성에서부터 학과 내부의 끊임없는 폭력적 군사화과정은 예술혼을 기르고 구성원의 조직몰입을 높이는 필수적인 장치처럼 인식된다는 겁니다.[12)]

이상의 내용을 종합해 보면, 군사문화는 성별의 문제라기보다 조직문화가 일반적으로 함축하고 있는 가치, 즉 환경에 대한 대응기제로서의 성격[13)]에 초점을 맞추어야 할 것 같습니다. 불확실한 환경 속에서 군사문화적 가치를 수용하는 것이 구성원들에게 유리한 것으로 평가된다면 언제든지 군사문화가 발현될 수 있다는 겁니다. 단체

활동과 소수의 구체적 목표가 강조되고 취업경로가 폐쇄적이어서 평판(소문)이 중요하게 평가될 때, 위계나 폭력에 기초한 군사문화는 더욱 쉽게 나타날 수 있습니다.

경찰조직에서는 전통적으로 남성성(machismo)을 찬양해 왔고 '식구'라는 표현을 통해 동료 사이의 의리 또한 강조해 왔습니다.[14) 폭력과 집단성이 강조되는 대표적인 군사문화적 가치입니다. 한국경찰은 군사정권 시기 군장교 출신자들이 대거 경찰조직 내 핵심 지위로 유입되었고,[15) 자연스럽게 군대식 조직관리기법의 확산도 경험했습니다. 계급이 깡패고 상관에 의한 폭력적 관리의 실상이 문자를 통해 소개되기도 했습니다.[16)

지향하는 조직이 군사문화를 표출하는 상황에서 경찰관련 학과가 군사문화로부터 자유롭기란 쉽지 않아 보입니다. 물론, 경찰조직의 군사문화적 행태를 대학 내 경찰관련 학과가 모방해야만 하는 것은 아닙니다. 그럼에도 경찰관련 학과는 군사문화가 비옥하게 성장할 수 있는 토양을 지니고 있습니다. 체력단련을 빌미로 구보나 단체활동이 잦고 '경찰공무원'이라는 비교적 유사한 진로를 추구하는 과정에서 선·후배 사이의 인맥 또한 중시되기 때문입니다.

하지만 한국 사회 전반의 민주화와 함께 경찰조직의 민주화, 인권감수성 또한 강조되고 있습니다. 경찰개혁위원회를 통해 인권친화적 조직으로의 정비, 경찰관 인권교육 체계 정비 등이 요청되었고, 경찰 조직 내 민주성과 인권의식 강화를 위한 다양한 정책들이 채택되고 있습니다.[17) 민생과 분권을 지향하는 한국형 자치경찰제도 또한 시행되었습니다. 한국경찰이 획일성·집단성·폭력성을 강조하는 군사문화로부터 벗어날 가능성이 높아지고 있음을 알 수 있습니다.

대학(학과)문화는 대학, 교수, 학생 모두의 몫이다!!!

대학의 대응체제도 중요합니다. 학생자치라는 미명으로 학생 사이의 위계와 폭력이 용인되어서는 곤란하기 때문입니다. 학생활동에 대한 기본적인 규율을 분명히 밝히고 이를 위반하는 행위에 대해서는 원칙적인 처리가 필요합니다. 경찰관련 학과 사이에서도 기율의 정도는 학교마다 차이가 있는 것으로 압니다. 이는 교수를 비롯해 대학당국이 이에 대해 어떠한 태도를 보이는지가 결정적으로 작용할 것입니다.

쉽지는 않겠지만 학생들 또한 사고의 전환이 필요합니다. 대학이라는 자유로운 공간에서 가급적 다양한 경험을 쌓기 위해 노력해야 합니다. 학과라는 집단에 기대어 개인의 미래를 의존하기보다 스스로의 역량을 높이기 위해 노력해야 합니다. 평판을 무시할 수는 없으나 불의와 타협해서도 곤란합니다. 경찰관련 학과의 학과문화는 대학, 교수, 학생 모두가 소중하게 가꾸어야 할 대상입니다.

경찰관련 학과 학생들은 학과생활을 통해 다양한 교과 · 비교과 활동을 경험한다!!!

지금부터는 좀 더 구체적으로 경찰관련 학과 생활의 실제에 대하여 살펴보기로 하겠습니다. 경찰관련 학과 학생들은 다른 학과 학생들과 마찬가지로 학교에서 제공하는 다양한 교육과정에 참여하고 있습니다. 교육과정은 대개 교양, 전공, 비교과 과정으로 분류되며, 전공과 교양이 중심이 되는 교과과정에 대해서는 *<Q8. 경찰행정학과에서 배우는 내용은 무엇인가요?>*에서 자세하게 살펴보았습니다.

대학의 학년도는 3월 1일부터 다음 연도 2월 말일까지로 이루어지며, 매 학년도는 2학기 이상으로 구성할 수 있습니다. 수업일수는 매 학년도 30주 이상이어야 하므로 1년 2학기로 구성된 학교들은 대개 학기별 15주 수업을 실시합니다. 3월 1일부터 1학기가 시작되어 6월 중순 혹은 말 정도면 마무리 됩니다. 2학기는 대개 8월 말 또는 9월 초에 개강하므로 2개월이 조금 넘는 방학생활을 하게 됩니다. 학교 수업은 주간, 야간, 계절(방학기간 중) 수업으로 구분되며 방송·통신에 의한 수업 및 현장실습수업 등의 방법이 활용될 수 있습니다. 대학교의 수업연한은 일반적으로 4년입니다. 하지만 일정한 조건을 갖추게 될 때 조기졸업 제도를 통해 보다 빨리 – 보통 한 학기, 즉 3년 6개월 만에 – 졸업할 수도 있습니다.

일반적으로 전공 또는 교양교과목은 3학점으로 구성되어 있으며 1학점당 필요한 이수시간은 매 학기(15주) 최소 15시간 이상이어야 합니다. 그러니 3학점 전공과목인 '경찰학'을 이수하기 위해서는 매주 3시간, 한 학기(15주) 45시간이 필요하게 됩니다. 대학 그리고 학과마다 차이는 있으나 일반적으로 졸업에 필요한 학점은 130학점 수준이며, 전공과 교양 교과별 졸업 이수 최소학점 이상을 이수하여야 졸업이 가능합니다.

그림 9-3 대학 학년도 구성(예시)

학년도(1년) : 3월 1일 ~ 다음 연도 2월 말일			
1학기(봄학기)	여름방학	2학기(가을학기)	겨울방학
• 15주 이상 • 수강 : 평균 15~18학점	• 계절학기	• 15주 이상 • 수강 : 평균 15~18학점	• 계절학기

학생들은 매 학기 보통 15 내지 18학점 정도를 수강합니다. 과목 수로는 3학점 기준 5 내지 6과목입니다. 부족한 학점을 보충하거나 조기졸업 등을 고려해서 방학을 이용해 계절학기에 참여할 수도 있습니다. 18학점을 수강할 경우 매주 18시간이 수업에 사용됩니다. 고등학교 시절, 가공할 만한 시간을 학업에 투자한 학생들은 주중(월요

일~금요일) 하루 3~4시간 수준인 대학교 수업 시간을 가소롭게 생각할 수도 있습니다. 하지만, 대학수업은 강의실에서 시간만 채운다고 완성되지 않습니다. 사전에 충분한 예습과 사후 복습이 있어야 소기의 성과를 얻을 수 있습니다. 그렇지 않은 경우 원하는 성적은 고사하고 학점취득이 불가능할 수도 있습니다(세칭, F). 앞에서도 설명했지만 교과별 졸업에 필요한 최소학점 이상을 이수해야 졸업이 가능한 바, F학점은 취득학점으로 인정되지 않습니다.

정규 교육과정과 유기적 연관성이 높은 비교과활동은 대학생활 전반에 긍정적 영향을 미친다!!!

최근 대학들은 다양한 비교과 교육과정을 운영하고 있습니다. 비교과 교육과정 또는 비교과활동은 정규 교육과정(교과과정)에 포함되지 않는 활동으로 학점이 부여되지 않는다는 점에서 전공 및 교양과정과 차이가 있습니다. 비교과활동은 학생들이 정규 교육과정 외에 대학생활 동안 경험할 수 있는 모든 활동으로 각종 특강 참여, 동아리 활동, 학생회, 교내외 봉사활동, 공모전 및 경시대회 참여, 전시회, 인턴십, 각종 체험프로그램 등이 이에 해당할 수 있습니다.[18]

전통적으로 대학에서의 학습은 전공과정을 중심으로 이해되었고 비교과활동 참여는 이러한 학습에 방해가 되는 것인 양 평가되기도 했습니다. 하지만 실제 연구결과, 학점이 높은 학생이 오히려 비교과활동에 더욱 활발하게 참여한다고 합니다.[19] 또한 다양한 비교과활동에의 참여가 대학생활의 적응도나 만족도 등을 향상시키는 것으로 분석되고 있습니다. 이뿐만 아니라 비교과활동은 학생들의 학업성취 등을 포함하는 대학교육의 성과에도 중요한 영향을 미치는 것으로 평가되고 있습니다.[20] 물론 이러한 긍정적 효과는 정규 교육과정과의 유기적 연관성이 높을 때, 보다 강화될 수 있습니다.[21] 최근에는 특정 학과(전공)를 중심으로 비교과활동의 성과를 평가하려는 시도도 등장했으며, 사범대학과 교육대학교, 그리고 간호대학에 재학 중인 학생들의 비교과활동에의 참여가 학습역량과 학습성과에 긍정적으로 영향을 미치고 있음이 발견되었습니다.[22)]

현실에서 경찰관련 학과 학생들은 학생회, 동아리, 교내외 봉사, 각종 특강 및 체험프로그램 등 다양한 비교과활동에 참여하는 것으로 알고 있습니다. 특히 전공학습 및 진로(경찰 등)와 연관성이 높을수록 학생들의 선호도 높습니다. 일반적으로 경찰관련 학과에는 무도(유도, 검도, 태권도, 합기도 등), 운동(축구, 야구 등), 봉사 관련 동아리들이 설치되어 있고 학생들은 선택적 참여를 통해 리더십, 체력, 협업, 소통능력 등을 배양하고 있습니다. 또한 학교 및 학과에서는 채용준비에 필요한 특강, 모의시험 및 모의면접활동 등도 적극적으로 운영하고 있습니다.

경찰관련 학과 학생들은 하루 평균 전공관련 학습을 2시간 정도 한다고 합니다. 그런데 학생들은 전공관련 학습 이외에 경찰공무원 채용에 필요한 수험공부에도 별도의 시간을 투자하고 있습니다.[23)] 이렇게 되면 경찰관련 학과 학생들은 주중 하루에 평균적으로 수업 3~4시간, 전공학습 2시간, 수험 2시간 정도의 시간을 보내는 셈으로, 대학(학과)에서 제공하는 다양한 비교과 프로그램에 적극 참여하는 것이 여의치 않을 수도 있습니다.

학과나 학교 단위에서는 학생의 요구를 보다 면밀히 살펴서 이들의 수요가 많이 반영되는 비교과 프로그램을 개발하기 위해 노력해야 합니다. 학생들 또한 비교과활동 참여가 가지는 의미와 가치에 대하여 분명히 인식하고 일의 우선순위 선정에 유의해야 할 것입니다. 경찰관련 학과 학생들은 저학년부터 취업에 많은 관심을 보이는데, 대개 취업준비는 고학년이 되어서 본격적으로 시작합니다. 1, 2학년 동안 충분히 다양한 학교(학과) 생활을 할 수 있는 여지가 있다는 겁니다.

이 시절 경험한 다양한 활동은 학교(학과)생활의 성공에 크게 기여할 뿐 아니라 향후 직업생활에까지 지속적인 영향을 미칠 수 있습니다. 그러니 학교(학과) 생활에 더욱 충실할 수 있는 방향으로 학년별 차별화된 학과생활을 설계하는 것이 중요하다고 생각합니다.

In Conclusion

대학문화는 합리성, 자율성, 다양성 등을 자랑합니다. 한국에서는 군사정부 수립 이후 군사문화적 요소의 전 사회적 확산을 경험하였고 대학 또한 예외적 공간이 되지 못했습니다. 획일성 · 집단성 · 폭력성에 바탕한 군사문화적 요소들은 대학 내 많은 학과(전공)에 영향을 미쳤습니다. 경찰관련 학과는 군사문화가 성장할 수 있는 비옥한 환경을 갖춘 것으로 평가할 수 있고 이에 따라 얼차려, 군기 등과 자연스럽게 연관되어 왔습니다.

오늘날 한국 사회 전반의 민주화는 대학생활에도 새로운 영향을 끼치고 있습니다. 선후배 사이에서의 맹목적 복종이나 단체 활동에 대한 강요 등은 대학 · 교수 · 학생 모두의 노력을 통해 점차 캠퍼스 밖으로 밀려가고 있습니다. 앞으로 이러한 움직임은 더욱 강화될 것으로 기대합니다.

경찰관련 학과 학생들은 교과과정 속에서 교양을 갖춘 형사사법 분야의 전문가로 거듭나기 위해 최선을 다하고 있습니다. 학생회, 동아리, 교내외 봉사, 각종 특강 및 체험프로그램 등 다양한 비교과활동에도 적극적으로 참여하고 있습니다. 이러한 경험과 참여를 통해 국가와 인류사회에 이바지할 인재로 성장할 수 있을 것이며, 한국경찰이 강조하는 민주성과 인권감수성 등을 자연스럽게 체득할 수 있기를 기대합니다.

참고문헌

1) 전상인, 1997, "문민시대의 군사문화," 황해문화 16, p. 72.
2) 문현웅 · 이구훈, 2015, "군기 잡는 선배 사절... 대학가 후배들의 반란," 조선일보 4월 11일.
3) 구기환, 2017, "예술대학의 군사주의 : 연극영화과의 사례연구," 문화와 사회 25, pp. 61-115 ; 나윤경, 2007, "남녀공학대학교의 군사문화와 여학생 시민권 구성 과정 : 음악대학 성악과를 중심으로," 한국여성학 23(1), pp. 69-102.
4) 권영민, 1996, "대학문화, 그 새로운 가능성의 모색," 대학교육 83, p. 11 ; 이윤희, 1997, "대학문화의 현주소," 황해문화 15, p. 16.
5) 구기환, 2017, 앞의 논문, p. 71 ; 전상인, 1997, 앞의 자료, pp. 79-85 ; 홍두승, 1993, "군사문화와 군대문화는 별개의 것이다," 한국논단 50(1), pp. 60-62.
6) 홍두승, 1993, 위의 자료, p. 62.
7) 권인숙, 2005, 대한민국은 군대다, 파주 : 청년사.
8) 나윤경, 2007, 앞의 논문, pp. 69-102.
9) 권인숙 · 나윤경 · 문현아, 2010, "한국과 대만의 대학문화 비교 : 위계와 성차별, 폭력의 군대적 징후를 중심으로," 여성학논집 27(1), pp. 145-183.
10) 구기환, 2017, 앞의 논문, p. 91.
11) 나윤경, 2007, 앞의 논문, pp. 72-77.
12) 구기환, 2017, 앞의 논문, p. 104.
13) Paoline Ⅲ, E. A., 2003, "Taking stock : Toward a richer understanding of police culture," Journal of Ciminal Justice 31(3), pp. 199-214.
14) Reiner, R., 2000, The Politics of the police, New York : Oxford University Press, pp. 87-101.
15) 경찰청, 1995, 경찰오십년사, 서울 : 경찰청, p. 258.
16) 장신중, 2016, 경찰의 민낯, 고양 : 좋은땅.
17) 경찰청, 2018, 경찰개혁위원회 백서, 서울 : 경찰청, pp. 176-193.
18) 김정민 · 구아름, 2019, "대학 비교과 교육과정 인식 및 제고 방안 연구," 문화교류연구 8(4), p. 322 ; 한안나, 2017, "대학 비교과 교육과정의 운영과 성과," 교육문제연구 30(4), p. 114.
19) 한안나, 2017, 위의 논문, p. 128.
20) 양정모, 2019, "비교과 활동과 대학생활적응이 학업적 자기효능감과 학업성취에 미치는 영향," 교양교육연구 13(4), pp. 71-93.
21) 한안나, 2017, 앞의 논문, p. 116.

22) 류다현 · 소효정, 2019, "예비교원의 비교과활동 및 사고력 중심 학습활동 참여가 STEAM 교수역량에 미치는 영향," 교과교육학연구 23(5), pp. 435-447 ; 하경주 외, 2020, "간호대학생의 비교과 활동, 관계적 자기와 공감이 교육과정 학습성과의 의사소통과 리더십에 미치는 영향요인," 경북간호과학지 24(1), pp. 22-37.

23) 김연수, 2018, "경찰학 전공자의 대학교육 및 경찰채용시험에 대한 인식 연구," 한국경찰학회보 20(3), pp. 74-75.

경찰행정학과와 경찰

개인의 생명 · 신체 · 재산을 보호하고 범죄를 예방하는 데 필요한 지식이 경찰에게만 요구되는 것은 아닙니다. 즉, 경찰행정학과에서 학습하고 경험하는 내용이 경찰만을 지향하는 것은 아니라는 겁니다. 하지만 경찰행정학과에 관심을 가지고 입학하는 학생은 어릴 적부터 자신의 꿈이 경찰이라는 친구가 많습니다.

경찰행정학과를 졸업한 후 진로가 어떠할지, 궁금해 합니다. 경찰공무원이 아니라면 다른 대안이 있는지, 의문을 가집니다. 경찰행정학과 생활이 경찰공무원 임용에 도움은 되는 것인지, 임용준비에 특화된 입시학원보다 나은 점은 무엇인지, 역시 궁금해 합니다. 미래에 관심 있는 친구는 사회 혹은 직장생활에 경찰행정학과에서의 경험이 어떻게 작용할지, 알고 싶어 합니다.

여기에서는 이러한 내용을 살펴보고자 합니다. 먼저, 경찰행정학과 졸업 후 진출 가능한 진로 분야에 대해 확인해 보겠습니다. 다음으로, 경찰공무원이 되고자 꿈을 꾸는 학생에게 경찰행정학과가 어떤 도움이 될 수 있는지 알아보겠습니다. 마지막으로, 경찰공무원이 된 이후 행복한 경찰생활에 경찰행정학과가 기여할 수 있는 부분에 대해 살펴보겠습니다.

경찰행정학과와 경찰은 서로에게 도움이 되었으면 좋겠습니다. 그렇다고 어느 하나가 없으면 다른 하나가 살 수 없는 상황은 아닐 겁니다. 이를 기억하며 관련 질문에 답해보겠습니다.

Q10. 경찰행정학과 졸업 후 진로는 어떻게 되나요?

"경찰행정학과를 졸업하면 경찰이 되나요?", "경찰행정학과는 경찰 아니면 다른 진로는 없나요?" 보통은 그럴 것으로 생각되는 질문이지만… 사실은 그렇지 않습니다. 경찰공무원이 되기 위해 열심히 노력했지만 성과가 나지 않아 다른 길을 찾는 학생도 있고 학과생활 중 희망 진로를 바꾸는 경우도 적지 않습니다. 그렇다면 경찰관련 학과를 졸업한 학생들은 어떤 분야로 취업하는지 좀 더 자세하게 알아보기로 하겠습니다.

In General

경찰관련 학과가 설치된 대학의 경우 매우 우수한 학생들이 경찰관련 학과로 입학하고 있습니다. 고등학교 시절부터 비교적 명확한 진로 계획에 따라 학교생활을 수행해 왔고 경찰 및 경찰활동에 대한 체계적 학습까지 더해졌으니 학생들은 자신의 희망대로 경찰공무원이 될 것이라 기대합니다. 이러한 기대에 부응하고자 경찰관련 학과들도 나름 최선의 노력을 하고 있습니다.

아무리 준비를 철저히 해도 시험은 또 다른 문제일 수 있습니다. 몇 차례의 도전과 좌절 끝에 새로운 진로를 모색하는 학생들이 있습니다. 경찰공무원 채용 준비를 위한 노력은 새로운 진로를 탐색하고 준비하는 데 소중한 자산으로 활용되기도 합니다. 우선 경찰과 관련성이 있는 분야들이 관심의 대상이 됩니다. 채용 시험 교과목이 유사해 준비하는 데 상대적으로 수월하기 때문입니다. 공공안전분야나 형사사법분야 등이 이에 해당합니다.

이처럼 경찰관련 학과 학생들은 공직 분야에서의 취업을 우선적으로 고려합니다. 이로 인해 졸업 후 시험 준비를 거쳐 취업까지 일정 기간이 소요됩니다. 한국교육개발원 자료에 따르면 4년제 대학의 경우 전체평균 취업률이 63%인 데 반해 경찰관련 학과는 49%로 나타났습니다.[1)] 시험 준비로 인한 시간 차이가 반영된 것으로 이해할 수 있습니다.

경찰관련 학과 학생들은 학과 생활과정에서 새로운 기회를 경험하고 해당 분야로 진출하기도 합니다. 또한 막연히 생각했던 경찰생활을 직·간접적으로 경험한 후 미련 없이 새로운 분야로 옮겨가기도 합니다. 구체적으로 경찰관련 학과 학생들이 진출하는 진로 분야에 대해 좀 더 자세히 살펴보겠습니다.

In Specific

경찰관련 학과에 입학하는 많은 학생은 경찰직을 선호하고 경찰임용을 위해 부단히 노력하고 있습니다. 하지만, 학과 입학인원의 절반(50%) 이상은 경찰이 아닌 다른 직업분야로 진출하고 있는 것 또한 분명한 현실입니다.

학과를 통한 경찰임용이 기대에 부합하지 않을 때, 학생들은 대학생활과 취업 사이에서 갈등하고 이는 경찰관련 학과의 존속가능성을 위협할 수 있습니다. 이와 같은 우려는 경찰관련 학과의 성장 초기부터 현재까지 지속되어 왔습니다.[2)] 경찰관련 학과에서 배출하는 경찰공무원 수가 기대에 미치지 못하고 졸업 후 임용시험 준비에 투입되는 시간의 증가와 이로 인한 낮은 취업률 등은 현실에서 관련 학과들이 구조조정되는 주요 원인이 되기도 했습니다.

그럼에도 4년제 대학에서 경찰관련 학과는 추세적 성장을 이어오고 있습니다. 이러한 성장의 이면에는 경찰관련 학과가 경찰만을 지향하는 학과가 아니라, 보다 다양한 직업분야로의 진출이 가능할 수 있다는 축적된 경험 또한 큰 역할을 한 것으로 보입니다. 한국에서 경찰관련 학과를 소개하는 책자나 웹사이트 등에서는 취업가능 분야에 대하여 다음과 같이 소개하고 있습니다.

> 경찰공무원, 검찰 및 법원직공무원, 교정직공무원, 소방직공무원, 경호경비업체 직원, 공기업 및 일반 기업체 직원 등[3]

> 경찰관, 해양경찰관, 사이버수사요원, 경찰관리자, 국제경찰관, 일반행정공무원, 법원공무원, 법무사 및 집행관, 법률사무원(법원, 로펌, 법무사무소 등), 검찰수사관, 군수사관, 디지털포렌식수사관, 마약단속반, 소방관, 교도관, 소년원학교교사, 경호원, 민간조사원, 세관공무원 등[4]

경찰공무원 이외에도 다양한 진로분야가 함께 제시되고 있음을 확인할 수 있습니다. 소개되는 분야는 주로 실무분야가 중심이지만 현실에서는 연구소 혹은 대학 등으로의 진출 또한 활발하게 이루어지고 있습니다. 이들을 몇 가지 범주로 구분해서 살펴보면 <그림 10−1>과 같습니다.

그림 10-1 **경찰관련 학과 진출(취업)분야**

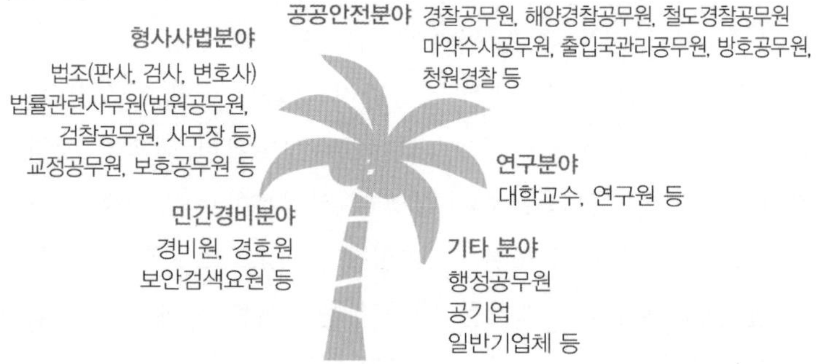

공공안전분야 경찰공무원, 해양경찰공무원, 철도경찰공무원
마약수사공무원, 출입국관리공무원, 방호공무원,
청원경찰 등

형사사법분야
법조(판사, 검사, 변호사)
법률관련사무원(법원공무원,
검찰공무원, 사무장 등)
교정공무원, 보호공무원 등

연구분야
대학교수, 연구원 등

민간경비분야
경비원, 경호원
보안검색요원 등

기타 분야
행정공무원
공기업
일반기업체 등

공공안전 분야로의 진출!!!

경찰관련 학과는 창설 초기부터 공공안전 분야 전문가 양성을 주요 목표로 제시해 왔습니다. 그리고 경찰공무원은 대표적인 공공안전 전문가로 평가되고 있습니다.

경찰공무원은 국민의 생명과 신체, 재산을 보호하고, 국민이 안전한 생활을 할 수 있도록 질서유지 및 범죄예방 활동을 하며 발생한 범죄를 수사해 범인을 검거하는 활동을 담당하는 공무원입니다. 교통단속 및 사고조사, 치안정보 수집, 대테러·대간첩 작전 수행 및 안전한 집회시위 관리를 위한 활동도 담당하고 있습니다. 최근에는 범죄피해자 보호, 외국정부기관 및 국제기구와의 국제협력활동도 활발하게 수행하고 있습니다. 일반적으로 경찰공무원이라 하면 이러한 활동들을 수행하는 경찰청 소속 국가경찰공무원을 말합니다. 보다 자세한 조직 및 업무 내용은 *<Q16. 경찰이 하는 일은 무엇인가요?>*를 참고하기 바랍니다.

한국에서는 제주특별자치도에 자치경찰이 설치되어 있고 해당 사무를 처리하기 위해 자치경찰공무원이 활동하고 있습니다. 자치경찰공무원은 지방공무원으로서의 신분을 보유하며 직무 또한 주민생활과 밀접한 사무를 처리하도록 되어 있습니다. 이들에게는 일반 범죄사건을 처리함에 있어 국가경찰공무원보다 제한된 권한만이 부여되어 있습니다. 즉, 자치경찰공무원이 직무수행 중 범죄를 발견한 경우, 직접 수사를 통해 진상을 규명하는 대신 범죄의 내용 또는 증거물 등을 국가경찰에게 통보하고 그 사무를 인계하도록 하고 있습니다(<표 10-1> 참조). 2021년부터 새롭게 시행된 자치경찰제는 제주도에서 활동하는 자치경찰공무원과는 다른 체계를 지니고 있습니다. 이에 대해서는 *<Q17. 자치경찰은 무엇인가요?>*에서 자세하게 살펴보도록 하겠습니다.

해양에서의 경찰업무를 수행하기 위해 해양경찰을, 철도역 구내 및 열차 내부에서의 경찰업무를 위해 철도경찰을 두고 있는바, 이들은 주어진 관할범위에서 경찰공무원 역할을 수행하고 있습니다. 해

표 10-1 국가경찰공무원과 자치경찰공무원

구분	국가경찰공무원	자치경찰공무원
소속	경찰청, 해양경찰청	제주특별자치도
신분	국가공무원	지방공무원
직무	1. 국민의 생명·신체 및 재산의 보호 2. 범죄의 예방·진압 및 수사 3. 범죄피해자 보호 4. 경비·요인경호 및 대간첩·대테러 작전 수행 5. 공공안녕에 대한 위험의 예방과 대응을 위한 정보의 수집·작성 및 배포 6. 교통의 단속과 위해의 방지 7. 외국 정부기관 및 국제기구와의 국제협력 8. 그 밖에 공공의 안녕과 질서 유지	1. 주민의 생활안전활동에 관한 사무 2. 지역교통활동에 관한 사무 3. 공공시설과 지역행사장 등의 지역경비에 관한 사무 4. 「사법경찰관리의 직무를 수행할 자와 그 직무범위에 관한 법률」에서 자치경찰공무원의 직무로 규정하고 있는 사법경찰관리의 직무 5. 「즉별심판에 관한 절차법」 등에 따라 「도로교통법」 또는 「경범죄처벌법」 위반에 따른 통고처분 불이행자 등에 대한 즉결심판 청구 사무

양경찰은 해양경찰청(해양수산부장관 소속) 소속으로 국가경찰공무원으로 구성되며, 자치경찰공무원과 함께 '특정직공무원'으로 분류됩니다. 이에 반해 철도경찰은 국토교통부 소속으로 법상 '일반직공무원'으로 분류됩니다.

표 10-2 해양경찰과 철도경찰

구분	해양경찰	철도경찰
소속	해양경찰청	국토교통부
신분	경찰공무원(특정직공무원)	일반직공무원
역할	• 해양에서의 수색 · 구조 · 연안안전관리 및 선박교통관제와 경호 · 경비 · 대간첩 · 대테러작전에 관한 직무 • 해양관련 범죄의 예방 · 진압 · 수사와 피해자보호에 관한 직무 • 해양에서 공공안녕에 대한 위험의 예방과 대응을 위한 정보의 수집 · 작성 · 배포에 관한 직무 • 해양오염방제 및 예방활동에 관한 직무 • 직무와 관련된 외국 정부기관 및 국제기구와의 협력 활동	• 철도역 구내 및 열차 내부의 치안유지 • 철도범죄의 수사, 사건 송치 등 사법경찰관리의 직무 수행 • 즉결심판 청구 및 피의자 호송과 대기실 관리 • 경찰청 및 한국철도공사와의 업무협정 체결 · 운용 • 범죄에 대한 정보수집과 다른 기관과의 수사 협조 • 지방철도특별사법경찰대 및 철도특별사법경찰대센터에 대한 지도 · 감독 • 철도특별사법경찰관의 대테러 예방업무에 관한 사항

검찰청 소속으로 마약사범을 검거하고 조사하는 업무를 주로 하는 마약수사공무원, 법무부 소속으로 국경에서의 출입국 심사 및 외국인에 대한 동향조사 등을 주로 하는 출입국관리공무원, 그리고 공공시설(청사) 보안 및 방호, 순찰, 경비 업무 등을 담당하는 방호공무원 등도 경찰관련 학과 전공자들에게 적합한 분야로 평가할 수 있습니다.

「청원경찰법」에 의해 청원주가 경비를 부담하고 그 배치된 경비구역 내에서 경찰관의 직무를 수행하는 청원경찰 또한 경찰관련 학과와 적합도가 높은 분야입니다. 청원경찰은 ① 국가기관 또는 공공단체와 그 관리하에 있는 중요 시설 또는 사업장 ② 국내 주재 외국기관 ③ 그 밖에 청원경찰법 시행규칙에서 규정하는 중요시설, 사업장 또는 장소(구체적으로 ㉮ 선박, 항공기 등 수송시설 ㉯ 금융 또는 보험을 업으로 하는 시설 또는 사업장 ㉰ 언론, 통신, 방송 또는 인쇄를 업으로 하는 시설 또는 사업장 ㉱ 학교 등 육영시설 ㉲ 의료법에 따른 의료기관 ㉳ 그 밖에 공공의 안녕질서 유지와 국민경제를 위해 고도의 경비가 필요한 중요시설, 사업체 또는 장소) 등에 해당하는 기관의 장 또는 시설·사업장 등의 경영자가 경비(經費)를 부담할 것을 조건으로 경찰의 배치를 신청하는 경우 그 기관·시설 또는 사업장 등의 경비(警備)를 담당하게 하기 위해 배치하는 경찰입니다. 이들은 「형법」이나 그 밖의 법령에 따른 벌칙을 적용하는 경우와 「청원경찰법」 및 「청원경찰법 시행령」에서 특별히 규정한 경우를 제외하고는 공무원으로 보지 않습니다. 이로 인해 앞서 살펴본 다양한 공공안전 분야 공무원과 신분상 차이가 있습니다. 그럼에도 청원경찰 경비대상의 중요성으로 인해 이들의 신분 및 복무 등은 일반적인 경비원과는 차별되도록 규율하고 있습니다(<그림 10-2> 참조).

그림 10-2 청원경찰의 특수성

청원경찰

임용	경찰관서의 승인 요구
복무	국가공무원법 & 경찰공무원법 준용
보수	대통령령 또는 경찰청 고시 활용
폐지	배치폐지 과정의 제한

형사사법 분야로의 진출!!!

미국의 경찰관련 학문 분야는 경찰행정학과에서 형사사법학과로 진화와 성장과정을 경험하고 있습니다 <*Q6. 참고*>. 한국에서도 경찰관련 학과를 경찰학과, 나아가 형사사법학과로 개편할 것을 주장하는 목소리가 있습니다. 형사사법학과로의 명칭 변경 필요성 또는 적절성에 대한 찬반과는 별개로 경찰관련 학과의 교과과정(커리큘럼)에서는 형사사법 전반을 이미 다루고 있고 학과 졸업 후 진로 또한 형사사법 분야들이 광범위하게 소개되고 있습니다. 실제 개인적으로 몸담고 있는 학교의 경우 학과 졸업생들 중 형사사법 분야로 진출하는 사례가 경찰을 제외한 공공안전 분야 못지않게 많은 것도 사실입니다. 이들에 대하여 살펴보기로 하겠습니다.

먼저, 법조인입니다. 법조인은 법률 사무에 종사하는 사람으로 판사, 검사, 변호사 등 변호사 자격이 있는 사람을 말합니다. 2009년 3월부터 도입된 법학전문대학원 제도를 통해 변호사 자격을 취득할 수 있으며, 법학전문대학원에 입학하기 위해서는 일반 4년제 대학 이상의 학력을 소지한 사람이 LEET(Legal Education Eligibility Test : 법학적성검사), 학부성적, 외국어 시험, 사회봉사활동 및 면접 등 다양한 영역에 대한 평가를 거쳐야 합니다. 법학전문대학원에서 3년 과정을 수료하고 법무부가 주관하는 변호사 자격시험에 합격하면 변호사 자격을 취득할 수 있게 됩니다.[5] 경찰관련 학과 재학생들은 법학 및 형사사법 분야에 대한 기본적인 지식과 다양한 사회봉사 경험 등을 통해 법학전문대학원에서 요구하는 역량을 개발하기에 유리할 수 있습니다.

변호사는 법 관련 업무를 처리해야 하는 당사자, 관계인의 위임 또는 국가·지방자치단체, 기타 공공기관의 위촉을 받아 소송에 관한 행위 및 행정처분의 청구에 관한 대리행위, 일반 법률자문 및 일반 법률사무를 주된 업무로 합니다.[6] 판사는 민사, 형사, 가사, 행정, 특허 등 각종 재판을 진행하고 판결을 담당하며, 검사는 중요 범죄 등에 관한 사건을 수사하고 범죄 여부를 판단하기 위해 피의자를 법원에 기소하는 일을 담당하고 있습니다. 판사는 2013년부터 변호사 자격 취득 후 3년 이상 법조 경력이 있는 사람 중에서 임명하도록 하고 있으며, 2018년에서 2021년까지는 5년, 2022년부터 2025년까지는 7년, 그 후로는 10년 이상의 경력을 요구하고 있습니다.[7)]

법률관련 사무원은 법원, 검찰 등에서 사법행정업무를 수행하거나 법률사무소 혹은 기업체의 법무팀 등에서 관련 법률문제를 취급합니다. 이들은 법률전문가들이 업무 수행에 필요한 사건 관련 정보를 수집하거나 자료 등을 작성해서 이들의 원활한 업무 수행을 지원합니다. 법원공무원과 검찰공무원은 각각 법원과 검찰에서 근무하는 법률관련 사무원으로 주로 판사나 검사의 업무 보조, 서류 접수 및 분류 등 사법 관련 행정업무를 수행하며 법으로 그 업무의 범위가 정해져 있습니다. 개인 법률사무소에서 근무하는 법률관련 사무원은 초급사무원과 사무장으로 분류할 수 있습니다. 초급사무원은 문서접수, 기록의 복사·열람업무 등을 담당하며 기초적이고 단순한 업무를 수행합니다. 사무장은 의뢰인을 상담하거나 법률서적, 재판기록, 수사기록 등 관련 기록이나 자료를 조사하고 수집하며 초급사무원을 지휘하고 감독하기도 합니다. 변호사 사무소에 근무하는 법률관련 사무원은 민사소송 관련 업무, 등기 관련 업무, 개인회생 및 파산 관련 업무, 공증 업무, 부동산 경매 업무, 기업체 법률자문 업무, 의뢰인 상담 및 비서 업무 등을 수행합니다. 법무법인(Law Firm)에 근무하면 변호사별로 전문 분야가 나뉘어 있어 법률 관련 사무원도 각자 분장된 업무만을 전담하는 경우가 많습니다. 기업체 법무팀에서 근무하는 법률관련 사무원은 기업과 관련한 소송 등 법률문제를 전문으로 다루고 있습니다.[8)]

교정공무원은 법무부 교정본부 소속 공무원으로 교도소 및 구치소 등 교정시설에서 수용자를 관리·감독하고 교정·교화하는 업무를 담당합니다. 보호공무원은 법무부 범죄예방정책국 소속 공무원으로 소년보호행정과 보호관찰행정 등에 관한 업무를 수행합니다. 즉, 소년원 보호대상인 청소년을 관리하고 교화하며 교정행정 전반에 관한 업무를 담당하고, 법원으로부터 보호관찰, 사회봉사, 수강명령집행, 보호관찰심사 등 사회 내 처분을 받은 대상자를 지도·감독합니다.

민간경비 분야로의 진출!!!

민간경비는 영리를 목적으로 고객에게만 치안서비스를 제공하는 개인 및 사설조직의 활동으로 정의되고 있습니다.[9] 공익을 목적으로 시민 모두에게 치안서비스를 제공하는 정부 활동인 공공경찰과는 접근성(access), 주체(agency), 이익(interest) 등의 차원에서 차별성을 지니게 됩니다. 한국에서의 민간경비는 1950년대 미군이 주둔하면서 도입되었다고 합니다. 1970년대에 들어서면서 성장단계에 돌입하며 이후 본격적인 발달과 추세적 성장을 이어오고 있습니다.[10]

민간경비는 경찰활동을 통해 충족되지 못하는 부분들을 보완하는 작용을 통해, 그리고 경제성장과 범죄증가 등에 따라 새로운 수요들을 창출하고 있습니다.[11] 한국에서는 2001년부터 민간경비 종사자(경비원) 수가 경찰공무원 수를 뛰어넘어 오늘에 이르고 있습니다(<그림 10-3> 참조).

경비원은 담당하는 업무에 따라 시설경비업무, 호송경비업무, 신변호보업무, 기계경비업무, 특수경비업무 등으로 분류할 수 있습니다. 시설경비업무는 일반시설 및 장소에서 안전을 위해 상주하며 위험발생을 방지하는 업무로 소규모 주거시설이나 빌딩을 제외한 거의

그림 10-3 연도별 민간경비원과 경찰관 수

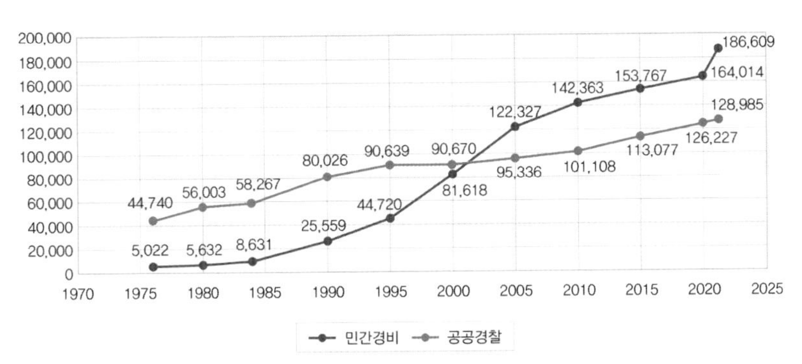

자료 : 경찰청, 1995-2022 경찰통계연보 ; 김상호(2009 : 5)

모든 시설과 건물에서 이루어지고 있습니다. 상가나 빌딩, 학교 등의 입구, 아파트 경비실 등에서 외부 방문객을 확인하거나 안내하고 시설과 건물 주위를 순찰합니다. 호송경비업무는 운반 중에 있는 현금이나 귀금속, 상품 등 귀중품에 대하여 도난이나 화재 등의 위험발생을 방지하는 업무입니다. 신변보호업무는 사람의 생명이나 신체에 대한 위해의 발생을 방지하고 그 사람의 신변을 보호하는 업무로 이를 수행하는 사람을 경호원으로 부르기도 합니다. 기계경비업무는 별도의 관제실에 근무하면서 경비대상 시설에 설치한 경비기기를 통해 수행하는 경비업무를 말합니다. 보안관제원이 보안기기의 감지에 따라 시설 보안 이상을 확인하면 출동대원이 보안관제원의 지시를 받아 현장출동을 하여 이상 여부를 확인하게 됩니다. 특수경비업무는 공항, 항만, 원자력발전소 등 국가중요시설을 지키는 업무를 말합니다.[12) 특수경비원은 무기를 휴대하고 경비업무를 수행할 수 있습니다.

보안검색요원은 「항공보안법」에 따라 공항 보호구역을 통과하는 사람과 물건에 대해 불법·방해 행위를 하는 데 사용될 수 있는 무기 또는 폭발물 등 위험성 있는 물건들을 탐지 및 수색하는 전문인력을 말합니다. 보안검색요원들은 승객들이 몸속에 폭발물 등을

숨겼는지 금속탐지기로 신체 검색을 하며, 휴대용 물건은 X－레이로 검색합니다.[13]

연구 분야로의 진출!!!

경찰관련 학과는 지방 사립대를 중심으로 대학원보다는 학부가 중심이 되어 성장·발전해 왔습니다. 경찰대학 또한 4년제 학위과정으로 탄생했습니다. 이는 학과 졸업 후 경찰공무원을 비롯한 실무분야로의 진출이 당연시되는 배경으로 작용하기도 했습니다. 하지만 관련 학과가 증설됨에 따라 대학의 교육 여건, 그중에서도 교과과정을 전문적으로 전달할 수 있는 교수진의 확보가 대학 경쟁력을 좌우하는 주요 변수로 등장하게 됩니다.

인근 학문분야(법학, 행정학 등) 전공자들이 주축이 된 교수진 구성이 초기 경찰관련 학과의 모습이었다면 오늘날은 경찰학(형사사법) 전공자의 비중이 점차 확대되고 있습니다. 이러한 상황은 경찰관련 학과 졸업생들에게 새로운 기회로 작용할 수 있습니다.

대학교수는 대학 등 고등교육기관에서 학생을 교육·지도하고 학문을 연구하는 사람을 말합니다. 또한 자신의 전공분야와 관련해 정부와 기업체 등에 필요한 조언을 하며 각종 회의에 참석해서 평가 및 자문 업무 등을 수행합니다. 일반적으로 전공분야의 박사학위를 취득하고 해당 분야에서의 연구성과에 대한 평가 등을 통해 임용됩니다. 박사학위는 국내 또는 국외 대학(원)에서 취득할 수 있으며 연구성과는 국내외 저명 학술지에 논문 형식으로 제출하거나 교재(책) 등을 통해 발표하게 됩니다.

연구원은 주로 정부출연연구소, 기업부설 및 민간연구소, 대학부설연구소 등에서 자신의 전문지식을 활용하여 각종 연구 활동을 수행하는 사람을 말합니다. 석사와 박사학위 소지자들이 중심이 되고 있으며 전공분야에 대한 이론 및 정책 등을 개발하고 각종 현안에 대하여 조사하고 분석하여 보고서를 작성합니다. 최근 범죄를 비롯한 안전에 대한 사회적 관심 증대는 관련 연구소의 증설, 연구인력 확충 등으로 이어지고 있습니다.

기타 다양한 분야로의 진출!!!

한국 경찰행정학과는 미국으로부터 학문적 영향을 받고 있습니다. 미국 형사사법학 전공자들을 대상으로 희망 진로분야를 조사한 연구에서, 이들이 가장 선호하는 분야는 법집행 분야(43.7%)로 나타났고, 교정(14.7%), 법조(11.8%) 등 형사사법 분야가 뒤를 이었습니다.[14] 하지만 교사, 정치인, 소방관, 사업가, 사회복지사, 의사, 장의사, 재정설계사, 심리학자 등 비형사사법 분야(20.6%)도 다양하게 선호되고 있음을 확인할 수 있습니다.[15]

실제 개인적으로 몸담고 있는 학교에서도 학과 졸업생들은 일반 행정공무원, 소방공무원, 군인 및 군무원 등 다양한 공직으로 진출하고 있으며, 언론 및 금융관련 사무원, 일반회사 사무원, 학원강사 등 민간영역으로도 활발하게 진출하고 있습니다.

경찰 또는 형사사법분야를 벗어나 다른 분야로의 진출 과정이 쉬운 일만은 아닐 겁니다. 그럼에도 이러한 길을 선택한 학생들은 학과 생활에서 체득한 전문지식(특히 법률, 조직 및 인사관리 관련 지식)과 협업능력 등 다양한 경험이 매우 큰 도움이 되었다고 합니다.

In Conclusion

경찰관련 학과 입학생들은 대개 경찰공무원 임용을 희망하고 실제로도 경찰공무원으로 가장 많이 진출하고 있습니다. 한국 사회에서 공직에 대한 높은 선호도는 경찰공무원 채용에도 그대로 반영되어 경찰공무원 채용경쟁률은 매년 수십 대 일에 이르고 있습니다. 이로 인해 경찰공무원 임용까지는 졸업 후 일정한 시간이 소요됩니다.

경찰관련 학과 교과과정은 공공안전분야와 형사사법분야, 그리고 민간경비분야로의 진출에 유리하게 작용할 수 있습니다. 공공안전분야를 통해 경찰공무원뿐만 아니라 해양경찰공무원, 철도경찰공무원, 마약수사공무원, 출입국관리공무원, 방호공무원, 청원경찰 등으로 진출할 수 있습니다.

형사사법분야로는 법률관련사무원, 교정공무원, 보호공무원 등으로 진출할 수 있으며 법조인(판사, 검사, 변호사) 자격을 취득하기 위해 법학전문대학원 입학도 고려할 수 있습니다. 또한 경비원, 경호원, 보안검색요원 등과 같은 민간경비분야로의 진출도 가능합니다.

연구분야로의 진출을 통해 대학교수 또는 연구원 생활을 할 수 있으며, 일반행정 공무원, 소방공무원, 군인 및 군무원, 기타 일반기업체 등 처음 입학할 당시에는 생각지 못한 다양한 분야로도 진출하고 있습니다.

개인적으로 꿈이란 것이 많이도 바뀌었던 것 같습니다. 과학자 - 야구선수 - 선생님 - 기자 - 경찰관 - 한의사 - 교수 등등. 물론 현재와 다른 나를 지금도 종종 생각하곤 합니다. 학생들도 비슷한 것 같습니다. '희망 진로'란에 경찰만 적어왔던 학생들도 대학 생활에서의 다양한 경험을 통해 새로운 꿈을 꾸는 모습을 봅니다. 학생들에게 다양한 기회를 제공하고 그 속에서 자신에게 맞는 최적의 진로를 탐색할 수 있도록... 지속적인 관심과 응원이 필요한 이유입니다.

참고문헌

1) 고용노동부 고용정보시스템(www. work. go.kr), 2020. 07. 17. 검색 https://www.work.go.kr/consltJobCarpa/srch/schdpt/schdptSrchDtl.do?empCurtState1Id=2&empCurtState2Id=20
2) 김연수, 2018, "경찰학 전공자의 대학교육 및 경찰채용시험에 대한 인식 연구," 한국경찰학회보 20(3), pp. 53-89 ; 김창휘, 2008, "경찰행정학과의 회과 발전방안," 지성과 창조 11, pp. 329-356 ; 최응렬, 2003, "경찰행정학 전공자의 활용방안," 한국경찰학회보 5, pp. 191-212.
3) 책으로만든별 편집부, 2013, 대학 학과 선택, 고민하고 있니?, 서울 : 몬스터플래닛, p. 209.
4) 고용노동부 고용정보시스템(www. work. go.kr), 2020. 07. 17. 검색
5) 한국고용정보원, 2018, 2019 한국직업전망, 음성 : 한국고용정보원, p. 199.
6) 한국고용정보원, 2018, 위의 자료, p. 198.
7) 법원조직법(법률 제10861호, 2011. 7. 18) 부칙 제2조
8) 한국고용정보원, 2018, 앞의 자료, pp. 213-214.
9) 이창무, 2006, "우리나라 민간경비 급성장의 동인 분석," 한국정책과학회보 10(3), p. 154.
10) 김상호, 2009, "민간경비 산업의 인력수요예측," 한국경호경비학회지 19, pp. 1-21.
11) 김상호, 2021, 경찰학, 서울 : 청목출판사, pp. 548-549.
12) 한국고용정보원, 2018, 앞의 자료, pp. 556-557.
13) 박준철, 2014, 직업의 세계 : 공항보안검색요원. 2020. 07. 21. 검색 https://terms.naver.com/entry.nhn?docId=3578586&cid=58886&categoryId=58886
14) Kelley, T. M., 2004, "Reviewing criminal justice baccalaureate curricula : the importance of student input," Journal of Criminal Justice Education 15(2), p. 223.
15) Kelley, T. M., 2004, op. cit., p. 230.

Q11. 경찰공무원이 되고자 할 때 경찰행정학과가 도움이 되나요?

일반대학 경찰행정학과를 졸업하면 자동적으로 경찰공무원이 되는 것은 아닙니다. 일반대학 경찰행정학과는 1990년대 중반 이후 성장과 확장을 경험했습니다. 즉, 그 이전에는 경찰행정학과의 도움 없이 경찰공무원이 되는 데 문제가 없었습니다. 이러한 상황은 적어도 제도적으로는 오늘날까지 이어지고 있습니다. 그렇다면 경찰공무원이 되고자 꿈을 꾸는 학생들에게 경찰행정학과는 어떤 도움이 될 수 있을까요? 많은 학생들이 궁금해 하는 내용입니다.

In General

오늘날 한국 대학은 학문연구와 교육이라는 기능 이외에 졸업생들의 취업에까지 관심을 기울이도록 요구받고 있습니다. "취업률 1위", "취업에 강한 대학" 등이 대학 홍보에 널리 활용되고 있음은 이를 잘 보여줍니다.

경찰행정학과는 최초로 설립될 당시부터 경찰공무원 양성을 염두에 두고 있었습니다. 경찰행정학과에 입학하였으니 당연히 경찰공무원을 희망할 것이고 학교 수업을 통해 경찰로 진출할 것이라고 기대하는 것이죠. 이러한 인식과 기대는 오늘날까지도 일반인들의 생각을 광범위하게 지배하고 있습니다.

하지만, 일반대학 경찰관련 학과는 경찰대학과 달리 입학 또는 졸업이 경찰공무원 임용을 보장하지 않습니다*<Q3. 참고>*. 경찰공무원 임용과정에서 특정 학과의 졸업을 요구하는 사례가 있으나 비교적 소수의 경력경쟁채용에 해당되는 경우이며, 이때에도 해당 요건은 그저 응시자격일 뿐 그 자체가 임용을 보장하는 것은 아닙니다. 다수를 대상으로 하는 공개경쟁채용에서는 특정 학과, 나아가 학력 그 자체도 원칙적으로 요구되지 않습니다. 2011년, 학력과 관련해서 당시까지 존재했던 '고등학교 졸업 이상' 기준마저 폐지되어 현재에 이르고 있기 때문입니다.

정리하면 경찰공무원이 되고자 할 때 경찰행정학과가 반드시 필요한 것은 아닙니다. 물론, 경찰관련 학과 학생을 대상으로 경력경쟁채용(과거, 특별채용)이 이루어지고 있으나 그 규모가 크지 않고 졸업을 요건으로 하는 것 또한 아닙니다. 이러한 상황에서 경찰관련 학과가 경찰공무원이 되고자 하는 학생들에게 어떠한 도움이 될 수 있을까요? 찬찬히 살펴보도록 하겠습니다.

In Specific

경찰공무원은 다양하게 분류할 수 있으나 이곳에서는 국가경찰공무원, 그중에서도 경찰청이 중심이 되는 경찰공무원을 대상으로 경찰관련 학과와의 연관성에 대하여 살펴보기로 하겠습니다. 해양경찰관련 학과를 개설하고 있는 대학들이 과거(1994 한국해양대 해양경찰학과)부터 최근(2010 제주대 해양산업경찰학과)까지 꾸준히 이어지고 있지만 여전히 대다수 학과는 경찰청 중심의 경찰공무원에 초점을 맞추고 있는 현실을 반영하고자 하기 때문입니다. 물론, 이곳에서의 논의는 해양경찰공무원, 자치경찰공무원 등에게도 유의하게 적용될 수 있으리라 봅니다.

한국경찰은 업무특성을 고려하여 공개경쟁채용과 경력경쟁채용을 통해 우수한 인재를 채용하고 있습니다. 공개경쟁채용은 공직임용상의 기회균등을 폭넓게 보장하는 방식으로 경찰간부후보생의 경위임용, 일반 순경 등으로 구분하여 선발합니다. 경력경쟁채용은 특수한 기술보유자 및 전문지식을 갖춘 자 또는 특수지역 근무 등을 조건으로 경력 등 응시요건을 정하여 제한경쟁을 통해 선발하고 있습니다 *<Q13. 참고>*.[1]

경찰관련 학과 학생들은 순경 공채와 경찰행정 경력경채에 관심이 많다!!!

경찰관련 학과 학생들은 다양한 경찰 채용분야 중에서 특히 순경 공개경쟁채용, 경찰행정 경력경쟁채용 쪽으로 관심을 보입니다. 2017년 전국 경찰관련 학과 학생들을 대상으로 한 설문조사에서 희망 입직경로는 경찰행정학과 경력경쟁채용(51.8%)과 순경 공개경쟁채용(37.8%)이 압도적으로 높게 나타나기도 했습니다.[2]

경찰관련 학과 학생들은 기본적으로 공직임용상의 기회균등과 실적주의를 바탕으로 하는 공개경쟁채용, 그중에서도 상대적으로 많은 인원을 선발하는 순경계급을 선호하는 것으로 이해할 수 있습니다. 경력경쟁채용의 경우 별도의 기술이나 전문자격 등을 요구하고 있어 도전이 용이하지 않음을 알 수 있습니다. 다만, 경찰행정 경력경쟁채용은 오히려 경찰관련 학과 학생을 우대하는 성격이 있어 이에 대한 선호가 높게 나타나고 있습니다. 이들 채용분야에 대하여 좀 더 자세하게 살펴보기로 하겠습니다.

순경공채는 기본적 자격요건을 충족하는 모든 사람이 응시해서 시험성적에 따라 임용된다!!!

먼저, 순경 공개경쟁채용(공채)입니다. 순경 공채는 응시 결격사유 등 기본적인 자격요건을 충족하는 모든 사람이 시험에 응시해 그 순위(고득점자 순서)에 따라 최종 합격자를 결정, 순경 계급의 경찰공무원으로 채용하는 방식입니다. 일반적으로 순경 공채는 1차 필기시험, 2차 신체·체력·적성검사, 3차 면접시험으로 구성되어 있습니다 *<Q13. 참고>*.

현행 필기시험은 한국사, 영어, 헌법, 형사법, 경찰학 필수 5과목으로 구성되어 있고 영어와 한국사는 검정시험으로 대체하도록 변경되었습니다. 필기시험에 합격하면 신체·체력·적성검사 과정을 거치며 이후, 응시자가 제출한 서류에 대한 검증이 이루어지고 마지막 단계인 면접시험으로 넘어갑니다. 최종 합격자는 필기시험 50%, 체력검사 25%, 면접시험 25%의 비율로 합산하여 고득점자 순으로 결정됩니다. 각종 자격증 등을 면접시험 평가요소로 5점까지 부여했으나, 2025년부터는 무도 분야 자격증에 대해서만 체력검사 성적에 일정 점수를(1, 2점) 가산하도록 변경되었습니다.

그림 11-1 경찰공무원(순경 공채) 채용 기준

필기시험

50%

체력검사

25%

면접시험

25%

경찰관련 학과 경력경채는 경찰관련 학과에서 45학점 이상 이수한 학생들이 응시해서 시험성적에 따라 임용된다!!!

다음으로, 경찰행정학과 경력경쟁채용(경력경채)입니다. 경찰공무원법령에서는 "임용예정직에 상응하는 근무실적 또는 연구실적이 있거나 전문지식을 가진 사람을 임용하는 경우, 경력 등 응시요건을 정하여 같은 사유에 해당하는 다수인을 대상으로 경쟁의 방법으로 채용하는 시험을 통해 경찰공무원을 신규채용"할 수 있도록 하고 있습니다. 그리고 이와 같은 시험을 '경력경쟁채용'시험이라고 하며 과거 '특별채용'이라는 명칭으로 사용되었습니다.

경력경채는 응시 결격사유 등 기본적인 자격요건 외에도 경력 등 추가적인 요건들이 필요하며 공채에 비해 상대적으로 경쟁성이 제한되어 있음을 알 수 있습니다. 법령에서는 경력경채 대상이 될 수 있는 다양한 요건들을 규정하고 있으며 2025년 경찰공무원 채용계획에 따르면 경력경채로 총 447명을 신규채용할 계획임을 확인할 수 있습니다. 이는 전체 신규채용 인원의 약 9.2% 수준에 달합니다.

경찰행정학과 경력경채는 이처럼 다양한 경력경채 중 하나에 해당하게 됩니다. 경찰행정학과 재학 또는 졸업생에 대해 임용예정직에 상응하는 연구실적이 있는 것으로 평가, 해당 자격을 응시요건으로 정해 그 조건에 해당하는 사람만을 대상으로 경쟁하도록 한 것입니다. 경찰행정학과 경력경채는 도입 이후 응시요건 및 채용대상 계급 등에서 일정한 변화를 경험해 왔습니다.

경찰행정학과 경력경쟁(특별)채용이 법령에 등장하는 것은 1970년 제정된 「경찰공무원임용령시행규칙」이었습니다. 「경찰공무원법」이 1969년 「국가공무원법」으로부터 독립되면서 경찰관의 신규채용에 대하여 공개경쟁채용과 특별채용규정을 마련하게 됩니다. 특별채용시험은 응시에 필요한 다양한 자격을 제시하고 있으며 그중 임용예정직에 상응한 근무 또는 연구실적이 있는 자를 임용하는 경우도 함께 규정됩니다. 그리고 해당 규정을 통해 특별채용되기 위해서는 1년 이상 임용예정직에 관련성이 있는 근무경력 또는 연구실적이 있어야 한다는 조건을 두었습니다. 이에 따라 학력별(대학/초급대학/고등학교/중학교/초등학교)로 근무 또는 연구실적 기준 연수를 차별화하고 이를 통해 특별채용이 가능하도록 규정을 정비합니다. 가령, 경사 계급으로의 특채를 위해서는 대학·초급대학·고등학교·중학교·초등학교 졸업 후 1년·2년·4년·7년·10년 이상 관련성 있는 근무경력 또는 연구실적을 요구한 것입니다.

이와 같은 제도적 기반 아래 "대학의 경찰행정학과(4년)를 졸업하고 병역법에 의하여 징집 또는 소집되어 복무한 때에는 고등학교를 졸업한 자가 경찰에 관련성이 있는 직무분야에서 4년 이상의 연구실적이 있는 것으로 본다"라고 규정하여 경찰행정학과 졸업생에게 적용되는 특별채용을 가능하게 만들었습니다.

1976년 해당 내용은 「경찰공무원임용령」으로 옮겨 "특별채용시험에 의하여 채용할 수 있는 자는 임용예정직에 관련성이 있는 직무분야에서 당해 계급에 해당하는 근무경력 또는 연구경력이 3년 이상이어야 한다. 다만 4년제 대학의 경찰행정학과를 졸업하고 병역을 필한 자를 경사 이하의 경찰관으로 특별채용하는 경우에는 그러하지 아니하다"로 새롭게 규정되며 이후 큰 변화 없이 지속되어 왔습니다.

이처럼 경찰행정학과 경력경채는 원칙적으로 4년제 경찰행정학과 졸업자를 대상으로 이루어져 왔습니다. 하지만 2011년 학력주의 극복을 취지로 경찰행정학과 졸업자 특별채용을 4년제 대학의 경찰행정학과 졸업 학력에서 2년제 이상 대학의 경찰행정 관련 학과 졸업 또는 경찰행정 관련학과에 재학 중이거나 재학했던 사람으로서 경찰행정학 전공과목을 45학점 이상 이수한 요건으로 완화하게 됩니다. 즉, 4년제 대학 경찰행정학과를 졸업하지 않아도 경찰행정학과 경력경채에 응시하는 것이 가능하게 된 겁니다.

현행 경찰행정학과 경력경채는 "2년제 이상 대학의 경찰행정 관련 학과 졸업자 또는 4년제 대학의 경찰행정 관련 학과에 재학 중이거나 재학했던 사람으로서 경찰행정학 전공 이수로 인정될 수 있는 과목을 45학점 이상 이수한 사람"을 대상으로 경사 이하인 경찰공무원으로 임용할 수 있도록 하고 있습니다. 그리고 경찰행정학 전공 이수로 인정될 수 있는 과목들을 다음과 같이 규정하고 있습니다.

필수 이수과목: 경찰학, 범죄학, 경찰수사론, 범죄예방론, 형법, 형사소송법

선택 이수과목: 경찰행정학, 경찰행정법, 헌법, 민사법 및 기타법, 자치경찰론, 비교경찰론, 범죄심리학, 범죄통계학, 피해자학, 형사정책론, 연구방법론, 경찰인권론, 경찰윤리론, 경찰사회론, 경찰경무론, 경찰관리론, 경찰생활안전론, 여성범죄론, 청소년범죄론, 특수범죄론, 사이버수사론, 과학수사론, 경찰교통론, 경찰경비론, 경찰정보론, 경찰외사론, 경찰보안론, 첨단경찰론, 경찰실습, 경찰무도

경찰행정학 전공 이수 인정과목은 기본적으로 경찰관련 학과에서 학습되고 있는 교과목으로 이루어져 있습니다 *<Q8. 참고>*. 물론 개별 대학마다 교과목 구성이 차별적일 수 있습니다. 그러므로 해당 과목과 유사하다고 인정되는 교과목도 포함하여 함께 인정하고 있습니다. 결론적으로 4년제 경찰관련 학과에서 전공과목으로 학습하는 교과목은 전공 이수 인정과목으로 평가되어 경찰행정학과 경력경채에 활용될 수 있다고 보면 될 것 같습니다. 다만, 과거와는 달리 경찰활동과의 연관성이 높은 6개 필수 이수과목을 따로 구분하여 정해두고 있으니 이들에 대한 추가적인 관심은 필요해 보입니다.

경찰행정학과 경력경채는 도입 당시부터 현재까지 '경사 이하'로 규정되고 있습니다. 경찰공무원 계급은 "순경 - 경장 - 경사 - 경위 - 경감 … 치안총감"으로 구분되어 있어 법령상 순경, 경장, 경사 계급 중 하나로 채용이 가능합니다. 1970년부터 1989년까지는 대학총장 추천을 통해 5명 내외로 선발했으며 1990년 이후부터는 제한경쟁방식으로 특별채용 했다고 합니다. 1998년까지 5명, 1999년에는 9명을 경사 계급으로 채용했습니다.[3] 하지만 그 이후에는 특별한 경우를 제외하고는 순경계급으로 모집하고 있습니다. 신임순경의 학력 수준이 향상되어 학사학위 소지자의 경사 특별채용 필요성이 감소했고, 경찰관 임용계급을 단순화하여 조직원 융화와 조직관리의 효율을 도모하기 위해서라고 경찰은 밝히고 있습니다.[4]

경찰행정학과 경력경채는 과거보다 완화된 응시요건을 규정하고 있습니다. 이러한 현실을 고려할 때 순경보다 높은 계급으로의 임용은 쉽지 않아 보입니다. 그럼에도, 자격기준의 강화(가령, 45학점이라는 양적 기준을 넘어 평점 C 이상 등과 같은 질적 기준 추가 등), 이를 통한 채용규모 확대 등에 대해 경찰학계에서 요구하는 목소리가 있습니다.[5] 하지만 2017년 출범한 경찰개혁위원회에서는 경찰행정학과 경력경쟁채용이 채용과정의 형평성 문제를 야기할 수 있음을 지적하면서 전체 채용인원의 3% 이내로 선발할 것을 권고했습니다.[6]

경찰행정학과 경력경쟁채용 또한 순경 공채와 유사하게 1차 필기시험, 2차 신체 · 체력 · 적성검사, 3차 면접시험으로 구성되어 있습니다. 응시결격 사유, 연령, 신체조건, 면허 등 기본적인 자격 외에 "2년제 이상 대학의 경찰행정 관련 학과 졸업자 또는 4년제 대학의 경찰행정 관련 학과에 재학 중이거나 재학했던 사람으로서 경찰행정학 전공 이수로 인정될 수 있는 과목을 45학점 이상 이수한 자"가 응시할 수 있습니다.

첫째, 필기시험은 일반교양과 직무수행에 필요한 지식 등을 검정하는 것으로 2022년부터 영어 · 형사법 · 경찰학 · 범죄학 필수 4과목으로 개편되었습니다. 영어는 검정시험으로 대체하였고, 형사법 · 경찰학은 100점, 범죄학은 50점으로 배점되어 고득점자 순으로 합격자를 결정해서 이후 시험단계로 넘어가도록 하고 있습니다.

필기시험에 합격하게 되면 신체 · 체력 · 적성검사 과정을 거치며 이후, 응시자가 제출한 서류에 대한 검증이 이루어지고 마지막 단계인 면접시험으로 넘어갑니다. 이러한 과정은 순경 공채와 동일하며 최종 합격자 결정 또한 필기시험 50%, 체력검사 25%, 면접시험 25%의 비율로 합산하여 고득점자 순으로 결정됩니다.

지금까지 경찰관련 학과 학생들이 상대적으로 관심을 많이 보이는 순경 공채와 경찰행정 경력경채에 대하여 살펴보았습니다. 현실에서는 경찰간부후보생(경위) 공개경쟁채용 등에 대한 관심과 응시도 적지 않습니다.

경찰공무원 임용과정에서 경찰관련 학과는 직 · 간접적으로 영향을 미칠 수 있다고 생각합니다. 필기시험 과목에 대한 체계적 학습, 무술 등 훈련을 통한 체력 증진, 면접과정에서 필요한 지식 및 의사전달 능력 등을 학과생활을 통해 기를 수 있기 때문입니다.

경찰관련 학과에서는 경찰공무원 채용관련 과목을 체계적으로 학습한다!!!

먼저, 필기시험 과목에 대한 학습입니다. 학교마다 조금씩 다를 수 있으나 경찰관련 학과에서는 경찰과 범죄관련 교과목을 중심으로 법, 행정, 기타 교과목을 함께 학습하고 있습니다 *<Q8. 참고>*. 현행 순경 공채 또는 경찰행정 경력경채 시험과목은 기본적으로 교과과정에 충실히 반영되어 있습니다. 물론, 경찰간부후보생(경위) 공개경쟁채용시험 등 다른 분야 시험에 필요한 과목에 대한 학습도 경찰관련 학과에서는 광범위하게 이루어지고 있습니다.

하나의 교과목은 대개 그 자체로 독자성을 지니고 있지만 동시에 다양한 교과목과 연관되어 있기도 합니다. 세계사에 대한 이해를 통해 한국사에 대한 보다 입체적인 학습이 가능한 이유가 여기에 있습니다. 마찬가지로 경찰학에 대한 이해는 경찰과 사회, 형사정책, 경찰학세미나 등을 통해, 형법에 대한 이해는 법학개론, 형사법연습 등을 통해 더욱 충실해질 수 있습니다.

나아가 하나로 묶인 교과목이 여러 교과목으로 세분화될 수도 있습니다. 경찰학은 경찰행정학과 경찰행정법 등으로, 경찰행정학은 다시 경찰조직관리론, 경찰인사관리론, 경찰예산관리론 등으로 전문화되기 때문입니다.

대학에서는 이처럼 다양한 교과목에 대한 체계적인 학습이 이루어질 수 있습니다. 이를 통해 개별 교과목에 대한 보다 심층적인 이해가 가능하고 이는 궁극적으로 시험에서 높은 성과로 나타날 것으로 기대합니다. 대학에서의 체계적 학습이 중요한 이유는 또 있습니다. 경찰공무원 채용시험 과목이 고정되어 있지 않다는 사실입니다. 개별 과목에만 의존한 학습은 이러한 환경변화에 적절히 대응하기 어렵기 때문입니다.

경찰관련 학과에서는 체력 단련에 유리한 환경을 제공한다!!!

다음으로, 무술 등 체력 부분입니다. 대학에서는 기본적으로 지식을 강조하고 체력을 단련하는 것은 개인 차원의 문제로 평가될 수 있습니다. 그럼에도 경찰을 비롯한 형사사법 기관의 특수성은 경찰관련 학과의 교과과정에서 무술 등에 대한 추가적인 고려를 요청합니다. 이에 따라 많은 대학이 관련 과목들(무술, 체포술 등)을 정규 교과목으로 편성하고 있고, 그렇지 않을 경우 다양한 비교과활동 – 동아리활동 등 – 에 대한 지원을 통해 필요한 부분을 경험토록 하고 있습니다.

경찰관련 학과 생활을 통해 논리적 · 체계적 표현능력을 체득한다!!!

마지막으로, 면접과정에서의 영향입니다. 경찰공무원 채용시험은 대개 객관식 선택형으로 이루어져 있습니다. 자신의 생각이나 견해를 논리적이고 체계적으로 제시하는 대신 네 개의 대안들 중 정답을 선택하도록 설계되어 있습니다(4지 선다형). 필기시험에서의 높은 성과가 체계적인 지식 습득의 결과인지 아니면 단순 반복암기의 산물인지는 알기 어렵습니다. 면접시험은 이러한 필기시험을 통해 확인하기 어려운 응시자의 능력과 태도 등을 보다 자세하게 알아내는 데 효과적인 것으로 평가되며 경찰에서도 그 가치가 점차 높게 평가되고 있습니다. 1993년 이전, 면접시험은 당해 시험에의 합격 또는 불합격 여부만을 결정하고 최종 합격자는 필기시험 성적 순위에 의해 결정했습니다. 1993년, 면접시험 성적이 최종 합격자 산정에 반영되고 그 비중은 20%였습니다. 2010년, 그 비중을 25%로 다시 한 번 상향하였으나, 가산점 5%로 인해 실질 비중은 20%였습니다. 2025년부터는 이러한 가산점을 폐지하여 실질적으로 면접시험 비중이 25%로 상향됩니다. 경찰공무원으로서 갖추어야 할 윤리의식 및 현장에서의 대응 능력에 대한 중요성이 높아짐에 따라 이러한 능력과 역량을 평가하기 위한 조치로 이해할 수 있습니다.

이러한 변화의 배경에는 경찰업무수행에 보다 적합한 자질을 갖춘 인력을 채용하고자 하는 경찰조직의 요구와 객관식 필기시험의 한계가 함께 작용한 것으로 이해할 수 있습니다. 한국 경찰은 경찰공무원으로 갖추어야 할 윤리의식 및 현장에서의 대응 능력에 대한 중요성이 높아짐에 따라 이러한 능력과 역량을 평가하기 위한 조치로 설명하고 있습니다. 대학에서는 전공 교과목에 대한 학습을 통해 전문지식을 습득할 수 있습니다. 하지만 여기에 그치는 것이 아니라 다양한 교양과목에 대한 학습을 통해 더욱 폭넓은 시야를 가진 전문교양인 육성을 도모하고 있습니다. 최근에는 인문·기초과학 분야에 대한 융합교육과 글쓰기·의사전달 역량제고를 위한 교양과목 개편이 대학마다 활발하게 전개되고 있습니다. 그러므로 이러한 교육환경은 경찰관련 학과에서 대학생활을 경험하는 많은 학생들에게 면접에서 논리적이고 체계적으로 대응하는 데 크게 도움을 줄 것으로 생각합니다.

이상적인 논의에서 잠시 벗어나, 실제 학생들은 어떻게 생각하고 있는지 현실을 살펴볼 필요가 있어 보입니다. 2017년 전국 경찰관련 학과 학생들을 대상으로 전공교육에 대한 인식을 조사한 연구에 따르면 학생들은 전공수업과 경찰시험공부 사이에 관련성이 있다는 긍정적 답변을 보다 많이 보였습니다. 그럼에도 실제 경찰시험공부와 전공학습을 병행하기는 쉽지 않고, 이에 따라 휴학이 불가피하다고 평가하고 있었습니다.7)

그림 11-2 경찰관련 학과 전공수업과 경찰시험공부

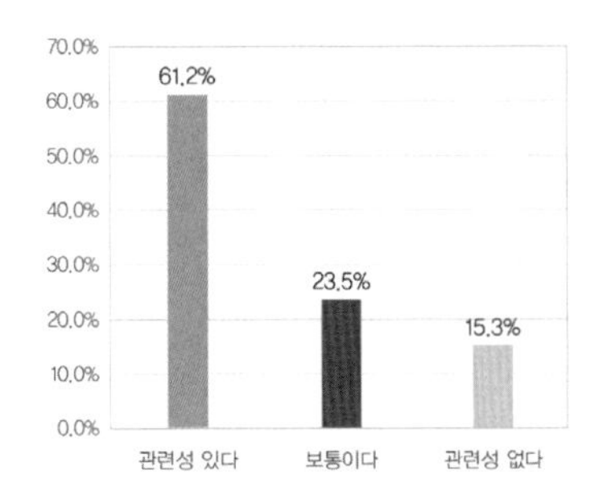

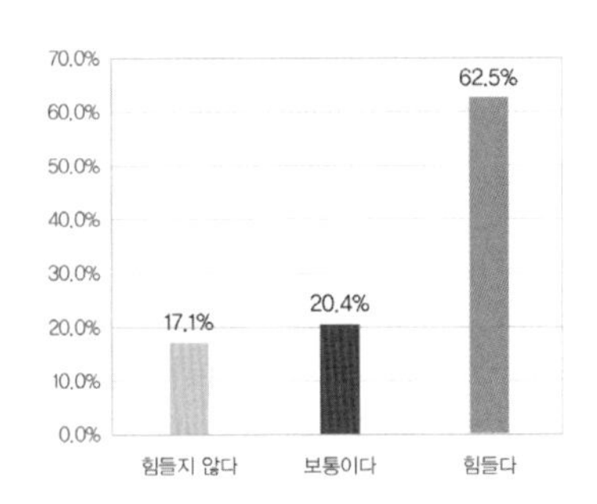

자료 : 김연수(2018 : 71) ; 박상진(2019 : 33).

경찰관련 학과에서의 전공 학습이 경찰시험과 관련성이 있다는 평가는 당연하지만 의미 있어 보입니다. 교육수요자로서 학생의 시각이 반영되었기 때문입니다. 모든 시험은 집중된 준비 과정을 요구합니다. 그러므로 경찰시험과 전공 학습의 병행이 어렵다고 평가되는 것 또한 자연스러워 보입니다. 이러한 상황에서는 충분한 전공 학습을 통해 경찰시험에 대한 기초체력을 충실히 다진 후, 경찰시험을 위한 보다 집중된 시간을 가지는 것이 효율적이라 생각합니다.

▎대학 생활과 경찰시험 준비는 양자택일의 문제일 수 없다!!!

시간과 비용 등을 고려할 때 대학 생활보다 경찰시험 준비에 집중하는 것이, 그리고 이를 위해 가급적 빠른 시간에 휴학을 하는 것이 합리적 선택은 아닌지 궁금해 할 수 있습니다. 이와 관련해서는 다음과 같은 몇 가지를 고려해야 합니다. 먼저, 앞에서 살펴본 경찰관련 학과 생활이 경찰공무원 임용과정에 미치는 영향입니다. 대학생활을 통해 획득되는 지식과 경험은 학생들에게 서서히 축적됩니다. 시험 준비를 위한 집중된 학습이 개인에게 주는 속도감에 비해 매우 더디게 평가될 수 있습니다. 하지만 넓고 깊게 기초공사를 해두어야 높고 안전하게 건물이 올라갈 수 있습니다. 그리고 그 과정에 투입되는 시간을 낭비로 평가절하해서는 안 됩니다. 필기시험에 합격한 학생들을 대상으로 모의면접을 수 차례 실시해 보았습니다. 이 과정에서 학생들이 보여주는 역량은 대학(학과)생활 수준과 깊이 연관되어 있음을 확인하고 있습니다. 즉, 고학년일수록 그리고 학내 다양한 과정을 경험한 학생일수록 더욱 당당하고 자신감 있는 모습을 보입니다. 경찰관련 학과 생활이 이들의 태도에 자연스럽게 녹아내린 것으로 평가할 수 있습니다.

다음으로, 가급적 빠른 휴학은 의도치 않은 결과를 가져올 수 있습니다. 많은 학생들은 경찰채용시험 그 자체에 집중할 뿐 그 이후에 대해서는 크게 고민하지 않습니다. '우선 시험에 합격하고 보자'는 식이죠. 물론, 이러한 선택이 효과적이지 않음은 앞서 설명했습니다. 체계적으로 준비되지 않은 상황에서 시험에 합격하기가 쉽지 않기 때문입니다. 혹여 시험에 합격했다고 해도 문제가 있습니다. 일반적으로 공무원채용시험에 합격한 채용후보자가 학업을 계속하려는 경우 2년의 범위에서 기간을 정하여 임용의 유예를 신청할 수 있습니다. 종래 경찰공무원에게는 이러한 임용유예제도가 적용되지 않았습니다. 시험 합격 후 대학생활을 포기하는 사례들이 있었던 배경입니다. 다행히 다른 공무원과의 형평성을 고려하여 경찰공무원에게도 임용유예제도가 적용될 수 있도록 관련 규정이 정비되었습니다. 그러니 시험 합격 후 학업을 계속 이어갈 수 있는 가능성이 생긴 겁니다. 그럼에도 유예가능 기간과 규모(시 · 도청 채용인원의 5% 내) 모두 제한되어 있으니 이에 대한 합리적 고려가 필요합니다.

마지막으로, 대학(학과) 생활은 경찰공무원 채용과정에서뿐만 아니라 경찰공무원 생활 전반에 걸쳐 영향을 줄 수 있습니다. 경찰공무원 임용이 인생의 궁극적 목표는 아닐 겁니다. 시작일 뿐이죠!!! 슬기로운 경찰생활이 필요하며 이를 위해서 대학(학과)에서의 경험이 중요할 수 있습니다. 이에 대해서는 질문을 달리해서 *<Q12. 경찰공무원 생활에 경찰행정학과가 도움이 되나요?>*에서 자세히 살펴보기로 하겠습니다.

In Conclusion

경찰공무원이 되고자 할 때, 경찰관련 학과가 반드시 필요한 것은 아닙니다. 하지만 경찰관련 학과에서의 경험은 경찰공무원 임용과정에 도움을 줄 수 있습니다. 경찰행정학과 경력경채를 위해서는 보다 직접적으로 관련 학과에서의 학습 이력이 필요합니다. 하지만 경찰관련 학과에서의 경험은 경찰공무원 임용과정에서 대개 간접적으로 영향을 미칩니다. 경찰관련 학과에서는 경찰공무원 채용관련 과목을 체계적으로 학습합니다. 연관 교과목과 하위 교과목에 대한 통합 학습은 개별 교과목을 더욱 심층적으로 이해하는 데 도움을 줄 수 있습니다.

경찰관련 학과에서는 체력단련에 필요한 교과들을 정규 과정에 편성하기도 하며 학생들의 관련 비교과 활동을 지원함으로써 경찰공무원 임용에 도움을 주고 있습니다. 또한 대학(학과)에서의 다양한 교과·비교과 활동에 대한 경험은 면접과정에서 스스로를 논리적이고 체계적으로 표현하는 데 크게 도움을 줄 것으로 생각합니다.

한국에서는 평균적으로 25세 전후에 경찰공무원 생활을 시작하는 것으로 나타납니다. 경찰공무원의 경우 원칙적으로 연령정년이 60세이니, 대개의 경우 살아온 날보다 경찰공무원으로 살아갈 날이 훨씬 많겠지요. 사실 얼마나 많이 남아 있는지는 중요하지 않을 수 있습니다. 스스로가 그토록 희망한 경찰공무원 생활이 어떻게 전개될 것인지 곰곰이 성찰할 필요가 있습니다. 경찰관련 학과에서의 경험은 이러한 경찰공무원 생활에도 큰 영향을 미칠 것으로 봅니다.

참고문헌

1) 경찰청, 2020, 경찰백서, 서울 : 경찰청, p. 362.
2) 김연수, 2018, "경찰학 전공자의 대학교육 및 경찰채용시험에 대한 인식 연구," 한국경찰학회보 20(3), p.69.
3) 경찰청, 2007, 경찰청 인력관리계획 2007-2011, 서울 : 경찰청, p. 85.
4) 경찰청, 2001, 21C 한국경찰의 비전, 서울 : 경찰청, pp. 124-125.
5) 박상진 · 최응렬, 2018, "경찰행정 경력경쟁채용제도에 관한 연구," 한국치안행정논집 15(3), pp. 151-152 ; 박한호, 2013, "경찰공무원 특별채용제도 개선방안에 관한 연구-경찰행정학과 특별채용제도를 중심으로," 한국콘텐츠학회논문지 13(6), p. 192.
6) 경찰청, 2018, 경찰개혁위원회 백서, 서울 : 경찰청, pp. 235-236.
7) 김연수, 2018, 앞의 논문, p. 71 ; 박상진, 2019, "경찰학전공 대학생의 전공교육 인식에 관한 연구," 한국테러학회보 12(3), p. 33.

Q12. 경찰공무원 생활에 경찰행정학과가 도움이 되나요?

종종 학생들에게 묻습니다. 지금 당장 경찰공무원이 될 수 있다면 어떻게 할 것인지... 여러분은 어떻습니까? 대부분은 기꺼이 경찰공무원이 되겠다고 합니다. 하지만 말입니다, 경찰공무원이 되는 것과 행복한 경찰생활은 전혀 별개의 것입니다. 매년 수백 명의 경찰공무원이 스스로 또는 조직차원의 인사조치를 통해 경찰을 떠납니다. 경찰공무원이 되고 난 이후를 생각해야 합니다. 그렇다면 행복한 경찰생활에 경찰행정학과가 어떤 도움이 될 수 있을지... 눈 크게 뜨고 확인해 보도록 하겠습니다.

In General

대학은 인격을 도야하고 국가와 인류사회의 발전에 필요한 심오한 학술이론과 그 응용방법을 가르치고 연구하며, 국가와 인류사회에 이바지하는 것을 목표로 하는 대표적인 고등교육시설입니다. 경찰행정학과는 경찰을 비롯한 형사사법체계에 대한 전문적인 지식을 추구하고자 대학에 설치되어 있습니다. 그러므로 대학이 추구하는 목표를 자연스럽게 공유하고 있습니다.

한국에서는 경찰공무원 임용과정에서 경찰관련 학과 생활이나 대학졸업 등을 요구하지 않습니다. 현재 경찰공무원 채용시험(공채)에 응시하기 위해 필요한 학력요건은 없기 때문입니다. 제도적으로는 초등학교를 졸업한 상태에서도 연령 및 기타 응시요건을 갖추게 되면 원칙상 공개경쟁채용을 통해 경찰공무원이 되는 데 장애는 없습니다. 이러한 상황은 대학을 비롯해 경찰관련 학과의 가치에 대해 의구심으로 작용할 수 있습니다. 채용시험 준비를 위해 시간과 비용의 집중적인 투자가 필요한데 굳이 대학생활을 하면서 시간과 비용을 쓰는 것이 합리적일까에 대한 의문입니다. 실제 많은 경찰관련 학과 학생들이 학과생활을 하면서 마주하는 질문이기도 합니다.

이러한 질문에 대한 하나의 답변은 앞서 살펴보았습니다. 경찰관련 학과가 경찰공무원 임용에 직·간접적으로 기여할 수 있다는 사실이었죠. 하지만, 이것만으로는 부족해 보입니다. 그래서 또 다른 답변이 필요합니다. 성공적인 경찰공무원 생활에 경찰관련 학과가 도움이 될 수 있느냐? 입니다. 찬찬히 살펴보도록 하겠습니다.

In Specific

미국에서는 법집행교육프로그램(LEEP)을 통해 경찰 재직자들과 경찰희망 학생들에게 대학교육 비용을 보조했습니다 *<Q6. 참고>*. 대학교육이 경찰관을 보다 민주적으로 변화시킬 뿐만 아니라 범죄와 무질서 문제에 더욱 효과적으로 대응하게 할 것이라는 믿음이 있었던 겁니다.[1)]

경찰의 고등교육을 지지하는 견해는 크게 두 가지로 분류할 수 있습니다.[2)] 먼저, 학과 또는 전공과는 크게 상관없이 대학에서의 경험 자체를 중요하게 평가하는 교양교육(liberal education) 모형입니다. 대학에서의 경험이 사회적 쟁점에 대한 정통한 분석, 건설적이고 비판적인 사고능력, 문제해결을 위한 유연한 접근, 그리고 거시적이면서도 장기적인 안목을 배양하는 데 기여할 수 있고 이는 성공적인 경찰활동에도 영향을 미치게 된다고 봅니다.

또 다른 하나는, 경찰활동 자체가 하나의 전문영역이고 대학에서의 교육을 통해 해당 영역에서의 전문지식과 기술이 전달될 수 있다고 평가하는 전문교육(professional policing) 모형입니다. 이에 따르면 경찰행정학과를 비롯한 관련 학과(전공)들의 중요성이 더욱 강조될 수 있습니다.

대학에서의 고등교육경험은 경찰공무원의 태도와 업무성과에 영향을 미친다!!!

대학이라는 고등교육기관에서의 경험은 경찰공무원의 태도(attitude)와 업무성과(performance)에 유의미한 영향을 미치는 것으로 이해되어 왔습니다. 교육 수준은 유연하고 개방적인 사고 체계와 관련되어 있으며, 전문성·윤리성·감수성 등의 차원에서도 고등교육 이수자들이 더욱 양호한 것으로 나타나곤 했기 때문입니다. 고등교육 이수자들은 상관들로부터 우호적인 평가를 받았으며 시민들로부터 제기되는 민원도 적은 것으로 나타났습니다. 또한, 총기를 비롯해 강제력을 행사하는 것도 상대적으로 덜하다고 합니다. 선행 연구에서 제시된 주요 내용들을 정리하면 <그림 12-1>과 같습니다.3)

그림 12-1 대학 교육의 영향

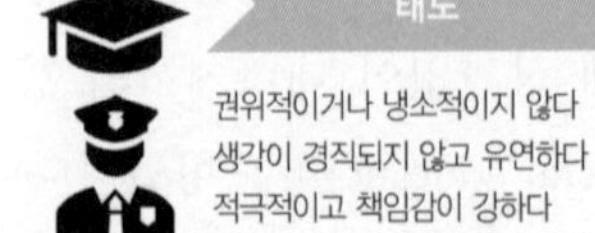

물론, 고등교육이 경찰공무원의 태도와 성과에 미치는 긍정적 영향이 경험적으로 미미하거나 통계적인 수준에서 유의미하지 않은 것으로 나타나는 연구도 존재합니다. 경찰조직은 정해진 원칙과 절차에 따라 법과 강제력을 적용해 왔습니다. 유연하고 창의적인 사고와 타인에 대한 감수성 등이 고등교육을 통해 높아진다고 해도 이러한 가치들이 경찰활동에 얼마만큼 긍정적인 영향을 미칠 것인지는 또 다른 문제일 수 있습니다. 경찰의 핵심적인 역할, 즉 강제력 행사를 수단으로 법과 질서를 유지하는 전통적 활동들이 거의 변하지 않은 상황에서 기계적이고 효율적인 업무 수행을 위해 고등교육이 반드시 필요한지 의문을 제기하는 목소리도 있습니다.[4] 대학을 졸업한 고학력자들이 직무와 상관에 대해 낮은 만족 수준을 보이는 경우도 보고되고 있습니다. 임용 초기에는 상대적으로 높은 만족 수준을 보이다가 근무경력이 5년을 넘어가면서 이들의 만족 수준이 가파르게 떨어진다고 합니다.[5] 경찰업무의 단조로움과 엄격한 관리, 그리고 제한된 승진 가능성 등이 이들을 좌절시키고 불평하게 만든다는 겁니다.[6]

초기에 이루어진 연구와 비교해보면 최근에 등장하는 연구에서는 비교적 덜 낙관적인 모습이 보이곤 합니다.[7] 이처럼 혼재된 결과들이 나타나는 이유로 다양한 연구방법론적 문제가 지적됩니다. 연구에 활용된 표본의 수가 작다든지, 통제 변수들에 대한 적절한 고려가 부족했다고 합니다. 가령, 자존감과 성취감이 높은 사람이 고등교육에 보다 적극적이었을 수 있고, 이러한 자존감과 성취감이 경찰공무원 생활에서 긍정적인 영향을 초래했을 수 있습니다. 이 경우 고등교육 이수라는 사실과 경찰공무원 생활에서 나타나는 성공적인 경험은 직접적인 인과관계로 보기 어렵습니다. 나아가 고등교육 수준에 대한 측정이 엄밀하지 못했다는 지적도 있습니다. 대학 경험이 경찰공무원 임용 이전이었는지 이후였는지에 대해 구분하지 않았고 전공에 따른 차별성 또한 고려하지 못했다는 겁니다.[8]

미국 버지니아(Virginia) 주 중소도시에서 근무하는 경찰관들을 대상으로 해당 경찰서장에게 업무를 평가하게 해 보았습니다. 그 결과 학력 수준이 높은 경찰관들이 의사전달 능력, 대민관계, 보고서 작성, 새로운 기술 습득, 의사결정 능력, 조직에 대한 헌신, 그리고 전반적인 업무성과 등에서 높게 평가되었습니다. 나아가 전반적인 업무성과는 교육 수준과 경험(근무연한)이 상호작용하는 것으로 나타났습니다. 즉, 대학을 졸업한 경찰관들은 근무경험이 축적될수록 업무성과가 더욱 향상되는 데 반해 교육 수준이 낮은 경찰관들에게는 그러한 효과가 나타나지 않은 겁니다. 연구자들은 이에 대해 조직생활이 지속되고 승진 등 인사조치에 따라 업무가 다양하고 복잡해질 수 있는데 고등교육이 이와 같은 환경에 더욱 잘 적응할 수 있도록 도움을 주기 때문으로 해석하고 있습니다.[9]

정형화된 매뉴얼 등이 갖추어지지 않은 복잡하고 난해한 상황에서 고등교육 경험이 있는 경찰관들은 빛을 발할 수 있습니다. 순찰경찰관들을 대상으로 정신병 의심 용의자를 어떻게 처리하는지 면접조사를 해 보았습니다. 대학을 졸업한 경찰관들은 그렇지 않은 경찰관들에 비해 체포와 같은 조치보다 정신감정을 위한 정신과 의뢰에 더욱 적극적인 것으로 나타났습니다.[10] 이러한 처리가 당사자는 물론 사회에도 더욱 긍정적인 영향을 미칠 수 있습니다.

> 대학교육 경험이 가지는 구체적인 영향은 경찰환경에 따라 차별적일 수 있다!!!

2018년 7월 취임한 제21대 민갑룡 경찰청장은 '제복 입은 시민'으로서의 경찰 정신 구현을 한국경찰 변화와 도약의 첫 걸음으로 평가했습니다. 이를 통해 국민과 함께하는 따뜻하고 믿음직한 경찰을 목표로 제시한 것이죠.[11] 이와 같은 철학은 근대 경찰을 탄생시킨 로

버트 필 경(Sir Robert Peel)의 원칙이자 오늘날 서양에서 지역사회경찰활동(Community Policing)을 통해 이어지고 있습니다. 지역사회경찰활동에서는 경찰이 단순히 범죄에 대한 대항자 또는 법집행관으로 머물러 있지 않을 것을 요구합니다. 지역주민들이 요구하는 광범위한 역할들을 창의적이고 유연하게 수행할 것을 요구하는 겁니다.[12) 이를 위해 지역사회와의 협력, 조직혁신, 그리고 문제해결 등이 강조되며 과거와는 다른 경찰상(像)을 필요로 하게 됩니다.

한국은 국민들의 학력 수준이 빠르게 상승하고 있습니다. 이와 함께 공무원의 전반적인 학력 수준도 높은 상태입니다. 경찰관들은 업무 수행과정에서 시민뿐만 아니라 지역사회 내 많은 공식·비공식 단체들과 만나게 됩니다. 대부분 대학을 졸업한 이들과의 만남에서 학위가 없는 경찰은 자신의 가치나 제안 등이 제대로 수용되지 못하는 경험을 할 수도 있습니다.[13)]

과거 경찰활동에는 신체적·육체적 기능이 더욱 중요하게 이해되기도 했습니다. 하지만 오늘날의 경찰은 복잡하고 다양한 환경 속에서 고도로 훈련된 전문적인 서비스를 제공할 것이 요구되고 있습니다. 조직 내 관리의 방향성 또한 더욱 민주적인 가치들을 추구하고 있습니다. 근속승진 제도의 개편 등으로 간부급인 경감까지 승진 가능성도 확장되어 있습니다. 이러한 조직 내·외의 상황들은 고등교육을 경험한 경찰공무원에게 유리하게 작용할 것으로 기대합니다. 한국 경찰은 근무성적평정 과정에서 학위 취득에 따라 가산점을 부여함으로써 고등교육의 중요성을 인사과정에 반영하고 있습니다.

그림 12-2 경찰공무원 학위 가산점

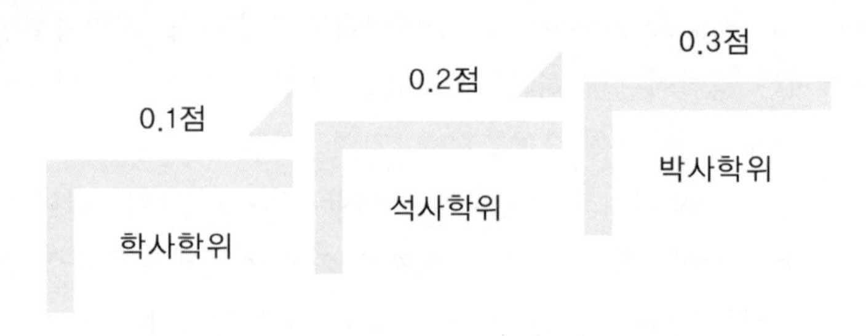

정리하면, 대학에서의 고등교육 경험은 경찰환경에 따라 차별적인 영향을 미칠 수 있습니다. 업무내용이 복잡해질수록, 조직관리가 민주화될수록, 그리고 승진을 비롯한 자아실현 기회가 넓어질수록 더욱 긍정적으로 작용할 수 있음을 예견할 수 있습니다. 그리고 한국의 경찰환경은 대학경험이 우호적으로 작용할 수 있는 방향으로 전개되고 있습니다.

그림 12-3 대학교육 경험의 위험·기회 요인

> 경찰관련 학과에서의 경험은 경찰을 비롯한 형사사법 분야에서의 전문교양능력을 배양할 수 있다!!!

성공적인 경찰공무원 생활에 고등교육은 그 자체로 긍정적인 영향을 미칠 것으로 평가할 수 있습니다. 그렇다면 왜 경찰관련 학과여야 하는지, 추가적인 의문이 생길 수 있습니다. 기존 연구들을 종합해 보면 고등교육의 긍정적 영향에 비해 전공별 차별성에 대해서는 상대적으로 강조가 덜 한 것도 사실입니다. 경찰관련 학과(전공)들이 희소한 상황에서 경찰관들의 고등교육 이수 자체가 더욱 중요했기 때문으로 이해할 수 있습니다. 한국 경찰을 상대로 한 연구에서도 고등교육 자체의 중요성에 비해 전공의 중요성에 대해서는 상대적으로 낮은 동의수준을 보이고 있습니다.[14] 경찰관련 학과를 경험한 경찰공무원의 수가 많지 않은 상황이며, 경험이 있는 경찰관이라도 경찰경력이 많지 않아 학과(전공)의 영향에 대한 세밀한 평가가 어려울 수 있습니다.

하지만 경찰관련 학과에서의 대학생활은 경찰을 비롯한 형사사법 분야에서의 전문교양(liberalized professional) 능력을 배양할 수 있다는 점에서 가치 있는 것으로 평가할 수 있습니다. 누구나 쉽게 수행할 수 있는 단순한 업무가 아닌 복잡하고도 전문화된 업무일수록 학습을 통한 사전 준비의 필요성은 커집니다. 오늘날 경찰업무는 이와 같이 복잡하고도 전문화되어 가고 있습니다. 그러므로 이들에 대한 충분한 학습은 경찰생활의 성공을 위해 꼭 필요하게 됩니다.

경찰관련 학과에서의 대학생활은 전문영역에 대한 지식뿐만 아니라 합리적 사고와 효과적 의사전달, 그리고 윤리적 의사결정을 비롯한 교양교육 이수자로서의 다양한 지식과 태도 등을 경험하는 데도 도움이 됩니다.[15] 실제 미국 앨라배마(Alabama) 주 경찰관들을 대상으로 형사사법학 교육의 가치를 평가하도록 한 결과, 형사사법학 분야의 학위가 법률 및 형사사법체계에 대한 이해와 순찰 및 수사활동 등에 기여할 뿐만 아니라 인간관계, 의사전달, 관리, 그리고 비판적 사고(문제해결) 역량 등에도 긍정적으로 기여한 것으로 평가했다고 합니다.[16]

오늘날 한국대학을 둘러싼 환경은 그리 녹록지 않아 보입니다. 대학교육연구소에서 발표한 자료에 따르면 2037년이 되면 신입생 충원율 '70% 미만' 지방대학은 약 84%로 사실상 대부분의 지방대학이 위기 상황에 직면할 것으로 추계하고 있습니다.[17] 이러한 위기는 대학으로 하여금 급격한 구조조정과 치열한 생존경쟁을, 그리고 학과(전공)는 생존을 위해 스스로의 가치를 드러내야 하는 상황으로 내몰릴 수 있습니다. 거시적이고 장기적인 가치 대신 미시적이고 단기적인 성과가 강조되고 이 과정에서 경찰관련 학과는 직업적 성격에 더욱 치중할 수 있습니다. 하지만 경찰관련 학과가 직업적 성격에 지나치게 매몰되면 전문교양인으로서의 경찰공무원 생활에는 부정적일 수 있다는 사실을 명심해야 합니다. 무엇보다 대학은 채용만을 위한 경찰학원이나 신임교육기관으로서의 경찰교육훈련소와는 성격을 달리하는 조직입니다. 그러므로 대학, 특히 경찰관련 학과는 경찰활동의 전문성 제고에 필요한 경찰업무 친화적 프로그램을 다양하게 개발함과 동시에 지나친 직업지향성에서 벗어나 교양교육으로서의 성격을 함께 강화해야 합니다.

소망성과 현실성 등을 고려할 때 임용이전 대학(학과) 경험이 더욱 중요하다!!!

대학경험, 나아가 경찰관련 학과에서의 대학생활이 경찰공무원 생활에 긍정적인 영향을 미칠 수 있다고 했습니다. 그렇다면, 또 다른 질문도 가능해 보입니다. 경찰공무원이 되고 난 이후 대학생활을 해도 괜찮은지? 우선 경찰공무원이 되는 것이 중요하니 여기에 집중해서 채용시험공부를 하고 경찰공무원이 되고 난 이후 어느 정도 여유가 있을 때 대학생활을 함으로써 경찰공무원 임용과 대학생활, 두 마리 토끼 모두를 잡겠다는 겁니다. 어떻게 생각하십니까?

경찰공무원들을 대상으로 고등교육이 필요했고 이에 따라 미국에서는 법집행원조청(LEAA)을 통해 대규모 비용을 지원했습니다. 한국에서도 국내외 고등교육기관에 경찰공무원을 위탁하여 일정 기간 교육훈련을 받게 할 수 있는 프로그램을 운영하고 있습니다. 교육에 대한 가치가 평생 동안 이어질 수 있다는 사실을 고려한다면 경찰공무원 임용 이후에도 당연히 고등교육의 이수는 필요하다고 생각합니다. 그럼에도 몇 가지 함께 고민해야 할 내용이 있습니다.

먼저, 모든 조직과 마찬가지로 경찰조직 내부에는 경찰공무원이 공유하는 일반적인 의식구조, 사고방식, 가치관 등이 존재하며 이들은 경찰문화로 지칭됩니다. 대표적인 경찰문화로는 남성중심주의, 행동중심주의, 동료들에 대한 충성 등이 주목됩니다. 나아가 경찰업무에 대하여 진정으로 이해할 수 있는 사람은 경찰 외에는 없다고도 합니다.[18] 비록 명문화된 규칙 혹은 규정 등에 반영되어 있지는 않지만 경찰문화는 경찰관들의 행태에 매우 큰 영향을 미치고 있습니다.

이와 같은 경찰문화 등을 고려할 때, 대학에서의 고등교육 경험이 미치는 일반적 영향은 재직자들보다 아직 임용되지 않은 사람들에게 더욱 강하게 나타날 수 있습니다. 이러한 시각은 법집행교육프로그램(LEEP)에 대하여 냉혹하게 비판한 경찰관 고등교육 자문위원회(National Advisory Commission on Higher Education for Police Officers)의 입장을 통해서도 드러납니다. 이들은 경찰문화가 고등교육의 영향력을 상쇄할 수 있으니 재직자들에 대한 고등교육(educating the recruited)보다 고등교육 이수자들의 채용(recruiting the educated)을 더욱 강조해야 한다고 지적했습니다.[19]

다음으로, 경찰공무원 재직 중 고등교육 이수의 현실성 문제입니다. 미국 미네소타(Minnesota)와 애리조나(Arizona) 주 경찰관서에서 근무하는 경찰관들의 경우 54%가 임용 이후에도 대학 학점을 취득한 것으로 나타났고, 그 배경으로는 승진을 비롯한 경력관리가 주된 동기였다고 합니다.[20] 하지만 한국에서는 대학 및 대학원 진학 등에 대한 조직 내 분위기가 다소 부정적인 것으로 평가되고 있습니다. 2016

년 경찰공무원을 대상으로 임용 이후 고등교육 활동을 위해 노력한 사실을 확인해 보았더니 대학 및 대학원 진학 등을 통해 학업을 이어간 경우도 있었으나 대부분(77.09%)은 "업무 현실상 불가능하다"고 답변했습니다.[21]

그림 12-4 경찰공무원 임용 후 고등교육 활동

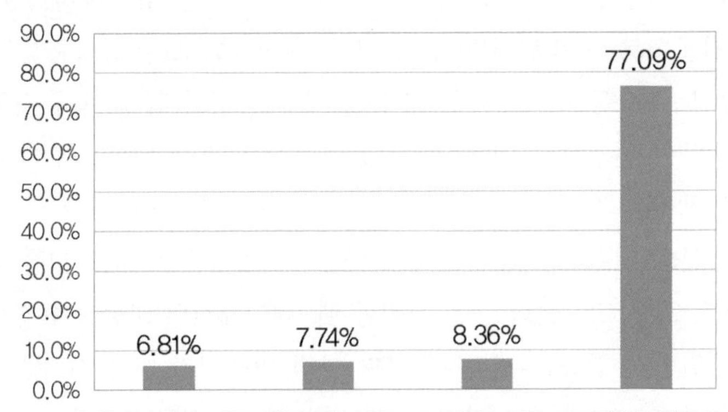

자료 : 김상호(2016 : 60)

┃ 경찰공무원 임용은 시작에 불과하다!!!

논의를 마무리하기 전에 한 가지 더 살펴볼 내용이 있습니다. 글머리에서 학생들에게 자주 한다던 질문, 생각나시죠? 지금 당장 경찰공무원이 될 수 있다면 어떻게 할 것인지…. 대부분의 학생들은 기꺼이 경찰공무원이 되겠다고 합니다. 이 과정에서 현재까지 스스로 체득한 실력에 대한 객관적 평가는 없습니다. 물론, 임용 후 교육훈련을 통해 필요한 지식과 기술을 습득할 수 있습니다. 하지만, 그것만으로 국민의 생명과 신체, 그리고 재산을 보호하는 막중한 업무를 제대로 수행할 수 있을까요? 대단한 용기이자 자칫 만용으로 평가될 수 있습니다.

경찰공무원 임용은 끝이 아닙니다. 이때부터가 시작인 것이죠. 치안일선에서 자신의 능력을 마음껏 펼쳐야 합니다. 이 과정이 연습일 수는 없습니다. 실패는 국민의 손해로 이어질 뿐 아니라 자신에게도 씻기 힘든 상처가 될 수 있습니다. 충분히 준비된 상태에서 경찰공무원 생활을 시작하는 것이 필요한 이유입니다. 성공적인 조직생활을 위해서는 주위를 둘러볼 필요도 있습니다. 고학력 일선 경찰관들이 한때 조롱과 질시의 대상이었던 시절이 있었습니다. 전반적으로 경찰공무원의 학력이 높지 않았던 시절이었습니다. 하지만 오늘날 한국에서의 경찰환경은 대학졸업자에게 우호적인 방향으로 변화되고 있습니다. 실제 한국 경찰공무원들의 학력 수준은 과거에 비해 점차 높아지고 있으며, 일선경찰관들의 고등교육 경험 또한 특이한 사례가 아니라 보편적인 것으로 변화되고 있습니다*<Q19. 참조>*. 이러한 상황에 대한 합리적 성찰이 필요합니다.

In Conclusion

경찰관련 학과 생활을 비롯해 대학에서 경험하는 다양한 활동들은 학생들로 하여금 형사사법 분야에서의 전문교양 능력을 갖추도록 도움을 줍니다. 사회적 쟁점들에 대한 정통한 분석, 건설적이고 비판적인 사고능력, 문제해결을 위한 유연한 접근, 거시적이고 장기적인 안목 등을 겸비함으로써 경찰분야뿐만 아니라 학생이 희망하는 다양한 분야에서 성공적인 사회활동을 하는 데 도움을 줄 수 있습니다.

한국에서의 경찰환경은 대학경험이 우호적으로 작용할 수 있는 방향으로 전개되고 있습니다. 업무내용이 복잡해지고, 조직 관리는 빠르게 민주화되고 있으며, 승진을 비롯한 자아실현 기회는 넓어지고 있기 때문입니다. 일선경찰관의 고등교육 경험도 당연시되고 있습니다. 이러한 상황에서 경찰관련 학과는 학생들의 임용 후 경찰공무원 생활에도 관심을 기울여야 할 것입니다.

대학생활, 나아가 경찰관련 학과에서의 경험이 성공적인 경찰공무원 생활에 긍정적인 영향을 미칠 것이라는 주장이 자칫 학력을 기준으로 한 차별을 정당화하는 것으로 비춰져서는 곤란합니다. 학교에서의 경험이 아니더라도 실력과 자격은 충분히 갖출 수 있으며 이 경우 부당하게 차별을 받아서는 안 됩니다.

이와 함께 고등교육의 필요성을 느끼는 구성원이 해당 교육으로 용이하게 접근할 수 있도록 경찰조직 차원에서의 다양한 제도적 배려가 필요합니다. 경찰관 개인의 성장과 발전은 궁극적으로 경찰조직, 나아가 한국사회의 성장과 발전에 기여할 수 있기 때문입니다.

참고문헌

[1] Jacobs, J. B. & Magdovitz, S. B., 1977, "At LEEP's end? : A review of the Law Enforcement Education Program," Journal of Police Science and Administration 5(1), p. 1.

[2] Decker, L. K. & Huckabee, R. G., 2002, "Raising the age and education requirements for police officers," POLICING(PIJPSM) 25(4), p. 791 ; Flanagan, T. J., 2000, "Liberal education and the criminal justice major," Journal of Criminal Justice Education 11(1), p. 3 ; Wimshurst, K. & Ransley, J., 2007, "Police education and the university sector : contrasting models from the Australian experience," Journal of Criminal Justice Education 18(1) : 116-119.

[3] Carter, D. L., Sapp, A. D. & Stephens, D. W., 1988, "Higher education as a bona fide occupational qualification(BFOQ) for police : a blueprint," American Journal of Police 7(2), pp. 16-18 ; Gardiner, C., 2015, "College cops : a study of education and policing in California," POLICING (PIJPSM) 38(4), pp. 648-663 ; Johnston, C. W. & Cheurprakobkit, S., 2002, "Educating our police : perceptions of police administrators regarding the utility of a college education, police academy training and preferences in courses for officers," International Journal of Police Science and Management 4(3), pp. 183-197 ; Krimmel, J. T., 1996, "The performance of college-educated police : a study of self-rated police performance measures," American Journal of Police 15(1), pp. 85-96 ; Roberg, R. & Bonn, S., 2004, "Higher education and policing : where are we now?," Policing(PIJPSM) 27(4), pp. 473-476.

[4] Baro, A. L. & Burlingame, D., 1999, "Law enforcement and higher education : is there an impasse?," Journal of Criminal Education 10(1), pp. 57-73.

[5] Dantzker, M. L., 1992, "An issue for policing - educational level and job satisfaction : a research note," American Journal of Police 12(2), p. 113.

[6] Johnson, R. R., 2012, "Police officer job satisfaction : a multidimensional analysis," Police Quarterly 15(2) p. 168.

[7] Wimshurst, K. & Ransley, J., 2007, op. cit., p. 110.

[8] Hilal, S. & Erickson, T. E., 2009, "College education as a state-wide

licensing requirement," Critical Issues in Justice and Politics 2(2), p. 2 ; Paoline, E. A., Ⅲ, Terrill, W. & Rossler, M. T., 2015, "Higher education, college degree major, and police occupational attitudes," Journal of Criminal Justice Education 26(1), pp. 53-54.

9) Smith, S. M. & Aamodt, M. G., 1997, "The relationship between education, experience, and police performance," Journal of Police and Criminal Psychology 12(2), pp. 7-14.

10) LaGrange, T. C., 2003, "The role of police education in handling cases of mental disorder," Criminal Justice Review 28(1), pp. 88-112.

11) 경찰청, 2018, 제21대 경찰청창 취임사, 서울 : 경찰청.

12) 김상호, 2021, 경찰학, 서울 : 청목출판사, pp. 136-138.

13) Friedmann, Robert R., 2006, "University perspective : the policing profession in 2050," The Police Chief 73(8), pp. 24-25.

14) 김상호, 2016, "경찰공무원과 학력," 한국치안행정논집 13(3), pp. 55-57.

15) Flanagan, T. J., 2000, op. cit, pp. 7-9.

16) Carlan, P. E., 2007, "The criminal justice degree and policing : conceptual development or occupational primer?," Policing(PIJPSM) 30(4), p. 613.

17) 대학교육연구소, 2020, 대학 위기 극복을 위한 지방대학 육성 방안, 서울 : 대학교육연구소, p. 151.

18) 김상호, 2004, "경찰문화에 대한 이론적 고찰," 한국공안행정학회보 17, pp. 105-106.

19) Roberg, R. & Bonn, S., 2004, op. cit., p. 471.

20) Hilal, S. & Densley, J., 2013, "Higher education and local law enforcement," FBI Law Enforcement Bulletin 82(5).

21) 김상호, 2016, 앞의 논문, p. 60.

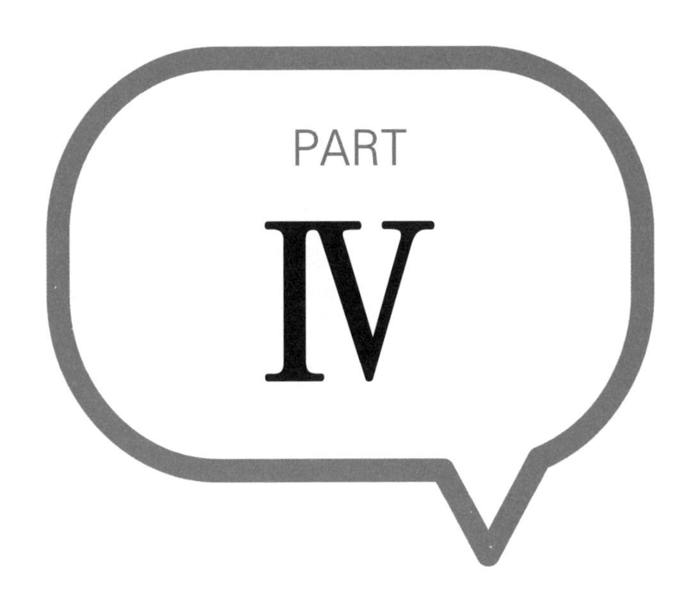

경찰생활

한국에서 경찰공무원이 되는 방식은 크게는 두 가지, 보다 구체적으로는 스무 가지 정도가 됩니다. 경찰이 수행하는 업무의 다양성에 비추어 이처럼 다양한 채용경로가 마련되어 있는 바, 이들이 무엇인지 궁금해 합니다. 수십대 일의 높은 채용시험 경쟁률은 경찰공무원이 되려는 이유를 생각하게 합니다. 경찰공무원이 되기 위해 나름 많은 준비를 했지만 시험 합격 후 일선현장에 바로 투입되어 경찰활동을 하라면 부담스럽습니다. 현실은 어떠한지, 알고 싶어 합니다. 책과 대중매체에서만 보아왔던 경찰생활이 실제 어떠한지 즉, 경찰이 하는 일과 인력 구성, 보수 등에 대한 궁금함도 매우 높습니다. 경찰업무가 위험한 것은 아닌지, 합리적 의심 또한 큽니다.

여기에서는 이러한 내용을 살펴보고자 합니다. 먼저, 오늘날 한국 경찰공무원이 어떻게 채용되는지 알아보겠습니다. 특히 순경 및 경위 공채에 초점을 맞추어 자세하게 살펴보겠습니다. 다음으로, 이들이 경찰공무원이 되려는 이유에 대해 알아보겠습니다. 이어서, 경찰공무원 시험에 합격한 후 일선현장에 배치되기 전, 어떤 신임교육이 이루어지는지 알아보겠습니다. 마지막으로, 경찰이 하는 일은 무엇인지, 자치경찰은 무엇인지, 경찰업무는 얼마나 위험한지, 경찰공무원 인력은 어떻게 구성되어 있는지, 그리고 경찰의 예산과 보수 수준은 어느 정도인지 자세하게 살펴보겠습니다.

경찰과 경찰활동을 둘러싼 많은 오해와 편견이 있습니다. 경찰생활에 대한 지식과 정보를 통해 이러한 오해와 편견이 줄어들 수 있기를 기대하며… 관련 질문에 답해보겠습니다.

Q13. 경찰공무원은 어떻게 되나요?

채만식의 소설 '맹순사'에서는 해방 이후 전직 살인강도로 복역했던 인물이 경찰이 되어 맹순사 앞에 나타나는 모습이 그려집니다. '인사는 만사'라는 말로 인사의 중요성은 널리 알려져 있습니다. 신분보장이 상대적으로 강한 공무원 조직에서 누가 신규로 임용되는지는 조직의 성패와 밀접하게 연관될 수 있습니다. 그렇다면 오늘날 한국 경찰공무원은 어떻게 채용되고 있을까요? 자세하게 알아보기로 하겠습니다.

In General

헌법 제25조에서는 "모든 국민은 법률이 정하는 바에 의하여 공무담임권을 가진다"라고 하여 국민에게 공무담임권을 보장하고 있습니다. 공무담임이란 국가나 지방자치단체 등의 구성원으로 그 직무를 담당하는 것을 말합니다. 그러므로 경찰공무원이 되어 경찰업무를 담당하는 것은 국민에게 보장된 공무담임권이 실현되는 것으로 이해할 수 있습니다. 하지만 모든 국민이 이 규정에 따라 직접 공무를 담당할 수 있는 것은 아니고 법률이 정하는 바에 따라 선거에 당선되거나, 임명에 필요한 자격을 갖추거나 선발시험 등에 합격해야 합니다.[1)]

경찰공무원은 「국가공무원법」에 따라 특정직공무원으로 분류되어 있으며 실적과 자격에 따라 임용될 것을 요청하고 있습니다. 즉, 경찰공무원이 되기 위해서는 경찰공무원으로서의 직무 수행에 필요한 실적과 자격을 겸비하고 있어야 한다는 겁니다. 한국 경찰은 이와 같은 실적과 자격을 확인하고 검증하기 위해 다양한 채용과정과 기준을 활용하고 있습니다.

물론 경찰에 의해 채택되는 모든 기준이 당연시되어서는 곤란합니다. 특히 경찰공무원은 그 직무의 특수성으로 인해 상대적으로 강화된 기준을 채택해 왔습니다. 오랫동안 한국에서 경찰공무원이 되기 위해서는 신장과 체중 기준을 통과해야 했습니다. 시기에 따라 그 기준은 조금씩 달랐지만 가장 근래에는 남자(167㎝), 여자(157㎝) 신장과 남자(57㎏), 여자(47㎏) 체중 기준이 있었습니다. 경찰업무를 효과적으로 수행하기 위해서는 피보호자보다 신체적이나 체력적으로 우위에 있어야 하고 이에 따라 신체조건에 대한 일정한 제한은 불가피한 것으로 인식되었던 것이죠. 하지만 신장과 체중에 대한 강조는 경찰업무에 대한 편견이 내재되어 있는 반면, 신장과 체중이 직무성과와 밀접하게 연관되어 있다는 확실한 과학적 근거는 빈약했습니다. 이런 이유로 경찰 내외에서의 다양한 문제제기에 따라 2008년, 공개경쟁채용 과정에서 원칙적으로 신장과 체중 제한 항목은 삭제됩니다.[2)] 특수부서(101경비단)에 근무할 경찰공무원에게 예외적으로 신장과 체중 조건이 적용될 뿐입니다.

오늘날 경찰공무원 채용과정에서 활용되고 있는 기준에 대해서도 경찰 업무의 정상적 수행을 위해 필요한 합리적 기준인지에 대한 지속적인 검토가 필요합니다. 사회의 일반적 상식이나 감정 등에 근거한 기준으로 국민에게 보장된 공무담임권이 제한되어서는 곤란하기 때문입니다. 그럼, 구체적으로 경찰공무원이 되는 과정에 대하여 좀 더 자세히 살펴보겠습니다.

In Specific

많은 학생들이 경찰공무원이 되어 범죄자를 검거하는 등 사회정의를 실현하는 꿈을 꿉니다. 한국에서 경찰공무원은 국가경찰공무원과 자치경찰공무원, 경찰청소속 경찰공무원과 해양경찰청소속 경찰공무원 등 다양하게 분류할 수 있습니다<*Q10. 참고*>. 여기에서는 국가경찰공무원, 그중에서도 경찰청이 중심이 되는 경찰공무원을 대상으로 임용과 관련된 전반적인 내용을 살펴보기로 하겠습니다.

경찰공무원은 공개경쟁채용을 중심으로(약 91% 수준) 신규채용이 이루어진다!!!

표 13-1 2025년 경찰공무원 채용시험 계획

<table>
<tr><th colspan="2">분야</th><th>계급</th><th>인원</th><th colspan="2">분야</th><th>계급</th><th>인원</th></tr>
<tr><td rowspan="3">공채</td><td>경위공채
& 경찰대</td><td>경위</td><td>50 & 100</td><td rowspan="9">경력경채</td><td>피해자심리</td><td>경장</td><td>20</td></tr>
<tr><td>순경공채</td><td rowspan="2">순경</td><td>남(3,353)
/여(732)</td><td>무도 · 사격</td><td>순경</td><td>36</td></tr>
<tr><td>101 경비단</td><td>180</td><td>현장감식</td><td>순경</td><td>25</td></tr>
<tr><td rowspan="6">경력경채</td><td>변호사</td><td>경감</td><td>30</td><td>재난사고</td><td>경장</td><td>10</td></tr>
<tr><td>공인회계사</td><td>경감</td><td>5</td><td>뇌파분석</td><td>경장</td><td>2</td></tr>
<tr><td>항공</td><td>경위/
경장</td><td>6 / 1</td><td>범죄분석</td><td>경장</td><td>5</td></tr>
<tr><td>사이버수사</td><td>경위/
경장</td><td>3 / 60</td><td>교통공학</td><td>순경</td><td>20</td></tr>
<tr><td>사이버안보수사</td><td>경장</td><td>11</td><td>세무회계</td><td>순경</td><td>20</td></tr>
<tr><td>경찰특공대</td><td>순경</td><td>전술男 38
/ 폭발물 5</td><td>경찰행정</td><td>순경</td><td>150</td></tr>
</table>

먼저, 경찰청에서 공고한 2025년 경찰공무원 채용계획(경찰대학생 및 경위공채 채용 추가)을 살펴보면 <표 13-1>과 같습니다.

경찰공무원 채용은 크게 공개경쟁채용(공채)과 경력경쟁채용(경력경채)으로 구분하여 실시됩니다. 공채는 공직임용상의 기회균등을 폭넓게 보장하는 방식으로 경위공채와 순경공채 등으로 구분하여 선발합니다. 경력경채는 특수한 기술보유자 및 전문지식을 갖춘 자 또는 특수지역 근무 등을 조건으로 경력 등 응시요건을 정하여 제한경쟁을 통해 선발하고 있습니다.[3] 2025년 기준, 전체 신규 채용예정 인원은 4,862명이며 이 중 공채 4,415명(90.8%), 경력경채 447명(9.2%)으로 각각 구성되어 있습니다.

경찰공무원이 될 수 있는 방식이 정말이지 다양함을 알 수 있는데요, 이곳에서는 우선 일반적인 내용에 대해 간단하게 살펴본 후, 순경공채와 경위공채를 중심으로 그 과정을 좀 더 자세하게 살펴보도록 하겠습니다.

경찰공무원 채용은 모집 → 선발 → 임명의 과정을 거친다!!!

경찰공무원 채용과정은 채용대상과 구체적인 상황에 따라 달라질 수 있지만 일반적으로 모집 → 선발 → 임명의 과정을 거칩니다. 공채 절차를 기준으로 이를 세분화하면 모집 → 선발(시험) → 채용후보자명부 작성 → 시보임용 → 임명과 초임보직 등으로 구분할 수 있습니다. 이들을 좀 더 자세하게 살펴보기로 하겠습니다.

그림 13-1 경찰공무원 채용과정

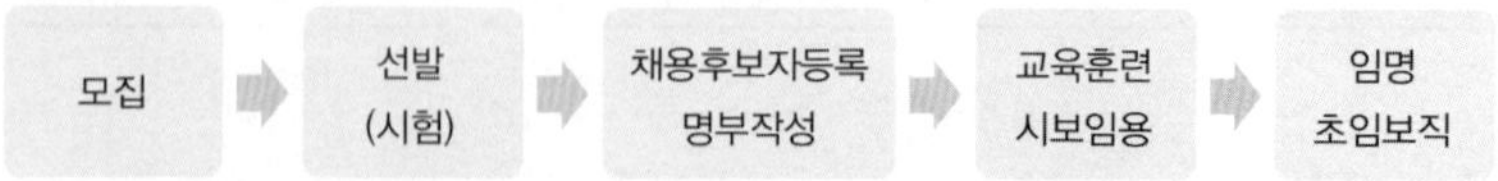

모집 → 선발(시험) → 채용후보자등록 명부작성 → 교육훈련 시보임용 → 임명 초임보직

경찰공무원 채용은 모집에서부터 시작합니다. 모집(recruitment)이란 경찰관으로서 적격성이 높은 후보자들이 많이 지원하도록 유인하는 과정입니다. 모집이 잘 되어야 경찰조직이 원하는 우수한 인력을 확보할 가능성이 높아지기 때문에 이 과정은 매우 중요합니다. 단순히 채용계획을 알리고 지원을 기다리는 소극적 모집에서 벗어나 더욱 유능한 후보자들이 지원할 수 있도록 적극적 모집활동이 요구됩니다.

모집활동의 성공 여부를 대개 지원율(경쟁률)을 통해 평가하려는 경향이 있습니다. 많은 사람이 모였으니(지원했으니) 당연히 성공적이었다고 생각할 수 있습니다. 하지만 높은 지원율이 항상 성공적인 모집을 보장하는 것은 아닙니다. 채용 과정에서의 비용 문제와 유능한 인재를 선발하고 싶어 하는 조직의 입장 또한 고려되어야 하기 때문입니다. 즉, 많은 지원자들 앞에 '유능한'이라는 조건이 필요하게 됩니다. 이를 위해 경찰조직은 이런저런 자격요건을 설정하고 그 조건을 충족한 사람에 한해 시험에 응시할 수 있도록 하고 있습니다. 물론, 이러한 조건들은 공직취임의 기회균등원칙에 위배되어서는 안되며 경찰업무의 정상적 수행을 위해 필요한 합리적 기준이어야 합니다.[4]

경찰공무원이 되기 위해서는 임용결격사유에 해당하지 않고 연령 등 필요한 조건을 갖추어야 한다!!!

경찰공무원이 되기 위해서는 기본적으로 임용결격사유에 해당하지 않아야 하고 연령, 신체조건, 면허 등 필요한 조건을 갖추어야 합니다. 물론, 구체적인 채용 분야에 따라 응시자격은 차별적일 수 있습니다.

먼저, 경찰공무원으로 채용되기 위해서는 '결격사유'에 해당되어서는 안 되며, 면접시험 최종일까지 해당 사유가 없어야 합니다. 「경찰공무원법」에서 규정하고 있는 결격사유로는 <표 13－2>와 같은 내용들이 있습니다.

표 13-2 경찰공무원 결격사유

결격사유	◎ 다음 각 호의 어느 하나에 해당하는 사람은 경찰공무원으로 임용될 수 없다. 1. 대한민국 국적을 가지지 아니한 사람 2. 「국적법」 제11조의2 제1항에 따른 복수국적자 3. 피성년후견인 또는 피한정후견인 4. 파산선고를 받고 복권되지 아니한 사람 5. 자격정지 이상의 형(刑)을 선고받은 사람 6. 자격정지 이상의 형의 선고유예를 선고받고 그 유예기간 중에 있는 사람 7. 공무원으로 재직기간 중 직무와 관련하여 「형법」 제355조(횡령, 배임) 및 제356조(업무상 횡령과 배임)에 규정된 죄를 범한 자로서 300만원 이상의 벌금형을 선고받고 그 형이 확정된 후 2년이 지나지 아니한 사람 8. 「성폭력범죄의 처벌 등에 관한 특례법」 제2조에 규정된 죄를 범한 사람으로서 100만원 이상의 벌금형을 선고받고 그 형이 확정된 후 3년이 지나지 아니한 사람 9. 미성년자에 대한 다음 각 목의 어느 하나에 해당하는 죄를 저질러 형 또는 치료감호가 확정된 사람(집행유예를 선고받은 후 그 집행유예기간이 경과한 사람을 포함한다) 가. 「성폭력범죄의 처벌 등에 관한 특례법」 제2조에 따른 성폭력범죄 나. 「아동·청소년의 성보호에 관한 법률」 제2조 제2호에 따른 아동·청소년 대상 성범죄 10. 징계에 의하여 파면 또는 해임처분을 받은 사람

학생들로부터 결격사유와 관련해서 궁금한 내용들을 질문받곤 합니다. 몇 가지를 소개하면 다음과 같습니다.

q1. 종종 TV, 신문 등에서 중국 또는 베트남 출신 경찰관들을 보았습니다. 이들이 어떻게 경찰공무원이 된 거죠?

a1. 대한민국 국적을 가지지 아니한 외국인은 결격사유에 따라 한국 경찰공무원이 될 수 없습니다. 하지만, 대한민국 국적은 출생뿐만 아니라 인지, 귀화 등 다양한 방법들을 통해 취득할 수 있습니다. 중국, 베트남 기타 외국 출신일지라도 귀화 등을 통해 대한민국 국적을 취득하여 대한민국 국민이 되었다면 경찰공무원 시험에 응시하여 경찰공무원이 될 수 있습니다. 물론, 자신의 출신 국적과 대한민국 국적 모두를 동시에 보유할 수 있으나 경찰공무원 채용시험에 응시하기 위해서는 외국 국적은 포기해야 합니다.

q2. 벌금형, 기소유예 등의 전과기록이 있으면 경찰공무원이 될 수 없나요?

a2. 형벌과 관련해서 임용결격사유로는 기본적으로 "자격정지" 이상을 규정하고 있습니다. 「형법」에서는 형의 종류에 대해 "사형 > 징역 > 금고 > 자격상실 > 자격정지 > 벌금 > 구류 > 과료 > 몰수"로 규정하고 있습니다. 그러므로 기소유예는 물론 벌금, 구류, 과료 등과 같은 형사처벌 기록이 있다고 해서 결격사유에 해당하는 것은 아닙니다. 하지만, 모든 벌금형이 그러한 것은 아닙니다. 특정 범죄(결격사유 제7호, 제8호, 제9호 참조)에 대한 벌금형은 경찰공무원 임용을 불가능하게 할 수도 있기 때문입니다. 그러니 예외적인 경우가 아니라면 벌금형 등의 전과기록이 있어도 시험에 응

시해서 그 결과에 따라 경찰공무원이 될 수 있습니다. 나아가 신용불량이나 세금체납 등의 기록도 결격사유와는 무관합니다. 물론, 본인이 아닌 가족들의 전과기록 또한 결격사유가 될 수 없습니다. 다만, 관련 기록들은 면접과정에서 면접위원들에게 참고자료로 제공되어 일정한 영향을 미칠 수 있습니다.

q3. 소년범으로 소년원 생활을 했는데도 경찰공무원이 될 수 있나요?

a3. 소년원 송치는 「소년법」에 따른 보호처분으로 형사처분과는 구분됩니다. 나아가 「소년법」에 따르면 “소년이었을 때 범한 죄에 의해 형의 선고 등을 받은 자가 그 집행을 종료하거나 면제받은 경우 등에는 자격에 관한 법령을 적용할 때 장래에 향하여 형의 선고를 받지 아니한 것으로 본다”고 규정하고 있습니다. 즉, 소년범으로 소년원을 다녀온 경우라 할지라도 경찰공무원 채용시험에 응시해서 그 결과에 따라 경찰공무원이 될 수 있습니다.

둘째, 경찰공무원 채용시험에 응시하기 위해서는 최종시험 예정일이 속한 연도에 계급별로 규정된 응시연령에 해당하여야 합니다. 군복무 경력이 있는 경우 응시 상한연령이 그 기간에 따라 1세부터 3세까지 연장될 수 있습니다.

셋째, 경찰공무원 채용시험에 응시하려는 남자는 병역을 필하였거나 면제된 경우여야 했습니다. 이는 경찰공무원의 경우 병역복무 등을 위한 임용유예제도가 적용되지 않았기 때문입니다. 하지만 다른 공무원과의 형평성을 고려하여 경찰공무원에게도 임용유예제도가 적용될 수 있도록 규정이 마련되었습니다. 나아가 임용유예제도의 도입과 상관없이 「경찰공무원법」 개정을 통해 신규채용시험 합격자가 경찰공무원으로 임용되기 전에 병역의무를 이행할 수 있도록 하였습니다. 이에 따라 병역을 필하지 못한 경우라면 채용시험 합격 후 병역복무를 이행한 후 경찰공무원으로 임용 가능합니다.

넷째, 경찰공무원 채용시험에 응시하기 위해서는 「경찰공무원임용령 시행규칙」에서 정하는 신체조건(<표 13-3> 참조)에 부합해야 하며 해당 조건에 부합하지 않으면 불합격처리 됩니다.

표 13-3 경찰공무원 채용시험 신체검사 기준

구분	내용 및 기준
체격	국·공립병원 또는 종합병원에서 실시한 경찰공무원채용신체검사 및 약물검사 결과 건강상태가 양호하고 직무에 적합한 신체를 가져야 함
시력	좌우 각각 0.8 이상(교정시력 포함)이어야 함
색각	색맹 또는 적색약(약도는 제외)이 아니어야 함
청력	좌우 각각 40데시벨(dB) 이하의 소리를 들을 수 있어야 함
혈압	고혈압(수축기 혈압이 145mmHG를 초과하거나 확장기 혈압이 90mmHg를 초과하는 경우) 또는 저혈압(수축기 혈압이 90mmHG 미만이거나 확장기 혈압이 60mmHg 미만인 경우)이 아니어야 함
사시	복시(複視: 겹보임)가 없어야 함. 다만, 안과 전문의가 직무수행에 지장이 없다고 진단한 경우에는 가능
문신	내용 및 노출 여부에 따라 경찰공무원의 명예를 훼손할 수 있다고 판단되는 문신이 없어야 함

다섯째, 경찰공무원 채용시험에 응시하려는 사람은 「도로교통법」 규정에 따른 제1종 운전면허 중 보통면허 이상을 소지해야 합니다. 자동변속기 면허 소지자도 응시가 가능하도록 변경되었습니다.

마지막으로, 학력 문제입니다. 이미 여러 차례 지적한 바와 같이 현재 경찰공무원 채용시험에 응시하기 위해 필요한 학력기준은 없습니다. 하지만 학력기준은 그동안 일정한 방향성 없이 그때그때 상황

논리에 따라 설정과 폐지를 반복해 왔습니다.[5] 비록 경찰공무원 채용시험 응시요건은 아니나 일반대학 경찰관련 학과 경험은 경찰공무원 임용과 이후 경찰공무원 생활에 의미 있는 영향을 미칠 수 있을 것으로 기대합니다 <*Q11. Q12. 참고*>.

지금까지 살펴본 응시자격을 갖춘 경우, 경찰공무원 채용시험에 응시할 수 있습니다. 경찰공무원 채용시험은 임용예정계급, 응시자격, 선발예정인원, 시험의 방법 · 시기 · 장소, 시험과목 및 배점에 관한 사항을 시험실시 20일 전까지 공고하도록 하고 있습니다. 다만, 시험일정 등 미리 공고할 필요가 있는 사항은 시험 실시 90일 전까지 공고해야 하며 이로 인해 연말 또는 연초에 시험일정 등 주요 계획이 공지되고 있습니다.

자격요건을 갖춘 후보자는 응시원서를 접수하고 필요한 서류를 안내에 따라 제출하게 됩니다. 최근에는 인터넷 원서접수사이트를 통해 응시원서를 제출하며 – 이 경우 시험종류별 응시수수료를 납부해야 합니다 – 해당 사이트에서 응시번호가 포함된 응시표를 출력, 시험당일 소지하고 시험에 참여하게 됩니다.

경찰공무원 채용시험은 필기시험, 신체 · 체력 · 적성검사, 면접시험 등으로 구성된다!!!

자격요건을 갖춘 유능한 지원자가 많이 모였다면 다음 단계로 해야 할 일은 이들 중 누가 더 적격성이 높은지를 확인하는 겁니다. 지원자 중 적격성이 높은 사람을 뽑는 과정이 선발(selection)이며 여기에 각종 시험이 활용됩니다. 경찰공무원 채용시험은 원칙적으로 계급별로 실시되며, 신체검사 · 체력검사 · 필기시험 · 종합적성검사 · 면접시험 · 실기시험 · 서류전형 등의 방법을 통해 이루어집니다.

경찰공무원 채용시험은 일반적으로 1차 필기시험, 2차 신체 · 체력 · 적성검사, 3차 면접시험으로 구성되어 있습니다.

그림 13-2 경찰공무원 채용시험과정

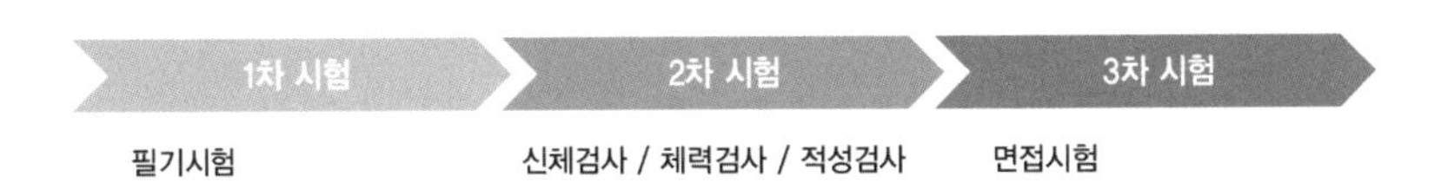

첫째, 필기시험은 일반교양과 직무수행에 필요한 지식 등을 검정하는 것으로 선택형(객관식)과 논문형(주관식) 형식으로 구성되어 있습니다. 시험별 시험과목이 규정되어 있으므로 필요한 학습을 하면 됩니다.

둘째, 신체검사는 경찰공무원 직무수행에 필요한 신체조건 및 건강상태를 검정하는 것으로 앞서 살펴본 신체조건 등(<표 13-3> 참조)에 대하여 국 · 공립, 종합병원에서 시행한 공무원채용신체검사 및 자체 신체검사에서 모두 합격 판정을 받아야 합니다. 다만, 특수부서에 근무할 사람 또는 업무내용의 특수성 등을 고려하여 특히 필요하다고 인정되는 사람에 대한 신체검사 기준은 따로 정할 수 있으며 이 경우 대개 더욱 엄격한 기준이 적용됩니다. 가령, 대통령실 경호를 담당하는 101경비단(남자)은 신체조건으로 신장 170㎝ 이상, 체중 60㎏ 이상 등을 두고 있습니다.

셋째, 체력검사는 경찰공무원 직무수행에 필요한 민첩성 · 지구력 등 체력을 검정하는 것으로 시험에 따라 평가기준과 방법 등이 규정되어 있습니다. 체력검사 결과 일정한 기준에 미흡하게 되면 불합격 처리될 수 있습니다. 현장에서 경찰공무원의 대응 능력에 대한 중요성이 높아짐에 따라 체력검사 또한 더욱 강조되어 2023년 7월 1일부터는 그 평가기준이 상향 조정되었습니다. 또한 경찰공무원 채용 시 성별의 구분 없이 일원화된 기준에 따른 체력 측정을 위해 직무적합성이 높은 순환식 체력검사 방식을 도입·운영할 계획도 세워두고 있습니다. 경찰공무원의 직무수행 중에 발생하는 상황을 반영하여 4.2 kg의 조끼를 착용하고, '장애물코스 달리기', '장대 허들넘기' 등의 종목을 연이어 수행한 후 그 완주시간을 측정하는 것으로 2023년 경찰간부후보생 공채시험과 경찰행정 관련 학과 경력경채시험부터 우선 적용해서, 2026년에는 모든 시험으로 확대할 계획입니다.

넷째, 적성검사는 직무수행에 필요한 적성과 자질을 종합 검정하는 것으로 인성검사와 정밀신원조회로 구분하여 실시합니다. 인성검사는 성격·인재상·경찰윤리 등을 검사하는 것으로 적성검사 결과는 합격·불합격 판정 없이 면접과정에서 면접위원들에게 참고자료로만 제공합니다.

다섯째, 면접시험은 경찰공무원 직무수행에 필요한 능력, 발전성 및 적격성을 검정하는 것으로 복수의 면접위원이 사전에 정해진 평가요소를 바탕으로 평가하게 됩니다.

시험의 최종합격자는 일반적으로 필기시험 50%, 체력검사 25%, 면접시험 25% 비율로 합산한 성적을 기준으로 결정합니다. 동점자가 있는 경우에는 ＜그림 13−3＞에 제시된 기준에 따라 선순위자를 합

그림 13-3 경찰공무원 동점자 합격결정

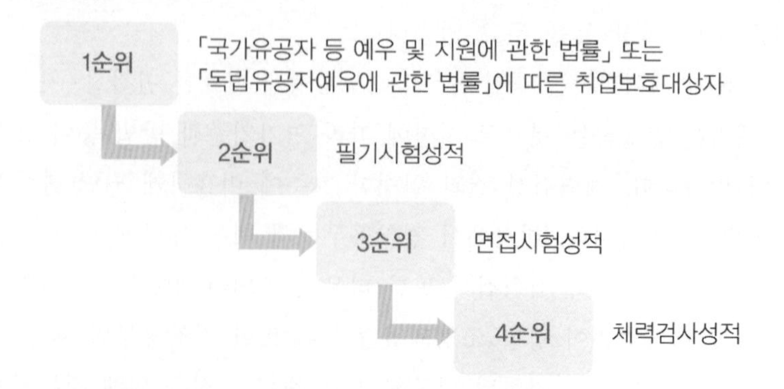

격자로 합니다. 또한 채용시험과정에서 부정행위를 한 응시자에 대해서는 해당 시험을 정지 또는 무효로 하거나 합격을 취소하고 그 처분이 있은 날로부터 5년간 시험응시 자격을 정지하도록 하고 있습니다.

이러한 기준에도 불구하고 여성과 남성의 평등한 임용 기회를 보장하기 위해 시험실시 단계별로 여성 또는 남성이 선발예정인원의 일정 비율 이상이 될 수 있도록 선발예정인원을 초과하여 여성 또는 남성을 합격시킬 수 있는 '양성평등채용 목표제'가 2023년부터 새로 도입되었습니다. 다만, 필요한 사항에 대해 경찰청장이 정하도록 한 바, 우선은 경위 공채시험과 경찰행정 관련 학과 경력경채시험에 적용되며 채용목표인원은 시험실시 단계별 합격 예정인원에 15%를 곱한 인원수로 규정되었습니다.

채용시험을 통해 합격자가 결정되면 이들의 등록을 받아 채용후보자 명부가 작성됩니다. 이때 채용후보자 등록을 하지 아니한 사람은 경찰공무원으로 임용될 의사가 없는 것으로 봅니다. 채용후보자는 채용후보자 등록원서에 정해진 서류를 첨부하여 지정된 기한까지 등록하여야 하며, 이들의 서류를 심사하여 임용 적격자만을 채용후보자 명부에 성적 순위에 따라 등재합니다. 경찰공무원의 신규채용은 채용후보자 명부의 등재 순위에 따르며(다만, 채용후보자가 경찰교육훈련기관에서 신임교육을 받은 경우에는 그 교육성적 순위에 따름) 채용후보자 명부의 유효기간은 2년이되 경찰청장이 필요에 따라 1년의 범위에서 그 기간을 연장할 수 있도록 하고 있습니다.

> 정규 경찰공무원 임용은 채용시험 합격 후 원칙적으로 1년의 시보기간을 거친 후 이루어진다!!!

채용시험에 합격한 후 채용후보자 명부에 등재되고 그 순위에 따라 경찰공무원 신규채용이 이루어집니다. 그러나 이때 정규 경찰공무원으로 바로 임용하는 것이 아니라 시보로 임용하여 시보기간을 거치도록 합니다. 시보(probation) 제도는 채용후보자에게 채용 예정 직의 업무를 상당한 기간 실제 수행할 기회를 주고 이를 관찰해서 그 적격성을 파악하려는 것으로 시험을 보완하는 성격을 지니고 있습니다. 경정 이하 경찰공무원의 경우 원칙적으로 1년의 기간을 시보로 임용하도록 하고 그 기간이 만료된 다음 날에 정규 경찰공무원으로 임용합니다.

시보기간은 채용후보자와 경찰조직 모두에게 유용한 기간이 될 수 있습니다. 직접 경찰업무를 수행함으로써 채용후보자 입장에서는 자기 적성과의 일치 여부에 대하여 판단할 수 있고, 경찰 입장에서는 시험을 통해 확인하지 못한 후보자의 장·단점을 확인할 수 있기 때문입니다. 실제 한국에서는 시보임용기간 중 스스로 그만두거나(의원면직) 징계 등을 통해 경찰을 떠나는 사례가 많지는 않아 보입니다(<표 13-4> 참조).[6] 참고로, 2016년부터 2019년까지 순경 공채시험을 통해 채용된 경찰공무원은 총 16,058명 이었습니다. 동일한 시기, 시보임용 기간 중 면직되는 사례는 총 57건이었습니다. 시보임용 대상자 중 경찰을 떠나는 비율이 약 0.35% 수준이었다는 말이지요. 실제 시보 임용 대상자는 순경 공채뿐만 아니라 경력경채 등을 비롯한 다양한 입직 경로 임용자가 대상이 됩니다. 그러므로 이 비율은 조금 더 떨어질 수 있습니다.

한국 경찰은 시보임용경찰공무원 또는 시보임용예정자에게 일정 기간 교육훈련을 시킬 수 있습니다. 순경 공채시험에 최종 합격한 경우 일정 기간의 교육훈련을 받고 이후 시보임용을 합니다. 이때 교육훈련 과정에서 교육훈련 성적이 불량한 경우 시보임용을 하지 않을 수 있습니다. 중앙경찰학교(순경 교육훈련기관)에서는 교육 기간 중 부적격자를 선별, 경찰관으로 임용되는 일이 없도록 졸업사정제도를 시행하고 있습니다. 하지만, 이를 통해 실제 퇴교된 사례는 2014년

단 2건에 불과했다고 합니다.7)

표 13-4 경찰공무원 시보임용 기간 중 면직 현황(2010~2019)

구분	계	의원면직	직권면직
계	124	122	2
2010	6	6	0
2011	4	4	0
2012	2	2	0
2013	6	6	0
2014	22	22	0
2015	27	27	0
2016	35	35	0
2017	4	4	0
2018	12	10	2
2019	6	6	0

자료 : 경찰청(2020b, 내부자료)

시보기간을 성공적으로 마친 채용후보자는 그 기간이 만료된 다음 날에 정규 경찰공무원으로 임명되고 보직을 부여받게 됩니다. 경위 이상으로 신규채용된 경찰공무원은 관리능력을 배양할 수 있도록 전공 및 적성을 고려하여 합리적으로 보직하여야 하며, 경사 이하로 신규채용된 경찰공무원은 지구대, 파출소, 기동순찰대, 경찰기동대나 그 밖에 경비업무를 수행하는 부서에 보직하고 있습니다.

지금까지 경찰공무원 채용과 관련된 일반적인 내용을 살펴보았습니다. 물론 구체적인 채용 분야에 따라 시험 방식과 절차 등도 조금씩 차이가 있습니다. 그러므로, 순경공채와 경위공채를 중심으로 그 채용 과정이 어떻게 구성되어 있는지 좀 더 자세하게 살펴보도록 하겠습니다.

순경이 되기 위해서는 임용결격사유에 해당하지 않고 연령 등 필요한 응시 자격을 갖추어야 한다!!!

순경공채시험에 응시하기 위해서는 스스로가 응시 자격이 있는지 확인해야 합니다. 결격사유에 해당되어서는 아니 되며 기타 여러 조건이 충족되어야 합니다. 공개경쟁채용시험은 기본적으로 공직임용상의 기회균등과 실적주의를 바탕으로 관심 있는 모든 사람이 참여할 수 있도록 기회가 주어질 것을 요구합니다. 하지만 채용 과정에서의 비용 문제와 유능한 인재 확보를 위해 현실에서는 필요한 최소한의 응시 자격을 설정하고 이를 갖춘 사람만이 지원하도록 하고 있습니다.

첫째, 순경을 비롯해 경찰공무원으로 채용되기 위해서는 '결격사유'에 해당되어서는 안 되며, 면접시험 최종일까지 해당 사유가 없어야 합니다(<표 13-2> 참조).

둘째, 순경공채에 응시하기 위해서는 최종시험 예정일이 속한 연도에 연령이 18세 이상에서 40세 이하여야 합니다. 군복무 경력이 있는 경우 응시 상한연령이 그 기간에 따라 1세부터 3세까지 연장될 수 있습니다. 즉, 군복무 기간이 1년 미만인 경우에는 1세, 1년 이상에서 2년 미만은 2세, 그리고 2년 이상은 3세로 연장됩니다. 가령, 2년 동안의 군복무를 마친 포돌이가 순경공채시험에 응시할 수 있는 상한연령은 43세가 되는 겁니다.

셋째, 남성의 경우 병역을 필하였거나 면제된 경우여야 한다는 조건이 있었으나 병역 복무를 위한 임용유예제도 등의 도입으로 병역관련 별도의 제한은 없습니다.

넷째, 순경공채에 응시하기 위해서는 「경찰공무원임용령 시행규칙」에서 정하는 신체조건에 부합해야 하며 해당 조건에 부합하지 않으면 불합격처리 됩니다(<표 13-3> 참조).

다섯째, 순경공채시험에 응시하려는 사람은 「도로교통법」규정에 따른 제1종 운전면허 중 보통면허 이상을 소지해야 합니다.

순경은 성별에 따라 구분 모집하고 있으며 지역과 채용인원 등에 따라 폭넓은 경쟁률을 보인다!!!

응시자격을 모두 갖춘 경우, 응시원서를 접수하고 필요한 서류를 안내에 따라 제출하게 됩니다. 순경공채시험은 성별에 따라 구분 모집하고 있으며 매년 충원인력의 25% 수준을 여성경찰로 선발할 계획을 밝히고 있습니다 *<성별구분모집제도 및 여성경찰에 대해서는 Q19. 참고>*.[8] 지방청 단위로 채용 인원이 구분되어 있으며, 현재 주거지와 상관없이 근무하고자 하는 시 · 도 경찰청에 원서를 접수하면 됩니다. 채용 인원은 치안수요 등에 따라 지역별 차이가 크니, 지원 시 적절한 고려가 필요할 수 있습니다(<표 13-5> 참조). 다만, 지원해서 임용된 시 · 도 경찰청에서 일정 기간 근무할 것이 요구되니, 이 점 또한 충분히 고려해야 합니다.

표 13-5 시 · 도경찰청별 채용인원(2024년 제2차)

구 분	계	서울	부산	대구	인천	광주	대전	울산	세종	경기 남부	경기 북부	강원	충북	충남	전북	전남	경북	경남	제주
총 계	2,007	471	156	107	120	47	62	15	3	275	50	68	78	77	97	88	101	144	48
남	1,711	403	133	91	102	40	53	13	2	234	43	58	66	66	83	74	86	123	41
여	296	68	23	16	18	7	9	2	1	41	7	10	12	11	14	14	15	21	7

응시원서는 인터넷으로 접수하며 5,000원의 응시수수료를 납부해야 합니다. 인터넷 원서접수사이트(http://gosi.police.go.kr)에서 응시번호가 포함된 응시표를 출력, 시험당일 소지하고 시험에 참여하게 됩니다. 최근 6년(2019－2024) 동안 순경공채시험 경쟁률은 <표 13－6>

과 같습니다.[9]

9.9 : 1에서 34.3 : 1까지 폭넓은 경쟁률을 보이고 있으며 채용인원이 상대적으로 적은 여성공채시험의 경쟁률이 전반적으로 높습니다. 경쟁률의 폭은 채용인원에 민감하게 반응합니다. 즉, 평균적으로 남성은 2−3만, 여성은 1−1.5만 명 수준의 응시인원이 존재하며 시험별 채용인원에 따라 경쟁률이 결정되는 구조입니다.

표 13-6 순경공채시험 경쟁률(2019-2024)

구분			채용	응시	경쟁률	구분			채용	응시	경쟁률
2019	남	1차	1,041	33,498	32.1:1	2022	남	1차	1,336	21,473	16.0:1
		2차	1,012	33,490	33.1:1			2차	1,336	23,938	17.9:1
	여	1차	396	13,569	34.3:1		여	1차	386	11,666	30.2:1
		2차	387	12,216	31.6:1			2차	386	13,031	33.8:1
2020	남	1차	1,790	32,197	18.0:1	2023	남	1차	1,333	20,739	15.6:1
		2차	1,906	33,591	17.6:1			2차	1,333	19,934	15.0:1
	여	1차	690	14,362	20.8:1		여	1차	365	10,928	29.9:1
		2차	741	14,126	19.1:1			2차	365	10,552	28.9:1
2021	남	1차	1,961	29,491	15.0:1	2024	남	1차	1,859	18,414	9.9:1
		2차	1,546	29,349	19.0:1			2차	1,711	17,676	10.3:1
	여	1차	739	14,199	19.2:1		여	1차	410	10,103	24.6:1
		2차	582	14,066	24.2:1			2차	296	8,958	30.3:1

자료 : 경찰청(2024 : 내부자료)

순경공채시험은 필기시험, 신체 · 체력 · 적성검사, 면접시험으로 구성된다!!!

순경공채시험은 일반적으로 1차 필기시험, 2차 신체 · 체력 · 적성검사, 3차 면접시험으로 구성되어 있습니다. 2025년부터 면접시험 등 변경사항이 있으니 이 또한 유의해야 합니다.

그림 13-4 순경공채시험 과정

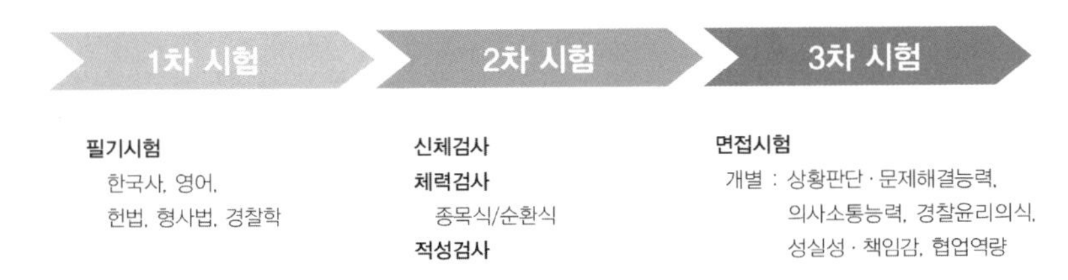

첫째, 필기시험은 한국사 · 영어 · 헌법 · 형사법 · 경찰학, 총 5과목을 필수과목으로 지정하고 있습니다. 한국사와 영어는 능력검정시험으로 대체하고, 제시된 기준등급 또는 기준점수 이상을 취득해야 합니다.

표 13-7 순경공채 검정시험 종류 및 기준

	종류	기준
한국사*	한국사능력검정시험	3급 이상
영어**	토플(TOEFL)	PBT470점/IBT52점 이상
	토익(TOEIC)	550점 이상
	텝스(TEPS)	241점 이상
	지텔프(G-TELP)	Level2의 43점 이상
	플렉스(FLEX)	457점 이상
	토셀(TOSEL)	Advanced 510점 이상

* 인정범위: 2023년 제2차 순경 공채부터 성적 인정 기간 폐지
** 인정범위: 시험예정일 거꾸로 계산하여 5년이 되는 해의 1월 1일 이후

헌법은 20문항 50점, 형사법 · 경찰학은 각각 40문항 100점으로 배점이 구성되어 있으며, 선발예정인원을 고려하여 전 과목(한국사 · 영어 제외) 총점이 높은 사람부터 차례로 합격자를 결정합니다. 과목별로 40% 이상 득점되지 않으면 과락이 되고 이후 시험과정에 참여할 수 없습니다. 필기시험 성적은 최종 합격자 결정에 있어 50% 비율로 반영됩니다.

경찰공무원 채용과정에서 시험과목을 어떻게 구성할 것인지는 복잡하고도 난해한 문제일 수 있습니다. 헌법상 모든 국민에게 보장된 공무담임권을 침해하지 않으면서 경찰직무의 특수성과 전문성을 반영할 수 있는 과목을 선택해야 하기 때문입니다. 2014년부터 2021년까지는 시험과목이 지금과 달랐습니다. 당시 고등학교 졸업자의 공직임용 확대를 위해 국어, 수학, 사회, 과학 등을 선택과목으로 포함했던 겁니다. 하지만 이에 대해 경찰직무 수행에 필요한 전문성 확보에 어려움이 있다는 지적과 함께 경찰의 전문직업화에 역행하는 것이라는 학계로부터의 비판이 있었습니다.[10] 2018년 경찰공무원들을 대상으로 "채용시험 과목 중 임용 후 업무수행에 가장 의미 없었던 과목"을 선택하게 한 설문조사에서도 수학(24.7%), 과학(21.1%), 사회(18.7%), 국어(13.3%)가 각각 1위에서 4위를 차지했습니다.[11] 이와 같은 경찰 내외로부터의 비판과 성찰이 다시 필기시험 교과목 변경으로 이어진 것으로 이해할 수 있습니다.

둘째, 신체검사는 경찰공무원 직무수행에 필요한 신체조건 및 건강상태를 검정하는 것으로 <표 13-3>에서 살펴본 신체조건 등에 대하여 국·공립병원, 종합병원에서 시행한 공무원채용신체검사 및 자체 신체검사에서 합격 판정을 받아야 합니다.

셋째, 체력검사는 경찰공무원 직무수행에 필요한 민첩성·지구력 등 체력을 검정하는 것으로 종목식 검사를 통해 이루어집니다. 종목식 체력검사는 윗몸일으키기, 팔굽혀펴기, 좌·우악력, 100m 및 1,000m 달리기 5종목으로 구성되어 있습니다. 이 경우, <표 13-8>에 제시된 기준에 따라 점수가 부여되며 어느 하나의 종목에서 1점을 취득하거나, 총점이 40%(20점) 미만인 경우에는 불합격 처리됩니다. 과거에 비해 전반적으로 기준이 강화되는 모습을 확인할 수 있습니다. 체력검사 결과는 최종 합격자 결정에 있어 25% 비율로 반영됩니다.

표 13-8 순경공채 체력검사 평가기준

구분		10점	9점	8점	7점	6점	5점	4점	3점	2점	1점
남자	100m 달리기(초)	13.0 이내	13.1~13.5	13.6~14.0	14.1~14.5	14.6~15.0	15.1~15.5	15.6~16.0	16.1~16.5	16.6~16.9	17.0 이후
	1,000m 달리기(초)	230 이내	231~236	237~242	243~248	249~254	255~260	261~266	267~272	273~279	280 이후
	윗몸일으키기(회/1분)	58 이상	57~55	54~52	51~49	48~46	45~43	42~40	39~36	35~32	31 이하
	좌우 악력(kg)	64 이상	63~61	60~58	57~55	54~52	51~49	48~46	45~43	42~40	39 이하
	팔굽혀펴기(회/1분)	61 이상	60~56	56~51	50~46	45~40	39~34	33~28	27~22	22~16	15 이하
여자	100m 달리기(초)	15.5 이내	15.6~16.3	16.4~17.1	17.2~17.9	18.0~18.7	18.8~19.4	19.5~20.1	20.2~20.8	20.9~21.5	21.6 이후
	1,000m 달리기(초)	290 이내	291~297	298~304	305~311	312~318	319~325	326~332	333~339	340~347	348 이후
	윗몸일으키기(회/1분)	55 이상	54~51	50~47	46~43	42~39	38~35	34~31	30~27	26~23	22 이하
	좌우악력(kg)	44 이상	43~42	41~40	39~38	37~36	35~34	33~31	30~28	27~25	24 이하
	팔굽혀펴기(회/1분)	31 이상	30~28	27~25	24~22	21~19	18~16	15~13	12~10	9~7	6 이하

2026년부터는 순환식 체력검사 방식을 전면 도입할 계획입니다. 순환식 체력검사는 경찰공무원 직무수행에서 발생하는 상황을 반영하여 4.2킬로그램(kg)의 조끼를 착용하고 '장애물코스 달리기', '장대허들 넘기', '당기기 · 밀기', '구조하기', '방아쇠당기기'의 종목을 연이어 수행한 후 그 완주시간을 측정하는 검사로 4분 40초 이하인 경우 우수 등급으로 평가하고 합격으로 결정하게 됩니다. 경찰공무원에 관심 있는 학생은 이에 대한 준비도 필요합니다.

넷째, 적성검사는 직무수행에 필요한 적성과 자질을 종합 검정하는 것으로 인성검사와 정밀신원조회로 구분하여 실시합니다. 인성·적성검사는 성격·인재상·경찰윤리 등에 관한 280문항을 60분 동안 검사하는 것으로 검사 결과는 합격·불합격 판정 없이 면접과정에서 면접위원들에게 참고자료로만 제공합니다.

다섯째, 면접시험은 경찰공무원 직무수행에 필요한 능력, 발전성 및 적격성을 검정하는 것으로 2025년부터 면접요소와 방식 등이 변경됩니다. 이에 따르면, ① 상황판단·문제해결 능력 ② 의사소통 능력 ③ 경찰윤리의식(공정, 사명감, 청렴성) ④ 성실성·책임감 ⑤ 협업 역량의 5개 평가요소를 중심으로 복수의 면접위원이 응시자 개별면접을 통해 평가합니다. 면접시험은 최종 합격자 결정에 있어 25% 비율로 반영됩니다. 과거 면접 시험에 반영되던 가산점(5점)은 폐지되었습니다. 이로 인해 면접시험은 실질 비중이 25%로 상향된 것입니다.

2024년까지 무도, 운전, 기타 다양한 자격에 대해 면접시험 평가요소로 지정하여 가산점(5점)을 부여했습니다. 이러한 가산요소에 대해 2025년부터는 무도 분야 단증 소지자에 한해 체력검사 성적에 가산점(2점, 실질 1%)을 부여하는 방식으로 변경되었습니다.

순경공채에서는 국가유공자 등에 대한 취업지원과 이에 따른 시험 가점비율 가산도 적용됩니다. 다만, 취업지원대상자 가점을 받아 합격하는 사람은 원칙적으로 선발예정인원의 30%를 초과할 수 없도록 하고 있습니다.

이와 같은 시험과정을 거쳐 최종합격하게 되면 중앙경찰학교에서 일정 기간 신규채용자 교육을 받게 됩니다. 교육기간 중에는 피복 및 숙식이 제공되며 매월 정해진 수당이 지급되기도 합니다. 신임교육 후 결원 범위 내에서 교육성적 순위에 따라 임용이 이루어지며(이때 시보로 임용되며 1년의 기간이 지난 후 정규 경찰공무원이 됩니다), 지원해서 임용된 시·도 경찰청에서 일정 기간 근무할 것이 요구됩니다.

최근 순경공채시험 합격자들은 25세 내외의 연령비중이 가장 높다!!!

순경공채시험(2016~2019)에 최종합격한 합격자들의 연령별 자료를 확인하면 <그림 13-5>와 같습니다.[12] 이 기간 동안 남자는 총 13,161명, 여자는 총 2,896명이 순경 공채시험을 통과했습니다. 남자는 24~25세가 26.86%로 가장 높은 비중을 차지하며 26~27세(22.13%), 22~23세(19.19%), 28~29세(14.77%), 30~31세(8.05%) 등의 순으로 나타났습니다. 여자 또한 24~25세가 27.62%로 가장 높은 비중을 보이나 이후 순서는 22~23세(21.75%), 26~27세(20.23%), 28~29세(12.26%), 21세 이하(8.87%) 등으로 나타나 상대적으로 남자에 비해 낮습니다.

그림 13-5 순경공채시험 합격자 연령(2016-2019)

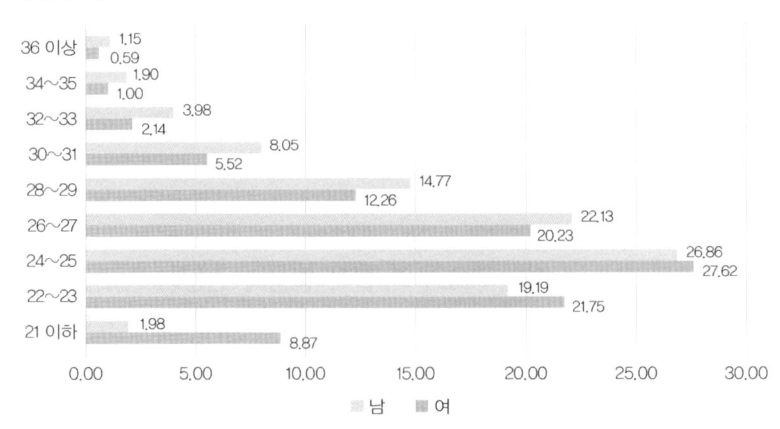

자료 : 경찰청(2020 : 내부자료)

경위공개채용시험을 통해 간부 계급인 '경위'로 임용될 수 있다!!!

경찰조직에서는 순경 · 경장 · 경사 계급을 '비간부'로, 경위 이상 계급을 '간부'로 명칭을 구분하여 사용해 왔습니다. 이러한 간부 · 비간부의 이분법적 용어 사용이 경찰조직 내 권위주의와 직원들에 대한 비인격적 처우를 초래한다는 문제가 꾸준히 제기되었고[13] 이에 따라 2017년 경찰은 해당 용어를 더 이상 사용하지 않기로 결정하게 됩니다.[14] 하지만 법령 등에서는 "경찰간부후보생"이라는 개념을 통해 '간부'라는 용어가 남아있었죠. 이것이 2024년 개정을 통해 경위공개채용시험으로 변경된 것입니다. 그러므로 "경위공채"로 용어를 통일하겠습니다.

경찰조직에서 경위는 초급간부로 평가받았고 파출소장, 경찰서 계장 등의 업무를 수행했습니다. 1979년 정예경찰간부 양성을 목적으로 설립된 4년제 경찰대학 졸업생들에게 부여된 계급 역시 '경위'입니다. "경위공채"는 초급간부인 경위로의 임용을 위한 경찰공무원 채용제도로 일정한 자격을 갖추고 공개경쟁시험을 통과한 사람을 말합니다. 이들은 비교적 장기간의(52주) 교육훈련을 받게 되며 이후 경위로 임용됩니다.

경위공채 제도는 경찰 지도부의 질적 향상과 전문성 제고를 위해 시작되었다!!!

경위공채 제도는 경찰 지도층의 질적 향상과 참신한 신진간부 기용을 통한 식민경찰 잔재 불식을 실현하고자 1947년 9월 30일 93명의 1기생을 모집하여 교육함으로써 시작되었습니다.[15] 경위공채 시험합격자의 경우 그 모집 방법, 특히 학력요건과 관련하여 여러 차례에 걸쳐 변천을 거듭해 왔습니다. 신설 당시 고등학교 졸업 이상의 학력을 요구하였다가, 1958년도 모집에서는 대학 학부 졸업 이상으로 높였습니다. 이후 1968년부터 전문대졸 이상으로, 그리고 1976년부터는 학력 요건이 철폐됩니다.[16] 하지만 1983년 다시 고등학교 졸업 이상을 학력 요건으로 규정하였다가 2011년 학력주의 극복을 이유로 다시 폐지되었습니다. 우수 인력 확보라는 조직 목적과 학력주의 극복이라는 사회적 가치 사이에서 우왕좌왕한 모습을 확인할 수 있습니다.

> 경위공채시험 모집 인원과 분야 등은 시대적 요구에 따라 변화되어 왔다!!!

경위공채시험합격자는 일반(경과)경찰을 중심으로 모집하였으나 1992년 전산통신 분야를, 1996년 세무·회계, 외사 분야를 추가하였고, 2000년부터는 여성 5명을 배정하기도 했습니다. 이후 큰 변화 없이 운영되다가 2016년 사이버 공간에서의 범죄예방 및 안전 활동 업무의 중요성 인식에 따라 사이버 분야를 신설하면서 동시에 외사 및 전산통신 분야를 제외하게 됩니다. 이에 따라 현재 경위공채시험은 일반 40명, 세무회계 5명, 사이버 5명, 총 50명의 인원을 선발하고 있습니다. 나아가 2020년 모집(2021년 임용)부터는 남녀 구분 없이 통합모집하고 있습니다.

표 13-9 경위공채시험 선발인원

분야	일반	세무회계	사이버	계
인원	40	5	5	50

경위공채시험에 응시하기 위해서는 기본적으로 임용결격사유에 해당하지 않아야 하고 연령, 신체조건, 면허 등 필요한 조건을 갖추어야 합니다. 종래 남성의 경우 병역을 필하였거나 면제된 경우여야 한다는 조건이 있었으나 병역 복무를 위한 임용유예제도 등의 도입

으로 병역관련 별도의 제한은 없습니다. 임용결격사유, 신체조건, 면허 등은 순경 공채 응시조건과 동일하나 연령은 21세 이상 40세 이하여야 합니다. 순경의 경우 연령 하한이 18세이므로 순경에 비해 높습니다. 군복무 경력이 있는 경우 응시 상한연령이 그 기간에 따라 1세부터 3세까지 연장될 수 있는 점 또한 순경 공채와 동일합니다(<표 13-10> 참조>).

표 13-10 경위공채시험 응시자격 요건

응시요건	내용
결격사유	순경 공개경쟁채용과 동일
연령	21세 이상 40세 이하
병역	순경 공개경쟁채용과 동일
신체조건	순경 공개경쟁채용과 동일
운전면허	순경 공개경쟁채용과 동일

응시자격을 갖춘 경우, 응시원서를 접수하고 필요한 서류를 안내에 따라 제출하게 됩니다. 응시원서는 인터넷으로 접수하며 7,000원의 응시수수료를 납부해야 합니다. 인터넷 원서접수사이트(http://gosi.police.go.kr)에서 응시번호가 포함된 응시표를 출력, 시험당일 소지하고 시험에 참여하게 됩니다.

최근 경위공채시험 경쟁률은 <표 13-11>과 같습니다.[17] 분야에 따라 조금씩 차이가 있으나 평균적으로 20 : 1(일반의 경우 30 : 1) 이상의 경쟁률을 보이며 여성 경쟁률이 더 높았습니다. 여성의 경우 상대적으로 낮은 채용인원이 가져온 결과로 이해할 수 있습니다. 2021년도(2020년 시행) 시험부터 남녀 통합모집이 이루어졌고, 2023년도(2022년 시행) 시험부터는 논문형(주관식) 없이 선택형(객관식) 필기시험만으로 제도를 개편했습니다. 이에 따라 경쟁률도 함께 높아진 모습을 확인할 수 있습니다.

표 13-11 경위공채시험 경쟁률(2015-2024)

구분	일반		세무 · 회계	사이버
	남	여		
2016년도(65기)	28:1	44:1	16:1	19:1
2017년도(66기)	36:1	61:1	19:1	23:1
2018년도(67기)	35:1	59:1	26:1	19:1
2019년도(68기)	31:1	52:1	26:1	18:1
2020년도(69기)	29:1	59:1	23:1	19:1
2021년도(70기)	30:1		22:1	20:1
2022년도(71기)	38:1		23:1	23:1
2023년도(72기)	84:1		26:1	27:1
2024년도(73기)	82.3:1		32.2:1	24.6:1
2025년도(74기)	75:1		23.6:1	25:1

자료 : 경찰대학(2024 : 내부자료)

경위공채시험은 필기시험, 신체 · 체력 · 적성검사, 면접시험 등으로 구성된다!!!

경위공채시험 또한 1차 필기시험, 2차 신체·체력·적성검사, 3차 면접시험으로 구성되어 있습니다. 논의의 편의상 일반분야를 중심으로 살펴보기로 하겠습니다.

그림 13-6 경위공채시험 과정

1차 시험

필기시험
검정(2) : 한국사, 영어
필수(4) : 형사법, 헌법, 경찰학, 범죄학
선택(1) : 행정법, 행정학, 민법총칙

2차 시험

신체검사
체력검사
순환식 체력검사
적성검사

3차 시험

면접시험
개별 : 상황판단 · 문제해결능력, 의사소통능력, 경찰윤리의식, 성실성 · 책임감, 협업역량

첫째, 필기시험은 선택형(객관식) 시험을 통해 치러집니다. 선택형(객관식) 시험은 한국사, 영어, 형사법, 헌법, 경찰학, 범죄학의 필수 6과목, 행정법, 행정학, 민법총칙 중 선택 1과목으로 구성되어 있습니다. 한국사와 영어는 순경 공채시험과 마찬가지로 능력검정시험으로 대체하고 각각 기준등급 또는 기준점수 이상을 취득해야 합니다. 물론 기준등급과 점수 모두 순경 보다 높습니다. 기준등급 및 기준점수 이상이면 합격한 것으로 간주하고 필기시험 성적에는 반영하지 않습니다.

표 13-12 경위공채 검정시험 종류 및 기준

	종류	기준
한국사*	한국사능력검정시험	2급 이상
영어**	토플(TOEFL)	PBT490점/IBT58점 이상
	토익(TOEIC)	625점 이상
	텝스(TEPS)	280점 이상
	지텔프(G－TELP)	Level2의 50점 이상
	플렉스(FLEX)	520점 이상
	토셀(TOSEL)	Advanced 550점 이상

* 인정범위: 성적인정기간 폐지

** 인정범위: 시험예정일 거꾸로 계산하여 5년이 되는 해의 1월 1일 이후

형사법, 헌법, 경찰학, 범죄학 필수 4과목과 선택 1과목 모두 40문항으로 구성하되, 형사법·경찰학 각각 120점, 헌법·범죄학 각각 60점, 선택과목 40점으로 배점이 구성되어 있으며 과목별 40% 이상, 총점의 60% 이상 득점자 중에서 선발예정인원을 고려하여 고득점자 순으로 합격자를 결정하며, 통상 선발예정인원의 200% 이하에서 정합니다. 필기시험 성적은 최종 합격자 결정에 있어 50% 비율로 반영하고 있습니다.

경찰공무원 채용시험 과목 구성을 둘러싼 쟁점에 대하여는 순경 공채시험 과정에서 살펴보았습니다. 경위공채시험에서도 경찰공무원이 갖추어야 할 인권의식과 필요한 법률지식 등에 대한 검증 강화를 목적으로 2022년부터 과목이 변경되었습니다. 이러한 변화가 실제 경찰활동에 어떻게 작용할 것인지, 지속적인 관심이 필요합니다.

필기시험은 희망하는 시 · 도 경찰청(서울 · 부산 · 대구 · 광주 · 대전 등)에서 응시할 수 있으며 응시지구별 지정된 장소에서만 치를 수 있습니다. 물론, 시험 응시지구는 임용 후 근무지역과는 관련이 없고, 근무지역은 교육성적 등 별도 방법에 의해 결정됩니다.

둘째, 신체검사는 <표 13-3>에서 살펴본 신체조건 등에 대하여 국 · 공립병원, 종합병원에서 시행한 공무원채용신체검사 및 자체 신체검사에서 모두 합격 판정을 받아야 합니다.

셋째, 체력검사는 과거 순경 공채시험 체력검사와 동일한 기준표를 활용했습니다. 하지만, 남녀를 구분하여 선발하던 방식에서 통합하여 선발하는 방식으로 변경된 마당에 기존 기준표를 그대로 활용하기에 한계가 있어 이를 변경해서 운영해왔습니다. 변경된 내용의 핵심은 체력검사 기준이 남녀 모두 상향되었다는 점, 그리고 남녀 사이의 격차가 축소되었다는 점입니다. 그럼에도 여전히 남녀성별에 따른 이원화된 기준이었는 바, 2023년부터는 일원화된 기준에 따른 체력 측정을 위해 순환식 체력검사 방식을 도입하게 되었습니다.

순환식 체력검사는 경찰공무원의 직무수행 중에 발생하는 상황을 반영하여 4.2㎏의 조끼를 착용하고 '장애물코스 달리기', '장대 허들 넘기', '당기기 · 밀기', '구조하기', '방아쇠당기기'의 종목을 연이어 수행한 후 그 완주시간을 측정하는 검사입니다. 완주시간이 4분 40초 이하인 경우 '우수', 4분 40초를 초과하고 5분 10초 이하인 경우 '보통', 그리고 5분 10초를 초과한 경우 '미흡' 등급으로 평가하고, 우수 등급을 받은 사람을 합격 처리합니다. '보통' 또는 '미흡' 등급을 받은 사람은 원칙적으로 불합격 처리됩니다. 그럼에도 평가기준으로 '보통' 등급을 부여하는 이유는 새로 도입되는 '양성평등채용 목표제'에 따른 병행 조치로 이해할 수 있습니다. 즉, 어느 한 성을 초과하여 합격시키는 경우 보통 등급에 속하는 응시자 중 완주시간에 따른 선순위자를 우수 등급을 받은 인원과 합산한 후 해당 성의 선발예정인원을 고려하여 합격자를 결정하도록 한 것입니다. 체력검사 결과는 최종 합격자 결정에 있어 25% 비율로 반영하고 있습니다.

넷째, 적성검사는 순경 공채시험과 유사하나 450문항에 대해 130분간 더욱 면밀하게 이루어집니다.

다섯째, 면접시험은 순경 공채시험과 동일한 내용과 방식으로 치러집니다. 취업지원과 이에 따른 시험 가점비율 가산 등도 순경 공채시험과 동일한 내용으로 적용됩니다.

마지막으로, 자격증 등 가산점과 관련된 내용 또한 순경 공채시험과 동일합니다.

이와 같은 시험과정을 거쳐 최종합격하게 되면 경찰대학에서 1년(52주)간 경위공채시험합격자 교육을 받게 됩니다 *<Q15. 참고>*. 교육기간 중에는 피복 및 숙식이 제공되며 매월 정해진 수당이 지급되기도 합니다. 교육과정을 수료하게 되면 경위로 임용되며 지구대 또는 파출소 6개월, 경찰서 수사부서(경제팀) 3년 등 총 3년 6개월간 필수현장보직에서 근무하도록 규정하고 있습니다.[18]

참고로 경위공채시험(2016~2020)에 최종합격한 합격자의 연령자료를 확인하면 다음 <표 13-13>과 같습니다.[19] 합격생 연령은 남성 평균 28세, 여성 25세임을 확인할 수 있으며, 남성의 경우 35세 이상 합격생도 볼 수 있습니다. 전반적으로 순경 공채 합격생에 비해 연령이 높다는 사실도 확인할 수 있습니다.

표 13-13 경위공채시험합격자 연령(2016~2020)

구분	평균			최고령자		최연소자		21세 이상 ~ 29세 이하		30세 이상	
	전체	남	여	남	여	남	여	남	여	남	여
2016년도(65기)	27	27	26	35	30	23	22	36	5	8	1
2017년도(66기)	28	28	25	36	27	23	23	31	5	14	–
2018년도(67기)	28	28	25	39	32	23	25	31	6	12	1
2019년도(68기)	28.9	29.3	25.8	40	27	24	24	28	5	14	1
2020년도(69기)	27	27.1	24.6	36	29	23	23	33	8	9	–

자료 : 경찰대학(2020 : 내부자료)

경위공채 제도에 대한 종합적이고 엄밀한 평가가 필요하다!!!

공식 문헌에 따르면 경위공채 제도는 경찰간부의 질적 향상에 크나큰 기여를 하였고 이후 한국 경찰사와 맥을 같이한 것으로 평가되고 있습니다.[20] 하지만 경사 이하 경찰관을 대상으로 이들에 대한 평가를 시도한 연구에서는 개선을 위한 노력이 좀 더 필요해 보이기도 합니다. 경사 이하 경찰관들은 경위공채시험 출신 경찰관들이 우수한 인재확보와 경찰업무 합리화에 어느 정도 기여한 부분은 인정하나 전반적으로는 부정적으로 평가하기 때문입니다. 나아가 이들이 부정부패감소 등과 같은 영역에서 경찰에 기여한 부분은 보통(3.0)보다 낮게 평가하고 있습니다(<그림 13-7> 참조).[21]

그림 13-7 경위공채시험합격자에 대한 평가(경찰관)

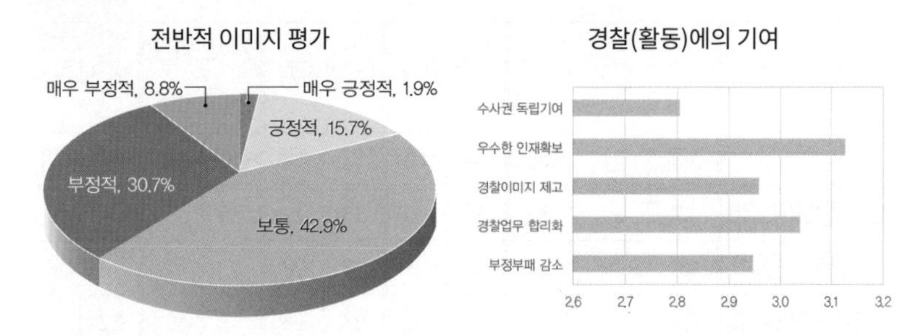

자료 : 탁종연(2009 : 255, 261)

부패친화적일 수 있는 경찰문화는 외면한 채 이들만을 비난할 수는 없습니다. 조직 내 변화와 혁신을 도모하기에 그 수가 너무 제한적일 수도 있습니다. 경위공채 제도에 대한 종합적이고 엄밀한 평가가 필요하며 이를 통해 식별되는 문제점을 개선하기 위해 노력해야 할 것으로 보입니다. 우선은 유능한 후보자가 지원할 수 있도록 적극적 모집활동을 강화해야 하며 선발시험 기준의 타당성 확보 등을 위해 노력해야 할 것입니다.[22)]

In Conclusion

한국에서는 매년 수천 명에 달하는 경찰공무원을 신규채용하고 있습니다. 순경에서부터 경감에 이르기까지 채용계급 또한 매우 다양합니다. 연말 또는 연초에 시험일정 등 채용관련 주요 계획이 경찰청 홈페이지 등을 통해 공지되고 있으므로 관심이 필요합니다.

한국 경찰은 근래 전체 신규 임용자 중 90% 이상을 순경 계급으로 임용하고 있습니다. 경찰직무 특성을 고려하여 특수한 기술보유자 및 전문지식을 갖춘 자 또는 특수지역 근무 등을 조건으로 경력경채를 통해 순경 채용이 이루어지기도 하지만 대부분은 공직임용상의 기회균등을 폭넓게 보장하는 공채방식으로 임용하고 있습니다. 경위공채는 초급간부인 경위로의 임용을 위한 채용제도로, 경찰 관리자의 질적 향상과 참신한 신진간부 임용을 위해 도입되었습니다. 오늘날 일반 40명, 세무회계 5명, 사이버 5명, 총 50명의 인원을 선발하고 있습니다.

순경공채시험과 경위공채시험에 응시하기 위해서는 임용결격사유에 해당하지 않고 연령 등 필요한 응시 자격을 갖추어야 합니다. 두 공채시험 모두 필기시험, 신체 · 체력 · 적성검사, 면접시험 등으로 구성되며 2022년부터 필기시험 교과목 변경이 이루어졌습니다. 체력시험, 면접시험, 가산점 등에 있어 최근 변경된 부분에 대해 지속적인 관심도 필요해 보입니다.

성별에 따라 약간 차이는 있으나 순경 공채시험 합격자의 경우 만 24－25세가 가장 많은 비율을 차지하고 있습니다. 25세에 순경 공채시험에 합격한 자신을 그려보기 바랍니다. 그동안 고생했던 시간이 주마등처럼 스쳐지나갑니다. 고생하셨습니다. 하지만, 여러 번 말했지만 지금부터가 시작입니다. 수천 명에 달하는 동기들과 함께 경찰공무원 생활의 출발점(starting point)에 서 있습니다. 여러분이 동기들에 비해 상대적으로 우위일 수 있는 부분은 무엇입니까? 모두들 열심히 채용시험 준비를 한 사실은 동일할 겁니다. 그 외에 여러분이 자신만의 장점, 혹은 경험으로 무엇을 내세울 수 있을까요? 대학(학과)에서의 충실한 생활(경험)들이 훌륭한 대답은 아닐런지… 고민해 보기 바랍니다.

참고문헌

1) 권영성, 1997, 헌법학원론, 서울 : 법문사, p. 512.
2) 김상호, 2021, 경찰학, 서울 : 청목출판사, pp. 235-236.
3) 경찰청, 2020, 경찰백서, 서울 : 경찰청, p. 362.
4) 김상호, 2021, 앞의 책, p. 234.
5) 김상호, 2016, "경찰공무원과 학력," 한국치안행정논집 13(3), pp. 45-47.
6) 경찰청, 2020b, 최근 10년간 연도별 시보임용기간 중 면직처리자 현황, 내부자료.
7) 이정기, 2018, "중앙경찰학교의 교육적 성과와 발전 방향," 한국경찰학회보 20(3), p. 257.
8) 경찰청, 2020, 경찰백서, 서울 : 경찰청, p. 361.
9) 경찰청, 2024, 2019-2024년 경찰공무원(순경) 공개경쟁채용시험 경쟁률, 내부자료.
10) 이성용, 2014, 경찰윤리, 서울 : 박영사, p. 207 ; 정연균, 2015, "개정된 경찰채용시험과목에 대한 고찰," 한국경찰학회보 17(1), pp. 145-146.
11) 경찰청, 2018, 경찰채용 교과목 개편 설문조사, 서울 : 경찰청.
12) 경찰청, 2020, 2016-2019년 경찰공무원(순경) 공개경쟁채용시험 합격자 연령, 내부자료.
13) 장신중, 2016, 경찰의 민낯, 고양 : 좋은땅, pp. 12-20.
14) 정희완, 2017, "경찰, '간부 · 비간부 용어 사용 안한다," 경향신문 05. 16.
15) 경찰청, 1995, 경찰오십년사, 서울 : 경찰청, p. 364.
16) 경찰청, 1995, 위의 책, pp. 302-303.
17) 경찰대학, 2024, 연도별 경찰간부후보생 채용시험 경쟁률, 내부자료.
18) 「경찰공무원 인사운영 규칙」(경찰청예규) 제32조 제1항 제3호.
19) 경찰대학, 2020, 최근 5년간 연도별 경찰간부후보생 합격생 연령, 내부자료.
20) 경찰청, 1995, 앞의 책, p. 366.
21) 탁종연, 2009, "경찰간부후보생출신 경찰관들에 대한 경찰관들의 평가," 경찰법연구 7(1), p. 255, 261.
22) 이황우, 2003, "경찰간부후보생 선발제도의 개선방안에 관한 연구," 한국경찰학회보 6, pp. 196-199.

Q14. 경찰공무원이 되려는 이유는 무엇인가요?

한때 힘들고 어려운 대표 직종으로 분류된 경찰공무원이 이제는 많은 사람이 선호하는 직업으로 평가되고 있습니다. 초·중등 학생에게 경찰관은 희망직업 분야에서 높은 순위를 유지하고, 경찰공무원 채용시험은 20대 1 안팎의 경쟁률을 쉽게 기록하며 취업준비생에게 '좁은 문'으로 인식되고 있습니다. 그렇다면, 이들이 경찰공무원이 되려는 이유는 무엇일까요? 물론, 각자 사정에 따라 다양한 이유가 있으리라 생각합니다. 개인적으로는 고등학교 시절 선생님의 추천이 결정적인 역할을 한 경험이 있습니다. 많이 늦었지만, 이 자리를 빌려 감사 인사 전합니다. 다른 사람들은 어떨까요? 그 속사정에 대해 알아보기로 하겠습니다.

In General

경찰을 꿈꾸는 학생에게 왜 경찰이 되고자 하는지 물어봅니다. 어린 시절의 꿈이었다는 수줍은 답변에서부터 영화나 드라마에서 본 멋진 경찰이 되고 싶어서라는 위풍당당한 모습도 자주 들을 수 있습니다. 공무원이니 안정된 직장이라는 진솔한(?) 답변 또한 많이 듣습니다.

직업을 선택하는 과정에서 중요하게 고려하는 조건 또는 이유를 입직동기라고 합니다. 이는 개인마다 차이가 있을 수 있으나 직무에 대한 태도 등 실제 직업생활 전반에 걸쳐 상당한 영향을 미칠 수 있습니다. 가령, 범인검거 등에 매료되어 경찰관이 되었으나 사무실에서 문서 작업을 위주로 업무가 배정되었다면 조금은 실망할 수 있기 때문입니다.

2021년 사회조사 결과에 따르면 우리 국민은 직업을 선택할 때 적성·흥미(13.8%)보다는 수입(38.78%)과 안정성(24.8%)을 더욱 중요하게 생각하는 것으로 나타나고 있습니다.[1] 경찰공무원이 되려는 주된 이유도 수입과 안정성이라면 몇 가지 차원에서 고민이 생길 수 있습니다. 먼저, 과거보다 많이 좋아졌다고는 하나 경찰공무원의 보수수준은 여전히 주요 민간근로자에 비해 상대적으로 저조합니다 *<경찰보수에 대해서는 Q20. 참고>*. 보수에 대한 기대가 충족되지 않을 때, 직무에 대한 불만족과 함께 부정부패로부터의 유혹에 쉽게 노출될 수 있지 않을까 걱정입니다. 다음으로, 경찰공무원은 공무원이라는 신분상 안전성을 지니고 있으나 업무와 관련된 위험 또한 높은 직종에 해당합니다 *<경찰업무의 위험성에 대해서는 Q18. 참고>*. 물론, 모든 경찰업무가 위험한 것은 아니지만 위험성을 두려워해서는 성공적인 임무 수행이 어려울 수 있어 걱정입니다.

치안한류를 비롯해 성공적인 한국 경찰활동의 배경에는 맡은 바 업무를 묵묵히 수행하는 많은 경찰공무원의 숨은 노력이 함께 하는 것으로 알고 있습니다. 수입과 안정성만을 좇아 경찰공무원이 되었다면 이러한 성과가 가능했을까… 의문입니다. 실제 한국에서 경찰공무원이 되려는 사람은 왜 경찰직을 선택하게 되는지, 좀 더 자세하게 살펴봐야 할 것 같습니다.

In Specific

1995년 취업정보전문업체인 리크루트사가 대졸 취업예정자를 대상으로 한 선망 직업 조사에서 방송국 PD가 1위를 차지하였습니다. 경찰공무원은 제시된 75개 직업 중 55위를 기록해 비교적 선호도가 낮게 평가되었습니다.[2] 하지만 1990년대 중반부터 이전과 달리 경찰직에 대한 경쟁률이 높게 나타나고, 특히 고학력자들의 지원 증가 현상이 주목되곤 했습니다.[3]

그림 14-1 경찰공무원 공개경쟁채용 경쟁률(1990-2021)

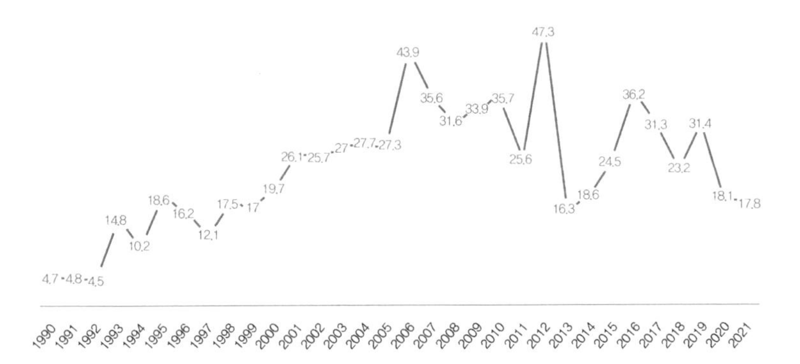

자료 : 경찰청, 2006, 한국경찰사V, p. 223 ; 경찰청, 2008-2016, 경찰백서 ; 경찰청, 2022, 내부자료.

* 2016년 이후는 순경 공개경쟁채용 대상(일반, 101단) 자료임

경찰공무원에 대한 선호는 현재까지 지속되고 있습니다. 2021년 교육부와 한국직업능력연구원에서 발행한 『초·중등 진로교육 현황 조사』에 따르면 '경찰관'은 초등학생부터 고등학생에 이르기까지 높은 선호도를 보였습니다. 구체적으로 초등학생의 경우 경찰관은 상위 20개 희망직업 중 5위, 중학생에서는 3위, 고등학생에서는 다시 5위로 나타났습니다.[4] 이들에게 경찰공무원이란 무엇을 의미하는 걸까요? 다시 말해, 이들은 왜 경찰공무원이 되기를 희망하는 걸까요?

경찰공무원 입직동기를 학생이나 일반 시민을 대상으로 분석할 수 있습니다. 이러한 분석은 경찰직에 대한 일반 시민들의 선호와 경찰에 대한 이미지를 확인할 수 있다는 차원에서 나름 유용하게 평가될 수 있습니다. 앞선 초·중등 진로교육 조사자료도 이러한 차원에서 유의미한 자료입니다. 하지만, 이들은 경찰공무원에게 필요한 자격을 갖추지 못한 상황일 수 있고, 이로 인해 경찰이 될 수 없는 사람을 대상으로 입직동기가 분석되는 문제를 지닐 수 있습니다.[5] 경찰공무원 입직동기를 분석하여 더욱 유능한 후보자를 경찰조직으로 유인하고자 한다면 실제 경찰공무원을 대상으로 이들이 왜 경찰직을 선택하게 되었는지, 분석해야 합니다.

경찰공무원 입직동기는 성숙효과 등으로 인해 변화가능하나 상당히 안정적인 성격을 지니고 있다!!!

경찰공무원 입직동기는 뉴저지(New Jersey) 스탁톤(Stockton) 주립대학에 재직하던 레스터(Lester) 교수(1983)에 의해 선구적으로 분석되었습니다. 그는 당시 경찰학교에서 신임교육훈련 중이던 128명 경찰관을 대상으로 설문조사를 했습니다.[6] 경찰공무원이 된 이유에 대해 일반적으로 언급되는 15문항을 제시한 후, 신임경찰관으로 하여금 경찰공무원이 되려는 의사결정 과정에서 그 이유가 얼마나 중요했는지를 물어본 겁니다. 그 결과, '타인에 대한 봉사 기회' > '직업안정성' > '동료와의 끈끈한 관계' 등의 순으로 중요성이 평가되었습니다. 이러한 입직동기가 연령, 인종, 경찰학교 졸업 여부 등 다양한 변수에 따라 차이가 있는지, 함께 분석이 이루어졌습니다.

경찰공무원 입직동기에 대한 연구는 이후 연구대상과 방법을 다양화하며 확장되었고, 후속 연구들은 시간과 공간에 따른 차이에 주목하고 있습니다. 먼저, 미국에서는 1990년대 로드니 킹(Rodney

King) 사건을 비롯해 경찰권 행사에 관한 부정적 여론이 팽배해 있었습니다. 이러한 환경이 경찰공무원 입직동기에 어떻게 영향을 미치는지, 2000년 이후 다시 한 번 레스터 척도를 활용해 분석해 보았습니다.[7] 그 결과, '타인에 대한 봉사 기회'가 여전히 가장 중요하게 평가되고 '직업 안정성', '범죄에 대한 대응' 등이 상위 5위 안에 드는 등 경찰공무원이 되고자 하는 기본적인 이유는 상당히 안정적으로 유지되고 있었습니다. 하지만 '동료와의 끈끈한 관계'가 상위 5위 밖으로 내려가고 '업무가 주는 흥분'은 새롭게 상위 5위 내로 진입하는 등 일정한 변화도 함께 나타났습니다.

일선에서의 근무 경험이 입직동기에 영향을 미치는지도 분석해 보았습니다. 뉴욕(New York)시 경찰학교 신임교육생을 대상으로 먼저 경찰공무원 입직 이유에 대해 평가하도록 하였습니다.[8] 이후 6년이 지난 다음 근무 중인 경찰관을 대상으로 과거 경찰공무원 입직 당시를 회상하게 하여 다시 조사해 보았습니다. 그 결과, 비록 6년이 경과했어도 경찰공무원 입직동기는 상당히 일관된 모습을 보이고 있었습니다(<그림 14-2> 참고). 전체 18개 문항 중 상위 5위 이내로 평가된 문항은 변화가 없었기 때문입니다. 그러나, 신임훈련 당시 가장 영향이 컸던 '타인에 대한 봉사 기회'가 재직 중에는 5순위로 평가되었고 전반적으로 현실적인 동기요인의 상대적 중요도가 높게 평가되는 모습도 확인할 수 있습니다. 연구자들은 이러한 현상이 성숙(maturity) 효과일 수 있음을 지적하고 있는데요, 취직과 함께 (부모로부터) 독립, 결혼, 육아 등 삶의 변화를 경험하고 세상에 대한 직시를 통해 태도와 가치관이 현실적이 된 이유로 설명합니다.

그림 14-2 입직동기의 순위 변화(신임훈련 → 6년 근무)

타인에 대한 봉사 기회 (1→ 5)
직무 안정성 (2 → 1)
직무 혜택(연금 등) (3 → 2)
승진 또는 출세 기회 (4→ 4)
조기 은퇴 (5→ 3)

> 사회환경적인 상황 또한 경찰공무원 입직동기에 영향을 미치고 있다!!!

다음으로, 사회문화적인 환경 차이가 경찰공무원 입직동기에 영향을 미치는지 분석한 연구도 매우 흥미롭습니다. 먼저, 두바이와 대만에서 근무 중인 여성 경찰관을 대상으로 경찰공무원 입직동기를 비교 분석한 연구입니다.[9] 조사 대상 시기인 2011년, 두바이(Dubai)는 고도 경제성장을 기록하며 낮은 실업율을 나타내고 있었던 반면, 대만(Taipei)에서는 상대적으로 높은 실업율과 낮은 보수수준을 보이고 있었습니다. 두바이 여성경찰은 경찰공무원 입직동기에 대해 '타인에 대한 봉사'(30.1%) > '업무가 주는 흥분'(23.6%) > '직업 안정성'(23.2%) = '기타'(23.2%)의 순서로 동의를 보였습니다. 대만에서는 그 순서가 '직업 안정성'(76.3%) > '타인에 대한 봉사'(12.9% > '업무가 주는 흥분'(5.4%) = '기타'(5.4%)로 나타났습니다. 연구자는 입직동기뿐 아니라 해당 여성경찰의 직무만족 수준도 함께 분석했는데요, 두바이 여성경찰이 더욱 높은 만족 수준을 보이고 있었습니다. 이에 대해 입직동기가 경제적 고려보다 이타적 동기 혹은 업무 성격에 기초할 경우 직무에 대한 헌신이 더욱 강해지고 이로 인해 직무만족 등에 긍정적 영향을 미칠 수 있기 때문으로 해석하고 있습니다.

연구대상 국가를 더욱 넓혀 16개 개발도상국과 12개 선진국, 총 28개국 전·현직 경찰공무원 233명을 대상으로 입직동기를 분석한 사례도 있습니다.[10] 직업 안정성을 비롯해 급여, 조기 은퇴 등이 함께 '직무가용성과 혜택'(job availability and benefits) 요인으로 분류되었고, 이에 대해 선진국 소속 연구대상자에 비해 개발도상국 소속 연구대상자가 더욱 높게 평가하는 것으로 나타났습니다. 경제적으로 열악한 상황이 직업선택 과정에서 안정성과 혜택 등을 더욱 중요하게 고려하게끔 만드는 것으로 이해할 수 있습니다.

> 한국에서도 신임교육생과 재직 경찰관을 대상으로 활발하게 입직동기가 분석되어 왔다!!!

그렇다면 한국은 어떨까요? 한국 경찰을 대상으로 이루어진 선행 연구를 살펴보면 <표 14-1>과 같습니다.[11] 구체적인 내용으로 들어가기 전에 몇 가지 유의사항을 먼저 지적해야 할 것 같습니다. 우선, 한국의 경우 신임교육생과 재직 중인 경찰공무원을 대상으로 입직동기가 분석되어 온 것을 확인할 수 있습니다. 일선에서의 근무경험이 입직동기에 영향을 미칠 수 있다고 했기에 비교연구를 위해서는 연구대상자가 누구인지 관심을 기울일 필요가 있습니다. 다음으로, 선행 연구에서는 입직동기를 다양한 문항을 통해 평가토록 한 다음 연관성이 높은 문항들을 묶어 특정 요인으로 분류한 후 이들을 중심으로 다시 분석하고 있습니다. 개별 연구에서 활용된 문항이 조금씩 차이가 있고 이로 인해 요인 또한 일관적이지 못한 모습을 확인할 수 있습니다. 이러한 사실 또한 비교연구 과정에서 유의해야 할 사항으로 봅니다. 이제 그 내용을 살펴보기로 하겠습니다.

표 14-1 한국 경찰 대상 입직동기 분석 연구

연구	자료	문항(분석)	요인(평가)
Moon & (2004)	2001년 신임교육생 410명	18 (14)	① 직무 안정성과 보수(4.02) ② 직무특성(흥미, 도움, 범죄 등)(3.77) ③ 권한과 법집행(3.46) ④ 주변인 영향(2.15)
주재진 (2008)	2007년 재직자 463명	17 (16)	① 직업적 안정성(3.59) ② 경찰업무에 대한 동경(도전, 흥미 등)(2.96) ③ 경찰에 대한 명성(외부영향)(2.88) ④ 책임과 봉사(2.42)
Kim & (2010)	2005년 재직 (여경) 220명	18 (18)	① 직무의 내재적 요소(도움, 모험)(32.7%) ② 직무 인식(이미지, 제복)(30.9%) ③ 직무 안정성과 보수(26.4%) ④ 개인적 특성(관심, 적성 등)(20.0%) ⑤ 권위와 법집행(9.5%) ⑥ 주변인 영향(5.9%) ⑦ 다른 대안 부족(우연, 특별한 이유없음 등)(4.9%)
김연수 외 (2010)	2010년 신임교육생 928명	20 (14)	① 사회공헌 및 자아성취(대민봉사, 흥미 등)(4.08) ② 주변인 영향(2.80) ③ 직업적 매력성(총기, 보수 등)(2.60) ④ 경찰에 대한 동경(권위, 법집행 등)

먼저, 신임교육생과 재직자를 대상으로 입직동기를 분석한 2004년, 2008년 연구에서는 직무 안정성 및 보수 요인이 상대적으로 중요하게 평가되는 모습을 확인할 수 있습니다. 하지만, 2010년 신임교육생을 대상으로 한 연구에서는 보수가 포함된 '직업적 매력성' 요인보다 '사회공헌 및 자아성취' 요인이 더욱 중요하게 평가됩니다. 여성 경찰공무원만을 대상으로 이루어진 2010년 연구에서도 '직무 안정성과 보수' 요인보다 '직무의 내재적 요소'가 더욱 중요한 것으로 평가되고 있습니다. 시간과 대상에 따라 한국 경찰의 입직동기 또한 충분히 차별적일 수 있음을 예견할 수 있습니다.

> 최근, 경찰공무원이 되려는 사람은 경찰직무가 가진 내재적 가치에 공감하면서 이를 통해 안정된 생활을 꿈꾸고 있다!!!

그러나 전반적으로 관련 연구가 조금 오래된 것을 확인할 수 있습니다. 논의 수준을 확장하기 위해 오늘날 한국 경찰공무원의 상황에 대해 직접 분석해 보았습니다.[12] 먼저 2021년 7월, 순경 신임교육이 이루어지는 중앙경찰학교를 방문해 교육훈련생을 대상으로 입직동기 등이 포함된 설문지를 배포하여 내용을 기재토록 했습니다. 동년 8월, 작성이 마무리 된 설문지를 회수하였고 유효한 375명(남: 266명, 여: 109명)의 설문자료를 분석에 활용할 수 있었습니다.

경찰공무원 입직동기는 레스터(1983) 분류를 기초로 연구마다 그 목적에 맞추어 문항들을 변형 · 추가해 왔습니다. 이 과정에서 거시적인 사회문화 환경과 미시적인 배경 변수 등에 따라 입직동기가 차별적일 수 있다는 사실이 지적되기도 했습니다. 이들을 고려해 가급적 광범위하게 그 동기를 탐색하여 모두 25개에 이르는 이유를 선정했습니다. 제시된 문항(이유)에 대해 응답자가 경찰공무원 입직 과정에서 얼마나 중요하게 고려했는지를(1점: 전혀 그렇지 않다 - 4점: 보통이다 - 7점: 매우 그렇다) 답하도록 했습니다.

자, 이제 결과를 보도록 하죠(<표 14-2> 참조). 현재 한국에서 경찰공무원이 된 사람은 '사람들을 돕거나 사회에 봉사'하는 것을 가장 중요하게 고려하는 것으로 나타났습니다. 신나고 흥미진진한 업무(3위), 범죄에 대한 대응(4위), 법집행활동 매력(10위) 등 경찰직무에 내재하는 고유한 가치가 모두 중요하게 평가되는 모습도 확인할 수 있습니다. 직업 안정성(2위), 직업적 혜택(9위), 적절한 수준의 보수(11위) 등 직무 안정성과 경제적 혜택도 동시에 중요한 것으로 평가되고 있습니다. 반면, 취업난이 심해서(20위), 다른 대안이 없어서(23위)와 같이 어쩔 수 없는 상황에서 우연에 따른 경찰공무원 입직은 낮게 평가되고 있습니다. 가족이나 친척(18위), 가까운 친구(21위),

선생님·코치(25위) 등의 권유나 영향 또한 상대적으로 낮은 것으로 평가됩니다. 경찰공무원이 되고자 하는 사람은 취업환경이나 중요한 타인의 영향보다 경찰직무 내·외적 요인에 대해 스스로 관심을 기울이고 이를 통해 직업을 선택하는 것으로 이해할 수 있습니다.

표 14-2 한국 경찰공무원 입직동기(문항 순위)

1. 사람들을 돕거나 사회에 봉사(5.87)	2. 직업 안정성(5.72)	3. 신나고 흥미진진한 업무(5.42)	4. 범죄에 대한 대응(5.31)	5. 어릴 적(오랜) 꿈(4.99)
6. 보다 나은 미래(장래성)(4.91)	7. 경찰제복에 대한 동경(4.87)	8. 세상의 부당함을 바로잡기(4.83)	9. 직업적 혜택(보험, 연금)(4.75)	10. 법집행활동매력(4.70)
11. 적절한 수준의 보수(4.35)	12. 사회경제적 지위(4.31)	13. 대중매체에서의 경찰모습(4.25)	14. 경찰권한과 권위(4.10)	15. 공정한 승진과 기회(4.02)
16. 적성검사 결과(3.79)	17. 자율적 근무환경(3.69)	18. 가족이나 친척 영향(3.40)	19. 경찰채용인원 많아서(2.99)	20. 취업난이 심해서(2.97)
21. 가까운 친구의 영향(2.94)	22. 학교경찰영향(2.81)	23. 다른 대안(직업) 부족(2.69)	24. 특별한 이유 없음(2.49)	25. 선생님, 코치 등 권유(2.49)

자료 : 김상호(2022 : 34-35)

선행 연구와 같이 개별 문항을 연관성이 높은 문항끼리 묶어 보았습니다. 이는 요인분석이라는 통계과정을 통해 처리할 수 있습니다. 그 결과, '어릴적 꿈' 문항을 제외한 24개 문항이 총 6개 요인으로 분류되었습니다(<그림 14-3> 참조). 해당 요인 내 문항들을 적절히 포괄하면서도 대표할 수 있도록 분류된 요인을 '직무특성'에서부터 '취업환경'에 이르는 6개 개념으로 새롭게 구성해 보았습니다.

그림 14-3 한국 경찰공무원 입직동기(요인별)

자료 : 김상호(2022 : 36)

요인분석에 따르면 한국 경찰공무원은 입직과정에서 '직무특성'을 가장 중요하게 고려하며, '안정성과 혜택', '권한과 지위' 등도 중요하게 평가하는 것을 확인할 수 있습니다. 다시 말해, 경찰공무원이 되려는 사람은 경찰 직무가 가진 내재적 가치에 공감하면서 이를 통해 어느 정도 안정된 생활을 꿈꾸는 사람임을 알 수 있습니다.

한국경찰의 입직동기는 성(性)과 연령에 따라 차이가 있다!!!

혹시, 성(性) 또는 연령에 따라 입직동기가 다르게 나타나는지, 추가로 분석해 보았습니다. 먼저, 성별입니다. 남성과 여성 경찰공무원 교육훈련생 사이에 입직동기가 다른지 분석한 결과, '안정성과 혜택' 그리고 '권한과 지위' 요인에서 유의미한 차이가 나타났습니다(바꾸어 말하면 나머지 요인에서는 성별에 따른 차이가 나타나지 않은 겁니다). 좀 더 구체적으로 설명하면, '안정성과 혜택' 요인은 남성 경찰교육훈련생이, '권한과 지위' 요인은 여성 경찰교육훈련생이 입직과정에서 상대적으로 더욱 중요하게 고려한 것으로 평가했습니다.

일반적으로 여성이 공무원을 더욱 선호하고 그 이유로 안정성과 혜택이라는 현실적 요인이 강조되어 왔습니다. 하지만 경찰공무원의 경우 남성이 더욱 현실적인 접근을 할 수 있음을 보여주는 것으로 해석할 수 있습니다. 이러한 현실적 접근은 '권한과 지위' 요인에 대한 성별 차이도 함께 설명할 수 있을 것으로 봅니다. 즉, 경찰제복에 대한 동경, 대중매체를 통한 경찰 모습 등은 경찰에 대한 극적 이미지와 연결되어 다소간 비현실적인 기대를 만들어 낼 수 있는 바, 남성이 이에 대해 상대적으로 낮게 평가하기 때문입니다.

다음으로, 연령입니다. 연령과 관련해서는 '권한과 지위' 요인과 '오랜 꿈' 문항에서 27세 미만 교육훈련생과 30세 이상 교육훈련생 사이에 유의미한 차이가 나타났습니다. 즉, 27세 미만 교육훈련생 집단이 '권한과 지위', 그리고 '오랜 꿈' 문항에 대해 30세 이상 집단에 비해 입직과정에서 상대적으로 중요하게 고려한 것으로 평가한 겁니다. 상대적으로 고령자 집단인 30대 이상 교육훈련생들은 성숙효과로 인해 경찰공무원 입직과정에서 더욱 현실적인 접근을 하는 것으로 이해할 수 있습니다.

경찰공무원 입직동기에 대한 지속적인 관심과 관리가 필요하다!!!

경찰공무원의 입직동기는 경찰조직 차원에서 유용하게 활용가능한 소중한 정보를 제공하게 됩니다. 입직동기를 충족할 수 있는 다양한 기회를 제공함으로써 더욱 유능한 후보자를 유인할 수 있고 재직자의 직무만족 수준 또한 높일 수 있기 때문입니다.

과거, 공무원이라는 신분적 안정성과 연금 및 보수 등과 같은 외적 보상이 경찰공무원이 되려는 사람에게 가장 중요한 이유였다면, 최근에는 경찰활동과 업무 그 자체로 관심이 옮아가고 있는 모습을 확인할 수 있습니다. 봉사와 정의를 중심으로 경찰의 직무특성을 강조한다면, 더욱 유능한 사람이 앞으로도 경찰공무원이 되기 위해 많이 지원할 것으로 기대합니다. 이와 함께 보수를 비롯한 다양한 사회·경제적 혜택에도 신경을 써야 할 것으로 보입니다. 비록 과거에 비해 그 중요도가 낮아졌다고 하나 여전히 이들은 경찰공무원 입직과정에서 중요하게 고려되고 있기 때문입니다.

In Conclusion

경찰공무원 입직동기는 국내·외를 불문하고 직무특성과 안정성·혜택 차원이 모두 중요하게 고려되고 있음을 알 수 있습니다. 쟁점은 이들 사이에서 나타나는 상대적 중요도에 대한 차이인 것 같습니다. 경제적 상황이 전반적으로 열악한 상황에서 안정성·혜택 요인이 더욱 중요하게 평가되기 때문입니다.

한국에서도 관련 연구 초기에는 직무 안정성과 보수 차원이 경찰공무원 직업 선택과정에서 가장 중요하게 평가되었습니다. 하지만 후속 연구에서는 직무특성 요인이 더욱 중요하게 평가되는 모습이 나타났고, 2021년 중앙경찰학교 신임교육생을 대상으로 한 연구에서도 '사람들을 돕거나 사회에 봉사' 문항이 가장 높게 평가되었습니다. 비슷한 문항들을 묶어 분석한 결과에서도 경찰직무와 관련된 내재적 특성을 가장 중요하게 고려하는 것으로 나타났습니다.

머리말에서 개인적으로는 '선생님의 추천'이 경찰공무원 입직과정에 결정적이었음을 밝힌 바 있습니다. 오늘날 경찰공무원이 된 사람에게 선생님을 비롯한 중요한 타인의 영향은 매우 미미한 것 같습니다. 다시 한 번, 세월의 변화를 느끼게 됩니다. 그렇다고 선생님 또는 교수의 역할이 전혀 없는 것은 아닙니다. 과거처럼 직접적인 추천이 아니라 경찰업무에 대한 소개 또는 경찰공무원 신분, 자격 등에 대한 안내 등을 통해 간접적으로 영향을 미칠 수 있는 가능성은 여전히 크기 때문입니다. 이를 위해서는 정확한 정보가 중요할 것으로 보며, 그 과정에 <슬기로운 경찰생활>도 한몫할 수 있기를 바랍니다.

참고문헌

1) 통계청, 2021, 2021년 사회조사 결과(보도자료), p. 40.
2) 정은령, 1995, "희망직종 1위 방송국PD," 동아일보 3월 4일.
3) 손성진, 1993, "경찰관 높은 인기… 지망생 급증/구직난속 엘리트 몰려 '좁은 문'," 서울신문 2월 14일 ; 신동헌, 1993, "경찰 인기직종 부상," 중부매일 5월 9일 ; 조상윤, 2000, "경찰인기 '상한가'," 한라일보 4월 4일.
4) 김민경 · 권효원 · 김나라 · 박나실 · 방혜진 · 안유진, 2021, 초 · 중등 진로교육 현황조사(2021), 교육부 · 한국직업능력연구원, p. 107.
5) Johnson, R. R. & Dolan, M., 2019, "Why Do People Become Cops?," Dolan Articles(July).
6) Lester, D., 1983, "Why Do People Become Police Officers: A Study of Reasons and Their Predictions of Success," Journal of Police Science and Administration 11(2), pp. 170-174.
7) Foley, P. F., Guarneri, C. & Kelly, M. E., 2008, "Reasons for choosing a police career: changes over two decades," International Journal of Police Science and Management 10(1), pp. 2-8.
8) White, M. D., Cooper, J. A., Saunders, J. & Raganella, A. J., 2010, "Motivations for becoming a police officer: Re-assessing officer attitudes and job satisfaction after six years on the street," Journal of Criminal Justice 38, pp. 520-530.
9) Chu, D. C., 2018, "Employment motivation and job-related satisfaction: a comparison of police women's perceptions in Dubai and Taipei," Policing and Society 28(8), pp. 915-929.
10) Elntib, S. & Milincic, D., 2020, "Motivations for Becoming a Police Officer: a Global Snapshot," Journal of Police and Criminal Psychology. https://doi.org/10.1007/s11896-020-09396-w.
11) 김연수 · 김수정, 2010, "신임순경의 입직동기와 기대사회화의 관계에 관한 연구," 한국경찰학회보, 12(2), pp. 89-124 ; 주재진, 2008, "경찰공무원의 입직동기가 조직몰입에 미치는 영향에 관한 연구," 한국경찰학회보 10(2), pp. 223-243 ; Kim, B. & Merlo, A. V., 2010, "Policing in Korea: Why Women Choose Law Enforcement Careers," Journal of Ethnicity in Criminal Justice 8, pp. 1-17 ; Moon, B. & Hwang, E., 2004, "The reasons for choosing a career in policing among South Korean police cadets,"

Journal of Criminal Justice 32, pp. 223-229.

12) 이곳에서의 논의는 저자의 다음 논문을 참고하였음을 밝혀둔다. 김상호, 2022, "경찰공무원 입직동기에 관한 연구," 한국공안행정학보 87, pp. 21-50.

Q15. 경찰공무원 시험 합격 후 신임교육은 어떻게 이루어지나요?

경찰공무원 채용시험에 합격한 후 바로 현장에 투입되어 경찰활동을 할 수 있을까요? 채용시험 과정이 일선 경찰활동과 유기적 연관성이 높을 때, 가능할 수 있습니다. 일선 경찰활동에 필요한 지식과 기술, 태도나 가치관 등을 시험과정에서 충분히 평가할 수 있다면 말입니다. 경찰활동의 복잡성과 전문성이 높아지고 있는 오늘날, 새로 채용되는 경찰공무원에 대한 교육훈련의 중요성은 보다 강조될 수 있습니다. 그렇다면 구체적으로 시험 합격 후 어떻게 신임교육이 이루어지는지 알아보기로 하겠습니다.

In General

모든 조직생활이 그러하듯 경찰생활도 일반적으로 경험해 온 일상적인 활동과 차이가 있습니다. 동료 사이의 수평적 관계뿐만 아니라 계급을 둘러싼 엄격한 상명하복 관계가 존재합니다. 경찰활동에 기꺼이 협조하고 도움을 주려는 시민뿐만 아니라 적대적이고 비아냥거리는 사람들도 있습니다. 경찰조직은 비밀주의 등으로 인해 그 활동에 대하여 적극적으로 공개하려 하지도 않습니다. 이러한 태도는 일반

시민들이 경찰활동을 제대로 이해하는 데 장애로 작용하고 있습니다.

경찰채용시험에 합격했다고 해서 달라지는 것은 없습니다. 여전히 경찰활동에 대한 인식 수준은 매우 낮습니다. 경찰조직 내·외부 생활에 대한 이해가 필요하며 이는 교육훈련을 통해 전달됩니다.

경찰업무는 현장에서 이루어지고 현장은 워낙 복잡 다양하기에 강의실에서 제대로 된 경찰교육이 불가능하다고 생각할 수 있습니다. 나아가 경찰업무를 습득하는 가장 훌륭한 방식은 경험이며 이는 고참들로부터 전수받을 수 있을 뿐이라고도 합니다. 물론, 현장은 중요합니다. 하지만 현장 상황은 모두가 별개로 존재하는 것이 아닙니다. 이들은 집단화되고 체계화될 수 있으며 이를 통해 적절한 대응방식이 탐색될 수 있습니다. 강의실에서의 교육훈련 또한 중요한 이유입니다.

해방 이후, 신규 채용된 경찰관들에 대해 짧게는 1주일, 길어야 3개월 정도의 교육훈련이 이루어졌습니다. 채용과정에서 능력과 자격 등이 충분히 검정되지 못하고 교육훈련 또한 부실하게 이루어짐으로써 경찰관의 자질이 전반적으로 떨어지는 결과를 초래했다고 합니다.[1] 오늘날 경찰업무는 더욱 복잡해지고 전문화되어 있습니다. 일반 사회인이 시험을 무사히 통과했다고 해서 하루아침에 유능한 경찰관으로 바뀔 수는 없는 겁니다. 교육훈련을 통해 필요한 지식과 기술, 태도와 가치관 등을 습득할 수 있어야 합니다.

In Specific

경찰공무원 채용시험에 최종합격하게 되면 신임교육훈련을 받게 됩니다. 일반적으로 신임교육과정은 중앙경찰학교에서 이루어지는 교육과 경찰대학에서 이루어지는 교육으로 구분할 수 있습니다. 경찰대학에서는 경찰대학생, 경위공채합격자(이하, 경위공채자), 변호사 경력경쟁채용 교육과정이 운영됩니다. 중앙경찰학교 교육은 순경·101경비단 공채를 비롯해 경찰행정 경력경채, 기타 다양한 경력경채 신규채용자들을 대상으로 합니다. 대부분의 신임교육이 중앙경찰학교에서 이루어지는 겁니다. 과거 중앙경찰학교 교육은 34주로 구성되어 있었으나, 신임교육 완성도 제고를 위해 2023년 하반기부터 38주로 연장되었습니다. 그럼에도, 특수경과 경찰공무원 및 경찰청장이 지정하는 경찰공무원에 대한 신임교육과정은 최소 12주에서 최대 24주로 단축할 수 있도록 하고 있습니다.

신임교육은 경찰공무원에게 필요한 지식·기술, 태도·가치관 등을 습득하기 위한 과정으로 채용분야에 따라 분야별 특성에 맞도록 차별화된 교육과정을 운영하고 있습니다. 여기에서는 경위공채자와 일반순경 교육과정을 중심으로 신임교육과정을 살펴보도록 하겠습니다.

경위공채자 교육은 경찰대학에서 52주 동안 이루어진다!!!

경위공채자 교육은 경찰대학에서 52주 동안 이루어집니다. 과거 이들에 대한 교육은 경찰인재개발원에서 담당해 왔습니다. 경찰인재개발원은 종래 경찰교육원이 명칭을 변경(2018)한 것이며, 경찰교육원은 부평에 위치했던 경찰종합학교를 아산으로 옮겨(2009) 개원한 것입니다.

하지만 신임 경찰간부 교육의 일원화라는 취지에 따라 2019년부터는 경위공채자 교육 또한 경찰대학에서 담당하고 있습니다. 즉, 과거에는 경찰간부(경위)로 임용되는 경찰대학생과 간부후보생이 각각 경찰대학과 경찰인재개발원에서 따로 신임교육훈련을 받아왔으나 현재는 이들 모두 경찰대학에서 신임교육을 받게 된 겁니다. 물론, 경찰대학생은 4년, 경위공채자는 1년(52주)이라는 교육기간의 차이는 여전히 존재합니다.

경위공채자는 52주 동안 직무와 리더십, 현장체험, 체력단련 등으로 구성된 교육훈련을 받게 되며, 경위 직급이 관리자에서 실무자로 변화된 현실을 반영하여 실무중심으로 커리큘럼이 개편되었습니다.[2] 교육과정은 2개 학기(1학기, 2학기)와 여름·겨울계절학기로 구성되고 여름·겨울방학 1주씩 운영하고 있습니다(<표 15−1> 참조).[3] 경위공채자에게는 일정 금액을 교육수당으로 지급할 수 있도록 하고 있습니다.

표 15-1 교육구성(경위공채자-2024년)

<table>
<tr><th>구분</th><th>1학기
('24. 3. 4.~6. 28.)</th><th>여름계절학기
(7. 1.~8. 30.)</th><th>2학기
(9. 2.~12. 20.)</th><th>겨울계절학기
(12. 23.~'25. 2. 28.)</th></tr>
<tr><td rowspan="3">직무</td><td rowspan="2">• 경찰실무
(경무, 생안, 공공안전 정보, 교통안전·운영, 교통사고 수사, 외사 경찰활동, 수사학개론)</td><td>• 경찰서 관서 실습</td><td rowspan="2">• 수사실무
(반부패·공공·경제범죄수사, 과학수사, 강력범죄수사, 안보수사, 위기관리론, 경비경찰활동과 다중인파관리·테러대응, 보고서작성)</td><td>• 경찰서 관서 실습</td></tr>
<tr><td>• 사격</td><td>• 사격</td></tr>
<tr><td>• 법률
(경찰민법, 경직법)</td><td>• 경찰·해경·소방 간 후보 합동교육</td><td>• 과학치안 역량강화(빅데이터기반수사정보분석론, 빅데이터분석개론)</td><td>• 계절학기 특강</td></tr>
<tr><td>리더십</td><td>• 리더십 수업</td><td>• 리더십 수업</td><td>• 리더십 수업</td><td>• 리더십 수업</td></tr>
<tr><td>현장체험</td><td></td><td>• 경찰문화 탐방</td><td></td><td>• 경찰역사순례길 탐방</td></tr>
<tr><td>체력단련</td><td>• 무도
• 물리력대응훈련
• 사회체육</td><td></td><td>• 무도
• 물리력대응훈련
• 사회체육</td><td></td></tr>
<tr><td>기타</td><td>• 경찰정신 함양</td><td>• 여름방학(1주)</td><td>• 경찰정신 함양</td><td>• 겨울방학(1주)</td></tr>
</table>

경위공채과정 졸업은 전체 수업시간의 90% 이상을 수강하고 '성적'과 '생활평가' 기준에 부합해야 가능합니다. 경위공채과정을 졸업하고 경찰공무원으로 임용된 자는 수업연한에 해당하는 기간 경찰공무원으로 복무할 의무가 있으며 정당한 이유 없이 복무의무를 이행하지 않거나, 파면 또는 해임처분을 받게 되면 교육훈련에 든 경비(학비, 기숙사비, 수당, 지급 물품비, 급식비 등)의 전부 또는 일부를 상환해야 합니다.

한국의 경위공채자 교육을 독일과 비교한 결과 교육기간이 상대적으로 짧고 이에 따라 전공실습기간도 부족한 것으로 평가받고 있습니다.[4] 구체적으로, 중위직인 경위 계급의 신임교육은 36개월이고 현장실습은 1년이라고 합니다.[5]

일반순경 교육은 중앙경찰학교에서 38주 동안 이루어진다!!!

일반순경 교육은 중앙경찰학교에서 38주 동안 이루어집니다. 신임순경 교육은 중앙경찰학교가 개교하기 이전에는 경찰종합학교(현, 경찰인재개발원)에서 담당하였습니다. 1980년대 초반, 이미 경찰종합학교는 적정 수용인원을 초과하고 있었고 이에 따라 새로운 교육기관 신설 필요성이 대두되었습니다. 즉, 당시 경찰종합학교는 간부후보생(경위공채자), 순경 등에 대한 신임교육과 함께 현직경찰관에 대한 기본교육을 모두 담당하고 있었던 겁니다. 1983년부터 의무경찰 교육수요가 더해지자 경상북도 영천에 위치한 육군 제3사관학교 시설 일부를 대여 받아 경찰종합학교 영천분교의 설립을 추진하기도 하였으나 어디까지나 임시방편에 불과했습니다. 이에 따라 순경 및 의무경찰에 대한 신임교육을 전담할 새로운 교육기관 신설 계획이 추진되었습니다.[6]

현재 일반순경 교육과정은 학교교육과 현장실습을 병행하는 시스템이다!!!

중앙경찰학교는 충청북도 중원군 상모면 수회리 지역을 시설 부지로 확정하고 1985년 청사착공을 시작해서 1987년 9월 준공 및 개교식을 개최하였습니다.[7] 개교식 이전에 신임순경들을 입교시켜 교육을 받도록 하였으며 당시에는 6개월(24주) 과정으로 운영하였습니다. 중앙경찰학교 교육과정은 개교부터 2019년 상반기까지 약 30차례에 걸쳐 개정이 이루어졌습니다. 경찰 내·외 다양한 수요들을 교육과정에 반영한 결과로 이해할 수 있습니다. 이들 중 중요한 몇 가지를 살펴보면 다음과 같습니다.

먼저, 치안현장의 다양성, 예측불가능성 등에 효과적으로 대응할 수 있는 유능한 인재를 양성하기에 6개월 교육과정은 한계로 지적되곤 했습니다.[8] 2011년 학력주의 극복을 이유로 경찰공무원 임용에 필요한 '고등학교 졸업 이상' 학력기준 또한 폐지되자 신임순경 교육의 중요성이 다시 부각되었고 이에 따라 교육기간이 8개월(34주)로 연장되었습니다. 경찰실무에 대한 학습을 토대로 현장적응 훈련까지 나아감으로써 현장 대응력 향상을 도모하고자 학교교육(6개월)에 현장실습(2개월)을 병행하도록 한 것입니다.[9]

2019년부터 교육과정은 다시 '4 + 4'시스템으로 전환되어 운영되었습니다. 학교교육 4개월과 경찰관서 실습 4개월을 병행하여 운영한 것이죠.[10] 하지만 2022년부터 다시 현장실습을 2개월로 단축하되 '현장사례교육'과 '실외훈련'을 통해 교육과정 내실화를 도모하였습니다.

중앙경찰학교 신임교육과정은 2023년 하반기, 다시 한번 개편됩니다. 교육기간을 8개월(34주)에서 9개월(38주)로 연장하면서 학교교육 6개월 2주(28주), 현장실습(지구대/파출소 실습) 8주, 시도청 교육센터 2주로 구성하였습니다. 이와 함께 이론 중심 강의식 수업에서 과

감히 탈피하여 토론·체험식 사례연습과 실전종합훈련을 대폭 확대하였습니다.[11)]

중앙경찰학교 학교생활은 일과표에 따라 이루어지며 적응교육 기간이 종료된 이후에는 외출과 외박이 가능하게 됩니다. 순경 교육훈련생에게는 일정 금액을 교육수당으로 지급할 수 있도록 하고 있습니다.

구체적인 교육과정은 매년 조금씩 차이가 있으나 2024년 기준 시간단위(총 1,380시간)로 세분화하면 <표 15－2>와 같습니다.[12)] 순경과정 졸업은 교육일수의 90% 이상을 이수하고 교육성적이 평균 60점 이상이어야 가능합니다.

표 15-2 교육시간(순경 공채 - 2024년)

교내 교육(980h) / 28주												현장 실습등 (400h) / 10주
실무융합학과				현장대응융합학과					특강	외래수업	필수교육	
실무총론	사례연습	실전종합훈련	평가준비	실무총론	기초역량교육	종합FTX훈련	다중인파관리	위기극복Pro				
57	156	99	69	12	156	21	21	21	43	57	277	400

자료 : 중앙경찰학교(2025)

경찰공무원 신임교육에 대한 지속적이고 체계적인 평가가 필요하다!!!

경찰공무원 신임교육은 그동안 일반 국민으로서의 자신을 뛰어넘어(탈사회화 : de－socialization) 경찰공무원에게 필요한 지식과 태도 등을 습득하는 것을(재사회화 : re－socialization) 주요 목표로 하고 있습니다. 나아가 교육과정에서 습득한 내용은 실제 직무수행과정에서 발휘될 수 있어야 합니다. 이를 위해서는 교육훈련에 대한 지속적이고 체계적인 평가가 필요합니다. 근래 중앙경찰학교 교육에 대한 평가작업이 조금씩 이루어지고 있음은 고무적인 일이라고 생각합니다. 몇 가지 내용을 살펴보면 다음과 같습니다.

먼저, 2019년 제1차 경찰공무원 채용시험에 최종합격한 후 신임 교육과정 이수 중인 교육생 276명을 대상으로 중앙경찰학교에서의 학교생활과 교육과정에 대한 전반적인 만족 수준을 조사한 내용입니다.[13] 교육생들은 학교생활과 교육과정에 대하여 전반적으로 만족하나 상대적으로 교육과정보다 학교생활 자체에 대한 만족도가 높다는 사실도 확인할 수 있습니다(<그림 15-1> 참조).

그림 15-1 학교생활과 교육과정에 대한 만족도(순경)

학교생활(내무생활 포함)에 대한 만족

1.8% 3.6% 27.5% 37.0% 30.1%

전혀 그렇지 않다 / 그렇지 않다 / 보통이다 / 그렇다 / 매우 그렇다

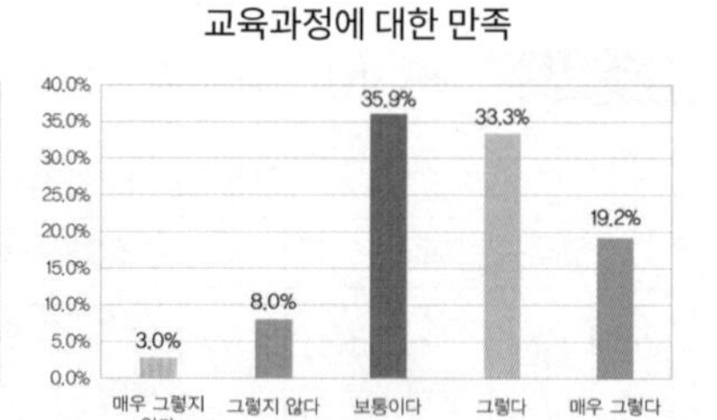

자료 : 박상진(2019 : 110, 112)

다음으로, 교육과정에 대한 세밀한 분석을 위해 중앙경찰학교에서 이루어지는 학교교육(4개월)과 현장실습(4개월) 기간이 지식과 경험 습득에 적절한지 알아보았습니다(<그림 15-2> 참조). 나아가, 학교교육과정이 이론과 실무학습 수행에 적합한지도 살펴보았습니다(<그림 15-3> 참조). 교육생들은 과거 4 + 4 체제에 대해 모두 보통 수준의 만족도를 보이고 있었습니다. 그럼에도 학교교육에 대한 만족도가 현장실습에 비해 낮은 것으로 평가되었습니다. 또한 학교에서 이루어지는 교육과정이 이론과 실무학습을 수행하기에 보통수준으로 평가되고 있습니다.

그림 15-2 학교교육과 현장실습에 대한 만족도(순경)

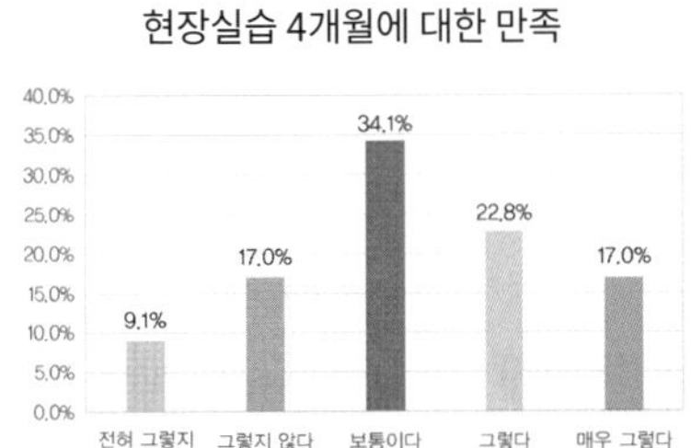

자료 : 박상진(2019 : 111)

그림 15-3 교육과정의 적절성에 대한 태도(순경)

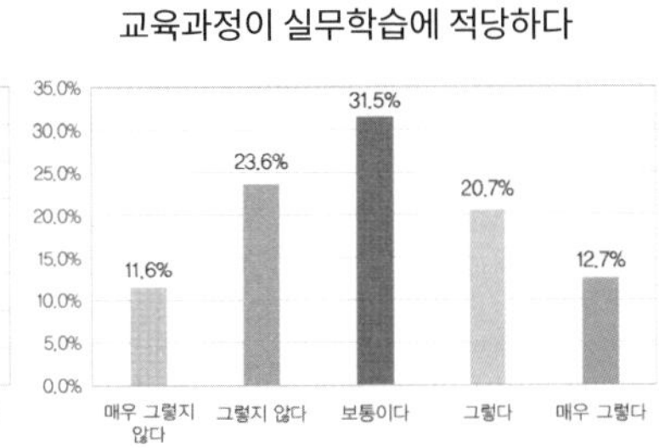

자료 : 박상진(2019 : 110)

종합해 보면, 중앙경찰학교 교육생들은 학교에서 이루어지는 교육과정에 비해 학교생활 자체에 만족하고 있으며, 교육과정이 이론과 실무학습에 적당한지에 대해 확신이 부족해 보입니다. 특히 4 + 4 시스템 아래에서 학교교육 4개월에 대한 개선 필요성은 매우 높다고 할 수 있습니다. 최근 개편된 교육과정이 교육생들에게 어떻게 평가될 것인지, 지속적인 분석이 필요해 보입니다.

교육생들이 아니라 실습관서 현장경찰관들을 대상으로 신임교육생들이 현장에서 필요로 하는 역량을 구비하고 있는지 등을 확인한 연구도 있습니다.[14] 이에 따르면, 관서실습에 참여한 현장경찰관들은 신임교육생들이 현장에서 필요로 하는 기대 수준보다 낮은 성과를 보이고 있다고 평가합니다(<그림 15-4> 참조). 그리고 이러한 이유로는 중앙경찰학교에서 이루어지는 교육이 현장과 연계되지 않았기 때문이라는 생각이 68.29%로 가장 높게 나타났습니다.

그림 15-4 신임교육생들에 대한 현업적응도 평가

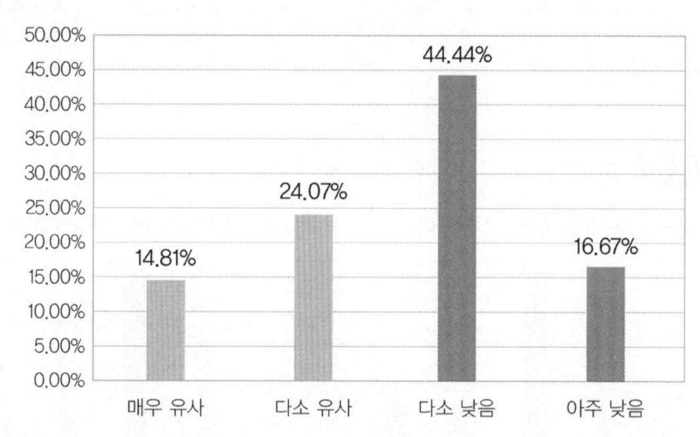

자료 : 이정기(2018 : 252)

중앙경찰학교는 신임순경 교육의 중추 기관으로 그 역할을 충실히 수행해 왔습니다. 그동안 중앙경찰학교는 최일선 경찰관서에서 근무하게 될 순경을 대상으로 직책이 요구하는 적실성 있는 교육을 통해 경찰발전에 많은 기여를 한 것으로 평가받고 있습니다.[15] 하지만 동시에 교육기간 연장과 현장실습 강화, 학력 수준에 따른 탄력적 교육훈련 프로그램 제공, 부적격자 관리 엄정, 교수요원 자질 강화 등 다양한 개선 방안들도 반복적으로 제시되고 있습니다.[16] 순경 교육훈련이 어떻게 변화되어 갈지, 지속적으로 관심을 기울여야 할 것 같습니다. 상대적으로 연구가 부족했던 경위공채자 교육훈련에 대해서도 추가적인 관심이 필요해 보입니다.

경찰공무원 신임교육과정이 군대 훈련소와 닮아있고 이로 인해 치안일선에서의 적절한 대응에 부정적으로 작용할 수 있다는 문제가 지적되곤 했습니다.[17] 범죄대항자(crime fighter) 또는 전사(戰士)로서의 역할에는 어울리지만 오늘날 강조되는 인권과 시민의식 등과는 거리가 있기 때문입니다. 시대 가치에 부응하는 새로운 경찰이 요구되고, 그 시작은 신임교육과정일 수 있습니다. 교육생들의 인권감수성 제고를 위한 노력이 필요하며, 인권 관련 교과목을 이수하는 수준에서 벗어나 교육기관에서의 생활 전반이 더욱 인권 친화적이어야 할 것으로 봅니다.

In Conclusion

경찰공무원 시험에 합격한 응시자들은 신임교육을 통해 경찰관에게 필요한 지식과 기술, 태도와 가치관 등을 습득하게 됩니다. 가급적 현장에 빨리 배치되어 경찰업무를 경험하고 싶어 하는 사람도 있겠으나 치안 현장은 연습실이 아닙니다. 역량 부족으로 실패하게 될 때, 그냥 툭툭 털고 다시 도전할 수 있는 그런 곳이 아니라는 겁니다. 현장에서의 실패는 경찰생활의 실패로 이어질 수 있기 때문입니다. 그러니 가급적 최대한 준비된 상태에서 현장으로 나가야 합니다.

경찰업무의 복잡성과 다양성이 점차 높아지고 이에 따라 경찰교육훈련 전반에 대한 중요성이 강조되고 있습니다. 재직자에 대한 재교육도 중요하지만 신임경찰관에 대한 교육훈련은 그 중요성을 아무리 강조해도 지나치지 않습니다.

현재 경찰신임교육은 경찰대학에서 이루어지는 경위공채자 52주 교육과 중앙경찰학교에서 이루어지는 순경공채 및 각종 특채 38주 교육으로 구분할 수 있습니다. 경위공채자와 순경 교육 모두에서 학교교육과 경찰관서 실습을 병행하고 있습니다. 신임교육이 실무역량을 제고하는 방향으로 설계되는 모습입니다. 교육훈련 기간이나 교육과정 등에 대한 획일적인 평가 기준은 없습니다. 그럼에도 몇 가지 고려되어야 할 내용은 있습니다. 먼저, 다른 나라 상황입니다. 경찰활동에 있어 우수한 성과를 보이는 국가들을 벤치마킹할 수 있습니다. 다음으로, 신규채용 과정에 대한 분석입니다. 신규채용 과정에서 실무지식과 가치관 등을 충분히 검정할 수 있다면 교육훈련 기간은 상대적으로 단축될 수 있기 때문입니다.

경찰교육훈련은 그 자체의 중요성에도 불구하고 그 효과를 확인하기 위한 노력은 활발하지 못했습니다. 최근 교육과정에 대한 평가들이 나타나고 있으나 훈련 참가자들의 만족 정도를 확인하는 데 그치는 수준입니다. 교육훈련 결과가 실제 현장에서의 직무수행으로 전이(transfer)되고 있는지, 그리고 그 결과 조직이 추구하는 가치들이 효과적으로 성취되고 있는지, 더욱 광범위하고 체계적인 평가가 필요해 보입니다.[18]

참고문헌

1) 내무부 치안국, 1972, 한국경찰사 Ⅰ. 서울 : 내무부치안국, p. 958.

2) 경찰청, 2024, 경찰백서, 서울 : 경찰청, p. 242.

3) 경찰대학, 2025, 2024 경위공채과정 교육운영계획, 내부자료.

4) 신현기, 2010, "한국과 독일의 경찰간부후보생 교육훈련제도에 관한 비교 연구," 한국경찰연구 9(2), pp. 107-110.

5) 김형훈, 2022, "독일의 경찰채용과 교육훈련의 시사점," 경찰대학 치안정책연구소 & 한국공안행정학회 학술세미나 자료집, p. 11.

6) 경찰청, 2006, 한국경찰사 Ⅴ. 서울 : 경찰청, pp. 574-575.

7) 경찰청, 2006, 위의 책, p. 579.

8) 경찰청, 2015, 한국경찰사 Ⅵ, 서울 : 경찰청, p. 790.

9) 경찰청, 2011, 2011 성과관리 시행계획, 서울 : 경찰청, p. 222 ; 이정기, 2018, "중앙경찰학교의 교육적 성과와 발전 방향," 한국경찰학회보 20(3), p. 229.

10) 박찬혁, 2020, "중앙경찰학교 실무교육 강화 방안에 대한 소고," 경찰학논총 15(1), p. 160.

11) 경찰청, 2024, 경찰백서, 서울 : 경찰청, p. 242 ; 중앙경찰학교, 2025, 중앙경찰학교 신임경찰 교육과정(커리큘럼), 내부자료.

12) 중앙경찰학교, 2025, 전게자료.

13) 박상진, 2019, "중앙경찰학교 교육생의 학교생활 실태분석 및 시사점," 한국치안행정논집 16(3), pp. 110-112.

14) 이정기, 2018, 앞의 논문, pp. 251-252.

15) 경찰청, 2006, 앞의 책, p. 582.

16) 민흥기 · 정보성 · 정의롬, 2020, "신임교육의 대표인 중앙경찰학교의 발전방안," 한국공안행정학회보 78, pp. 164-165 ; 박찬혁, 2020, 앞의 논문, pp. 174-177 ; 이정기, 2018, 앞의 논문, pp. 253-259.

17) Rahr, S. & Rice, S. K., 2015, "From warriors to guardians : recommitting american police culture to democratic ideals," New Perspective in Policing, Harvard Kennedy School.

18) Kirkpatrick, J. D. & Kirkpatrick, W. K., 2016, Kirkpatrick's Four Levels of Training Evaluation, Alexandria, VA : ATD Press.

Q16. 경찰이 하는 일은 무엇인가요?

많은 학생이 경찰이 되어서 나쁜 사람들을 혼내주고 싶다고 합니다. 혼낸다는 의미와 그 과정에서 경찰에게 주어진 역할이 제한적이라는 사실... 아시나요? 사건이 발생했을 때 경찰이 하는 역할은 수사 활동을 통해 범인은 검거하는 겁니다. 검거된 범인을 재판에 넘겨 유무죄를 따질지(기소)는 검찰의 몫이며, 재판과정에서 범인에 대한 처벌 수위를 결정하는 것은 판사의 몫이고, 처벌의 구체적 집행은 교정기관의 몫이기 때문입니다. 나아가, 나쁜 사람이 아니라 수많은 선량한 사람에게 경찰은 어떤 역할을 할 수 있는지, 진지한 고민이 필요합니다.

In General

일반적으로 경찰은 '사회공공의 안녕과 질서 유지'를 목적으로 다양한 활동을 수행한다고 이해됩니다. 하지만 어떤 학자들은 경찰을 개념 정의하는 데 있어 '합법적인 강제력을 행사할 수 있다'는 것만으로 충분하다고 합니다.[1] 이들은 경찰활동이 사회공공의 안녕과 질서 유지에 국한된 것은 아님을 강조합니다.

경찰 업무는 한편으로는 축소를, 또 다른 한편으로는 확대를 함께 경험하고 있습니다. 일제식민지 시기에 활동한 헌병경찰은 의병토벌, 첩보 수집 등의 업무는 물론 범죄즉결처분권, 민사쟁송조정권 등의 권한도 가졌고, 일본어 보급, 농사개량, 징세, 산림·위생 감독 등 행정업무까지 광범위하게 행사했습니다.[2] 해방 이후, 경찰이 담당한 업무 중 상당부분은 새로운 부서 신설 등과 함께 경찰로부터 해당부서로 이관됩니다. 이러한 작업을 비경찰화 또는 탈경찰화(Entpolizeilichung)로 부르기도 합니다. 한때 경찰이 담당했던 소방, 위생, 철도 분야에서의 안녕과 질서유지 활동은 오늘날 소방청, 식품의약품안전처, 국토교통부 철도특별사법경찰대 등에서 관장하고 있습니다. 경찰 업무가 축소된 것이죠.

하지만 경찰을 둘러싼 환경의 변화는 경찰역할의 확대와 강화도 함께 요구합니다. 경험하지 못한 새로운 문제들이 발생할 때 우리 사회는 이를 범죄로 규정하고 경찰에게 처리를 맡기려고 합니다. 사이버공간의 발달과 함께 등장한 사이버범죄는 경찰이 해결해야 할 새로운 업무에 추가되었습니다. 전통적으로 사적 자치가 강하게 인정되던 가정이나 학교 등과 같은 공간도 공공성(폭력)을 고리로 경찰활동의 대상이 되고 있습니다. 간첩 등 중요방첩수사를 담당했던 보안부서는 북한이탈주민보호 등 시대에 어울리는 새로운 기능을 탑재하고 있습니다. 이를 통해 경찰 업무 역시 확대되고 있습니다.

사회로부터 요구되는 다양한 업무가 경찰에겐 기회이자 위협일 수 있습니다. 주어진 업무를 어떻게 처리하느냐에 따라 경찰존재의 정당성이 다르게 평가될 수 있기 때문입니다. 경찰이 업무를 제대로 처리하기 위해서는 우선 업무에 대한 성찰이 필요합니다. 자신에게 주어진 사회적 역할과 그 한계에 대하여 분명히 인식하고 있어야 합니다. 그렇다면 경찰의 역할은 무엇인지… 좀 더 자세하게 살펴보도록 하겠습니다.

In Specific

예전 모 지방경찰청장이 학교를 찾아와 대학생들을 대상으로 특강을 하는 자리가 마련되었습니다. 청장은 학생들을 쭉 둘러보다가 갑자기 "경찰이 하는 일이 무엇입니까?"라고 질문을 던졌습니다. 약간의 침묵이 흐른 뒤 청장은 "경찰은 도둑을 잡습니다"라고 스스로 답을 주었습니다.

당시 학생들 머릿속엔 이런저런 생각이 많이 지나갔으리라 짐작합니다. 경찰학에서는 공공의 안녕과 질서 유지를, 담당 교수로부터는 범죄 예방이 중요하다는 말을 여러 차례 들어왔기 때문입니다. 도둑을 잡는 것과 범죄를 예방하는 것 사이에 차이가 있나요? 좀 더 자세하게 살펴봐야 할 것 같습니다.

> 경찰은 공공의 안녕과 질서를 유지하기 위해 다양한 업무를 수행한다!!!

시간이나 공간에 따라 경찰이 하는 일들이 조금씩 다를 수 있지만 한국경찰에게는 법률(국가경찰과 자치경찰의 조직 및 운영에 관한 법률, 경찰관직무집행법)을 통해 <그림 16-1>과 같은 임무들이 부여되어 있습니다.

법률에 의해 부여된 임무들을 충실히 수행하기 위해 한국경찰은 업무를 구분하여 조직과 기능별로 담당하고 있습니다. 우선, 조직부터 살펴보면 다음과 같습니다. 경찰은 경찰청을 통해 치안에 관한 사무를 관장하고 있으며 2024년 현재 경찰청은 청장을 중심으로 1차장, 1본부, 8국, 12관, 54과, 3팀으로 구성되어 있습니다. 보다 구체적으로 생활안전교통국이 민생치안을, 수사기획조정관·수사인권담당관·수사국·형사국·안보수사국이 소속된 국가수사본부가 수사를

그림 16-1 경찰의 임무(직무)

- 국민의 생명·신체 및 재산의 보호
- 범죄의 예방·진압 및 수사
- 범죄피해자 보호
- 경비, 주요 인사 경호 및 대간첩·대테러 작전 수행
- 공공안녕에 대한 위험의 예방과 대응을 위한 정보의 수집·작성 및 배포
- 교통 단속과 교통 위해의 방지
- 외국 정부기관 및 국제기구와의 국제협력
- 그 밖에 공공의 안녕과 질서 유지

담당하고, 경비국·치안정보국·범죄예방대응국·국제협력관이 사회질서 유지를, 대변인·감사관·기획조정관·경무인사기획관·미래치안정책국이 행정지원을 각각 담당하고 있습니다. 부속기관으로 경찰대학·경찰인재개발원·중앙경찰학교·경찰수사연수원 등의 교육기관과 책임운영기관인 경찰병원 또한 설치해 두고 있습니다. 이와 함께 치안사무를 지역적으로 분담 수행하기 위해 전국 특별시·광역시·도에 18개 시·도경찰청을 두고 있으며 시·도경찰청장 소속하에 경찰서, 지구대, 파출소를 운영하고 있습니다.

다음으로, 이들을 기능별로 살펴보면 다음과 같습니다. 먼저, 범죄예방대응 기능에서는 순찰을 통해 범죄를 예방하고, 112신고 출동으로 현장에서 국민의 안전을 확보합니다. 기초질서 유지 및 범죄예방, 각종 안전사고 예방 등 경찰의 전반적인 업무를 담당하는 것입니다. 둘째, 수사기능은 살인, 강도 등 강력범죄, 사기, 횡령 등 범죄 수사를 통해 범인을 검거하고 안전한 사회를 만들기 위해 다양한 수사활동을 담당하고 있습니다. 셋째, 사이버수사 기능은 해킹, 인터넷사기, 사이버명예훼손 등 사이버 공간의 안전을 위해 사이버범죄를 수사합니다. 넷째, 교통 기능에서는 교통단속과 사고 예방 및 법규위반자 단속, 교통사고조사를 담당하여 안전하고 원활한 소통을 위해 일합니다. 다섯째, 국제협력 기능에서는 치안분야 국제협력 정책의 수립·총괄·조정, 국제형사경찰(인터폴) 업무를 담당하며, 여섯째, 경비

기능은 중요 인사의 경호 및 시설 방호, 대테러 예방 및 진압대책 등에 관한 업무를 수행합니다. 일곱째, 치안정보 기능은 공공안녕과 관련된 광범위한 정보를 수집, 분석하여 위험의 예방과 대응을 지원하고, 여덟째, 안보 기능은 대간첩 정보수집 등 국가안보와 관련된 전반적인 업무를 담당합니다. 홍보 기능은 경찰의 일을 국민들에게 알리고, 여론을 파악하여 경찰활동에 반영하는 업무를 수행합니다. 최근 경찰의 업무범위가 확장되어 학교폭력 예방 등의 업무를 담당하는 학교전담경찰관(SPO : School Police Officer) 제도가 시행 중이고 아동학대를 비롯해 각종 학대문제에 대응하기 위한 학대전담경찰관(APO : Anti-abuse Police Officer) 제도도 운영되고 있습니다.[3] 보다 자세한 업무 내용은 「경찰청과 그 소속기관 직제(시행규칙)」 등을 통해 파악할 수 있습니다.

근대 경찰의 핵심에는 예방기능의 강조가 자리한다!!!

이처럼 방대한 업무를 '도둑 잡는 일' 또는 '범죄 예방'과 같이 한 문장으로 축약하기란 처음부터 불가능하거나 매우 어리석은 시도처럼 보입니다. 경찰은 사건이 발생하지 않도록 철저히 대비하고 발생한 사건은 신속한 수사를 통해 해결해야 하므로 두 기능 모두 중요해 보입니다. 이 문제를 해결하기 위해 우선 다음과 같은 사례들을 생각해 보기 바랍니다.

Case 1. 조용한 새벽, 갑자기 밖에서 소리가 납니다. 누군가 우리 집에 침입한 것 같습니다. 떨리는 마음을 진정시키며 112 신고를 합니다. 이때 경찰은 '내가 간다'라는 것을 광고라도 하듯이 요란하게 사이렌을 울리며 출동합니다. 어떻게 평가하나요?

① 잘하는 것이다 ② 잘못하는 것이다

Case 2. 과속으로 인해 사고가 많이 발생하는 도로 지점에서 과속 차량들을 단속하기 위해 비노출 단속활동을 하고자 합니다. 즉, 그곳을 통과하는 일반차량 운전자들은 단속활동이 이루어지는 사실을 모를 가능성이 높습니다. 어떻게 평가하나요?

① 잘하는 것이다 ② 잘못하는 것이다

많은 학생이 다음과 같이 생각합니다. 첫 번째 사례에서… 학생들은 경찰이 조용하게 출동해야 하며 시끄럽게 출동함으로써 범인을 도피하도록 만들었기 때문에 잘못되었다고 이야기합니다. 두 번째 사례에서… 과속하는 나쁜 운전자들은 혼나야 하고 단속사실을 굳이 알려야 되는 것은 아니기에 경찰이 잘하는 것으로 평가합니다. 여러분은 어떠했습니까?

오늘날 우리 주변에서 활동하는 경찰의 전형(model)은 1829년 창설된 런던수도경찰(London Metropolitan Police)에서 찾고 있으며 이를 근대 경찰(modern police) 또는 신 경찰(new police)이라고도 부릅니다. 인간이 지구상에 나타나면서부터 자연스럽게 집단 내 질서 유지는 필요하게 되었고 이를 수행하기 위한 다양한 형태의 조직들이 등장해 왔습니다. 이들 모두는 경찰조직으로서 그 역할을 수행한 것이죠. 그럼에도 특정 시점에 등장한 조직에 '근대'라는 수식어를 붙여 이전 조직들과 차별화하고 있습니다. 그렇다면 근대와 전근대를 구분하는 특징은 무엇일까요?

다양한 학자들에 의해 근대 경찰의 주요 특징이 규명되어 왔지만 그 핵심에는 '예방' 기능의 강조가 자리하고 있습니다.[4] 사건이 발생하고 난 이후에 범죄자 체포에 주력하기보다는 발생하지 않도록 예방하는 것이 더욱 합리적인 선택이라는 근대성의 표현으로도 볼 수 있습니다.[5] 물론, 수사 활동을 통한 범인 검거도 중요합니다. 아무리 경찰이 두 눈 부릅뜨고 대비한다고 해도 범죄는 발생할 수 있고 이를 잘 해결해야 피해자의 억울함이 해소되고 유사한 사건이 반복되지 않을 수 있기 때문입니다. 하지만 두 기능이 충돌할 때 우선순위는 필요하며 당연히 예방에 초점이 맞추어져 있어야 합니다.

앞의 두 사례 모두 예방기능과 잡는 기능이 중첩되어 있음을 알 수 있습니다. 첫 번째 사례에서 만일 경찰이 학생들 생각처럼 조용하게 출동한다고 가정해 봅시다. 물론 잡기 위해서지요. 방관자이자 멀리 떨어져 있는 학생들과는 달리 112신고를 하고 떨리는 마음으로 경찰을 기다리는 집주인의 마음은 어떻겠습니까? 집주인에게는 지금 당장 밖에 있는 사람이 자기 집을 벗어나게 만드는 것이 무엇보다 중요합니다. 우선은 나의 안전을 확보하고 잡는 것은 나중으로 미루어 두어도 된다는 겁니다. 누군가 낯선 사람이 문밖에 있다는 사실은 나의 안전감을 침해할 수 있습니다. 연속적이고 지속적으로 침해받는 상태로부터 더 이상의 침해를 막아내는 것, 이를 위해서는 세상 떠나가라는 듯 요란하게 경찰출동을 알려야 합니다.

두 번째 사례 또한 마찬가지로 이해할 수 있습니다. 사고가 많이 발생하는 위험한 장소라면 경찰은 해당 장소가 위험함을 알리고 운전자들로 하여금 과속하지 않도록 유도해야 합니다. 잡기 위해 비노출상태에서 단속에만 열중하는 경찰을 잘 하는 것으로 평가할 수 없습니다. 위반하는 차량을 잡는 것보다 위반하지 않도록, 그래서 운전자의 생명과 신체, 재산에 손해가 발생하지 않도록 만드는 것이 더욱 중요하기 때문입니다.

법률에서 규정하고 있는 경찰의 임무를 다시 한 번 살펴보면 (<그림 16-1> 참조), "국민의 생명·신체 및 재산의 보호와 범죄의 예방·진압"이 가장 우선적인 임무로 규정되어 있음을 확인할 수 있습니다.[6] 범죄수사 활동을 위해 이와 같은 가치들이 방치되거나 훼손되어서는 곤란합니다. 그러니, 학생들 머리에서 지방청장과 담당

교수… 누가 더 적절했는지, 이제는 조금 쉽게 선택할 수 있으리라 봅니다.

참고로, 한국에서 경찰개념이 사용되기 이전에 경찰활동을 수행한 대표적인 조직은 포도청이었습니다. 포도청은 포도(捕盜)를 핵심 기능으로 제시하고 있는 바, "도둑을 잡는 일"입니다. 경찰(警察)은 "경계하고 살피는 일"이 중심으로 등장합니다. 이름을 짓기 위해 모든 부모들이 들이는 공(노력)을 생각한다면 적어도 한국경찰은 이름값은 할 수 있어야 할 것 같습니다.

범죄율과 검거율은 한국 경찰의 우수성을 보여주고 있다!!!

앞에서 살펴본 다양한 업무를 한국경찰은 어떻게 수행하고 있을까요? 구체적으로 한국경찰에 대한 평가는 어떻다고 생각하세요? 많은 일을 하는 것이 중요할 수 있으나 더욱 중요한 것은 얼마나 잘 하느냐의 문제일 겁니다. 지금부터 여기에 초점을 맞추어 살펴보도록 하겠습니다.

경찰활동에 대한 평가는 다른 대부분의 공공분야와 마찬가지로 어렵습니다. 민간에서 생산되는 상품처럼 눈에 바로 띄지 않아 품질은 고사하고 수량을 확인하기도 어렵기 때문입니다. 그럼에도 경찰이 제대로 된 활동을 하고 있는 것인지 끊임없이 질문이 있어 왔고 경찰 또한 이에 대해 이런저런 답변을 내 놓곤 했습니다. 2020년 7월, 제22대 경찰청장으로 취임한 김창룡 청장은 "가장 안전한 나라, 존경과 사랑받는 경찰"을 목표로 제시했습니다. 한국경찰은 예전부터 세계적 수준의 치안 안정성에 대하여 자랑해 왔습니다. 2011년 경찰백서 내용을 잠시 옮겨보겠습니다.

> 우리 경찰의 이러한 우수성은 선진 외국(OECD 주요 7개국)과의 주요 치안지표·지수 비교에서 더욱 명확히 나타난다. 인구 10만 명당 4대 범죄(살인, 강도, 강간, 절도) 발생건수는 OECD 주요 7개국 평균의 1/4 수준인 반면, 검거율은 3.1배 가량이 높았다('09년 기준).[7]

유사한 취지의 내용들이 지속적으로 반복되었고 2019년 경찰백서에서도 "어느 나라와 비교해도 뒤지지 않는 세계적 수준의 안정된 치안을 유지하고" 있음이 제시되어 있습니다.[8]

범죄를 예방하고 범인을 검거하는 일은 경찰의 핵심 활동일 수 있습니다. 그러므로 이들을 중심으로 경찰활동을 평가하려는 시도는 자연스러워 보입니다. 범죄예방과 관련된 성과를 발생률로, 범인검거와 관련된 성과는 검거율을 통해 평가하려는 것입니다. 사실, 범죄발생률은 예방활동에 대한 직접지표는 아닙니다. 하지만 경찰의 노력을 통해 예방된 범죄건수를 직접 헤아리기란 거의 불가능합니다. 그러기에 예방되지 않고 발생한 범죄를 통해 예방활동의 성과를 간접적으로 평가하는 것입니다. 이를 고려할 때, 한국경찰이 제시하는 성과는 대단해 보입니다. 주요 선진국들에 비해 범죄발생률은 낮고 검거율은 높기 때문입니다. 그것도 상당한 수준 차이를 보이면서 말이죠. '치안한류'라는 개념이 당연한 것인 양 보이기도 합니다.

하지만 경찰활동 성과평가 과정에서 주의해야 할 사항이 하나 있습니다. 바로 해당 통계의 정확성 문제입니다. 사회에서 발생한 모든 범죄를 경찰을 비롯한 사법기관들이 정확하게 파악하기란 불가능합니다. 범죄피해자가 피해사실을 경찰에게 신고하지 않을 수 있으며, 피해사실 자체를 모를 수도 있기 때문입니다. 이로 인해 파악되지 않는 범죄들이 암수범죄(dark figure of crime, hidden crime figures)입니다.[9] 또한 경찰이 이런저런 눈치 때문에 사건을 정확하게 기록하지 않을 수도 있습니다. 물론, 기록과정에서 사실과 다르게 분류되는 경우도 존재할 수 있습니다. 실제 한국에서도 상당한 수준의 암수범죄가 존재합니다(<그림 16-2> 참조). 폭력범죄의 약 33% 수준, 재산범죄의 약 22% 수준만이 신고될 뿐, 나머지 상당부분은 신고조차 되지 않기 때문입니다. 또한 경찰은 범죄통계관리에 있어 다양한 문제를 노출하는 것으로 알려져 있습니다.[10]

그림 16-2 범죄피해 신고율(2018년)

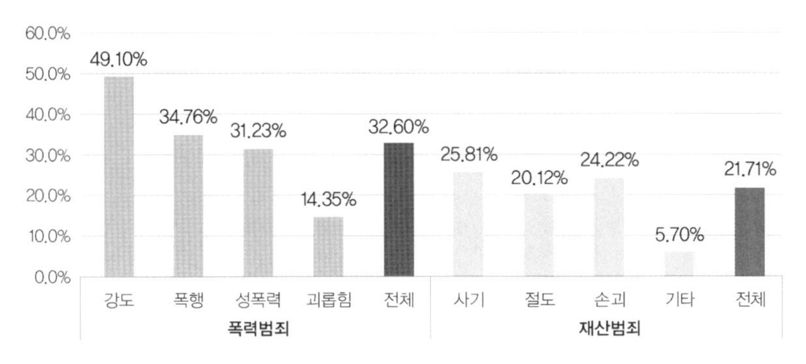

자료 : 김민영 외(2019 : 222)

자료의 신뢰성이 의심되는 상황에서 경찰활동 성과를 논하기가 왠지 께름칙합니다. 다행인 것은 그나마 상대적으로 정확성이 높아 신뢰할 수 있는 범죄통계가 존재한다는 겁니다. 바로 살인범죄 통계입니다. 살인범죄에 대해서는 사회적 관심이 워낙 높고 피해상황을 조작하는 것 또한 어렵기 때문입니다.[11]

살인범죄 통계는 비교적 신뢰성이 높은 것으로 평가된다!!!

이제 살인범죄에 초점을 맞추어 다시 한 번 한국경찰의 활동성과를 살펴보도록 하겠습니다. UN자료에 기초해서 주요 국가별 살인범죄발생률을 살펴보면 <그림 16-3>과 같습니다.[12] 2018년 기준

세계 평균은 인구 10만 명당 5.8명의 살인범죄 피해자 발생을 추정하고 있습니다. 한국에서는 2018년 살인범죄(기수)가 309건 발생했고[13] 이를 범죄율(인구 10만 명당 발생건수)로 환산하면 0.6이 됩니다. 비록 한국보다 살인범죄발생률이 낮은 국가들도 있지만 한국 상황은 매우 양호한 수준임을 확인할 수 있습니다.

그림 16-3 살인범죄율(2018)

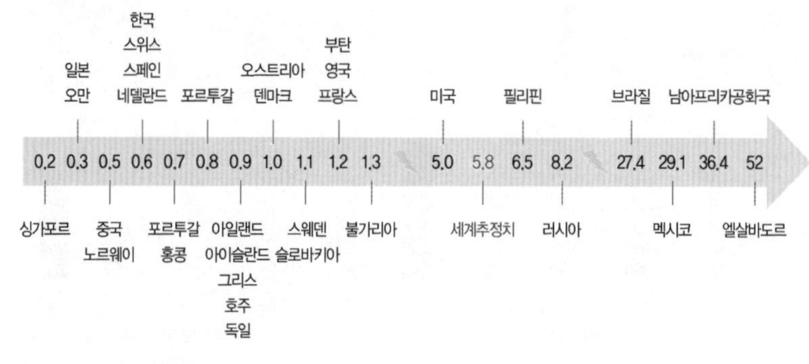

자료 : UNDOC(2020)

한국경찰이 지금까지 제시해 온 경찰활동 성과에 대한 우수성은 조금 더 객관적인 자료를 통해서도 확인할 수 있었습니다. 하지만, 여전히 께름칙함이 남아 있습니다. 왜 그럴까요? 여론조사 기관인 GALLUP에서는 매년 세계법질서 수준을 지수화해서 발표하고 있습니다. 2018년, 142개 조사대상 국가에 거주하는 성인들에게 다음과 같은 4개 문항에 대하여 질문하였습니다.[14]

Q1. 당신이 살고 있는 도시 또는 지역을 기준으로 해당 지역에서 활동하는 경찰에 대하여 신뢰하나요?

Q2. 당신이 살고 있는 도시 혹은 지역에서 밤에 혼자 걸어도 안전하다고 느끼십니까?

Q3. 지난 12개월 동안 귀하 또는 가족들 중 누군가가 돈이나 재산을 도난당한 적이 있습니까?
Q4. 지난 12개월 동안 귀하께서는 폭행 또는 강도를 당한 적이 있습니까?

전체 응답자료에 기초해 국가별 법질서 지수(Law and Order Index)를 산출해서 결과를 보여주는데요, 싱가포르가 97점으로 수년째 1위를 차지하고 있습니다. 한국은 83점으로 공동 40위 수준입니다.[15]

범죄율과 체감안전도는 별개인 것처럼 나타날 수 있다!!!

이상합니다. 범죄발생률이 상대적으로 낮은 상황에서 한국의 법질서 지수는 기대보다 저조하기 때문입니다. 이는 실제 범죄발생상황과 시민들이 느끼는 체감안전 사이에 괴리가 있기 때문으로 이해할 수 있습니다. 즉, 한국에서 실제 발생하는 범죄수준은 상대적으로 양호하나 시민들이 느끼는 불안감은 이와는 무관하게 높게 나타나고(<그림 16-4> 참조),[16] 이것이 법질서 지수에 부정적으로 반영된 결과라는 겁니다.

낮은 범죄발생률과 높은 불안감, 이해가 되나요? 전통적으로 불안감은 범죄와 밀접하게 연관되어 있고 범죄발생을 줄이면 불안감도 따라서 줄어들 것으로 예상했습니다. 그러니 한국에서 나타나는 시민들의 높은 불안수준은 현실(범죄률이 낮다는)을 제대로 모르기 때문이며 광범위한 홍보를 통해 충분히 극복할 수 있는 것인 양 취급되기도 했습니다. 하지만 객관적 상황과 주관적 감정 사이에 높은 상관관계가 나타나지 않을 수 있음은 <그림 16-4>를 통해서 확인할 수 있습니다. 한국, 러시아, 독일 등이 위해경험률에 비해 상대적으로 높은 불안감을 보이고 있다면 스위스, 아이슬란드에서는 반대의 상

그림 16-4 범죄경험과 불안감

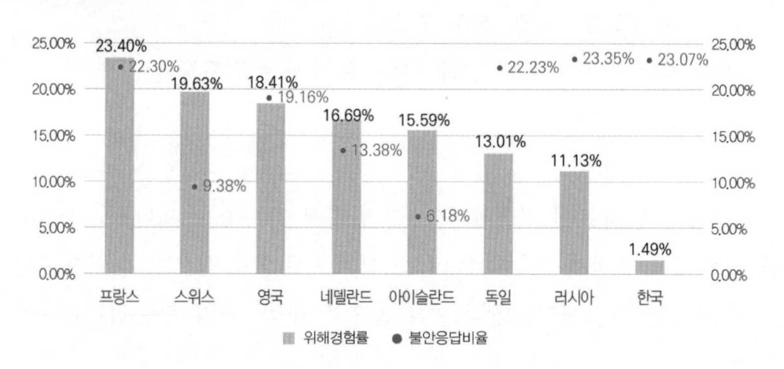

위해경험률 : "귀하나 가구원 중 최근 5년 동안 강도나 신체적 위해를 당한 적이 있습니까?"에 대해 ① 예 ② 아니오 응답 측정

불안감 : "어두울 때 주변을 혼자 걸을 때 당신은 얼마나 안전하다고 느끼십니까?"에 대해 리커트 4점 척도(① 매우 안전하다 - ④ 매우 안전하지 않다) 측정. ③ + ④ : 불안응답

자료 : 우선희(2018 : 68)

황이 나타나기 때문입니다.

현실에서 범죄발생상황과 시민들이 체감하는 불안감은 괴리를 보일 수 있습니다. 이러한 문제를 해소하기 위해 영국 등에서는 안심경찰활동(Reassurance Policing)을 강조합니다. 시민들은 범죄뿐만 아니라 일상에서 마주하는 다양한 문제로부터 두려움을 느낄 수 있고 이러한 문제들을 식별하기 위해서는 시민들과 더욱 적극적인 협력이 필요하다고 합니다.[17)] 한국경찰 또한 주민들의 불안감에 보다 귀를 기울여야 할 것 같습니다. 범죄발생을 잘 통제하고 있으니 '안전한 나라'라고 하기에는 부족함이 있습니다. 낮은 범죄발생률을 잘 유지하면서 시민들이 체감하는 안전감도 함께 높아질 때 비로소 '안전한 나라'의 퍼즐이 맞추어질 수 있음을 명심해야 할 것입니다.

경찰주도적 성과와 함께 시민지향적 성과에 대한 관심이 필요하다!!!

문제가 또 하나 있습니다. 법질서 지수를 구성하는 요소 중 하나인 경찰에 대한 시민들의 신뢰 문제입니다. 여러분은 경찰을 신뢰합니까? 한국경찰에 대한 존경과 신뢰수준은 일반적으로 낮게 평가되고 있습니다. 물론, 경찰에 대한 신뢰수준은 경찰에 대한 불만을 자유롭게 표현할 수 있는 개방된 민주사회에서 상대적으로 저조할 수 있습니다.[18] 한국 또한 민주화 과정에서 국가 권력장치로 기능했던 경찰에 대한 불만이 지속되는 것으로 해석할 수 있습니다. 하지만, 2014년 GALLUP 자료에 따르면 경제협력개발기구(OECD) 34개 회원국들의 지역경찰에 대한 신뢰도 중앙값은 74% 수준이었습니다. 즉, 조사대상자의 74%가 지역경찰을 신뢰한다고 답한 것이죠. 스위스와 아이슬란드 주민이 91%로 가장 높은 긍정적 답변을, 멕시코 주민들이 45%로 가장 낮은 비율을 보였습니다. 한국은 59%로 멕시코 바로 위에 위치했습니다.[19] 세계경제포럼(WEF)에서 2019년 발표한 국가경쟁력평가에서 한국은 141개국 중 13위를 차지했습니다. 반면 한국경찰에 대한 신뢰도는 5.3점(7점 척도)으로 141개국 중 34위로 평가되었습니다.[20]

오늘날 한국경찰은 과거 경험하지 못한 다양한 업무들을 수행하고 있습니다. 경찰활동에 대한 국민들의 기대수준은 사회적 민주화에 따라 높아져 갑니다. 경찰서비스품질을 평가하기 위해서는 이러한 기대와 요구 등을 함께 고려해야 합니다.[21] 범죄율이나 검거율 등과 같은 범죄통제 중심의 성과만으로 더 이상 경찰활동을 평가할 수는 없습니다. 오늘날 시민들은 다양한 방면에서의 안전을 희망하며 스스로 이러한 안전을 체감하기를 요구합니다. 이러한 요구에 충실히 부응하기 위해서는 경찰활동의 초점을 지금보다 시민을 지향하는 방향으로 옮겨야 합니다. 경찰이 열심히 할 테니 군소리 없이 지켜봐

달라는 식의 접근은 곤란합니다. 시민의 안전감을 높이기 위해서는 무엇보다 불안을 야기하는 요인에 대한 식별이 우선되어야 하며 이는 시민들로부터 적극적으로 의견을 구해야 알 수 있기 때문입니다. 국가(경찰)가 중심이 되어 나쁜 것을 일방적으로 규정하고 이를 해소하는 방식의 하향식 접근(top−down approach)으로 시민 감동을 유도할 수는 없습니다. 시스템 차원에서의 변화, 좀 더 구체적으로 자치경찰제도에 주목해 온 이유이기도 합니다. 자치경찰에 대해서는 질문을 다시 해서 정리해 보기로 하겠습니다 *<Q17. 참고>*.

문제 상황에 직면할 때 한국경찰은 인력과 예산을 탓하곤 했습니다. 부족한 예산과 인력이지만 한국경찰이기에 이 정도 성과를 내는 것이라고도 했습니다. 최근 몇 년 사이에 한국경찰은 인력의 상당한 증가를 경험했습니다 *<Q19. 참고>*. 경찰이 희망한 수준까지는 아닐 수 있어도 더 이상 인력부족을 방패막이로 활용하기는 어려워 보입니다. 나아가 늘어난 인력을 활용해서 더욱 선진화된 경찰서비스를 제공해야 할 겁니다. 과거와 유사한 수준이어서는 곤란하죠. 이를 통해 시민들의 존경과 신뢰를 빨리 회복해야 합니다.

┃ 한국경찰은 전문성(능력) 제고를 위해 노력해야 한다!!!

학생들에게 "한국경찰이 신뢰를 받기 위해 가장 필요한 것이 무엇일까요?"라는 질문을 종종 합니다. 학생들은 청렴(반부패), 성실, 친절, 용맹, 체력 등 다양한 답변을 들려줍니다. 보다 강한 공권력을 요구하는 목소리도 많습니다. 물론, 이들 모두 필요한 요소일 수 있습니다. 경찰에 대한 신뢰는 치안수요자로서 시민들의 눈높이에 맞는 경찰활동이 이루어질 때 비로소 쌓일 수 있다고 생각합니다. 시민들은 자발적으로 또는 비자발적으로 경찰과 만날 수 있습니다. 도움이 필요해서 신고를 한 경우라면 전자에, 단속에 걸린 경우라면 후자에 속할 겁니다. 이때 경찰이 보여주는 행동 하나하나는 시민들의 기대와 상호작용해서 경찰에 대한 전반적인 인상으로 남게 됩니다. 친절하고 용맹한 태도도 중요하겠지만 더욱 중요한 것은 일 처리 능력이라고 생각합니다. 능력이 기본이 되어야 성실과 친절 등과 같은 태도도 빛을 발할 수 있기 때문입니다.

경찰업무의 다양성은 한국경찰로 하여금 높은 수준의 역량을 겸비할 것을 요구합니다. 이를 통해 시민들의 눈높이가 충족되면 자연스럽게 신뢰도 회복될 것으로 기대합니다. 시민들의 체감안전을 고려한 경찰활동, 시민들의 눈높이에 맞는 경찰활동 등이 이루어지면 경찰활동과 관련된 각종 평가들 또한 개선될 수 있으며, 진정한 의미에서 "가장 안전한 나라, 존경과 사랑받는 경찰"이 실현될 수 있으리라 생각합니다.

In Conclusion

한국 경찰은 공공의 안녕과 질서를 유지하기 위해 다양한 활동을 수행하고 있습니다. 근대 경찰은 범죄예방을 핵심 임무로 표방하고 있으며 한국 경찰 또한 국민의 생명·신체 및 재산의 보호와 범죄의 예방·진압을 가장 우선적인 임무로 규정하고 있습니다. 선량한 일반 시민들이 진정한 경찰활동의 고객이 되는 겁니다.

한국 경찰은 범죄율과 검거율 등 경찰이 주도하는 성과에 있어 매우 우수한 모습을 보여주고 있습니다. 그럼에도 시민들의 불안감은 높고 경찰에 대한 신뢰수준은 상대적으로 저조합니다. 경찰활동의 초점을 좀 더 시민을 지향하는 방향으로 옮겨야 합니다. 주민들의 불안감에 더욱 귀를 기울이고 이들로부터 문제해결에 필요한 의견을 적극적으로 구해야 합니다. 활발한 의사전달은 경찰과 시민 사이의 신뢰를 회복하는 지름길이 될 겁니다.

경찰이 출동하는 상황은 과거와 많이 달라질 겁니다. 그러므로 과거 경험이 아니라 꾸준한 학습과 연구 등을 통해 새로운 환경에 슬기롭게 대응해야 합니다. 안전한 나라를 만들고 그 속에서 존경과 사랑받는 경찰이 되기 위해서는 무엇보다 경찰 스스로 전문성을 높여야 함을 잊지 말아야 할 것입니다.

참고문헌

1) Bayley, D. H., 1990, Patterns of Policing, New Brunswick, N.J. : Rutgers University Press, pp. 7-8 ; Klockars, C. B., 1985, The Idea of Police, California : Sage Publication, p. 12.

2) 한국역사연구회, 2000, 한국역사, 서울 : 역사비평사, p. 286.

3) 한국고용정보원, 2018, 2019 한국직업전망, 음성 : 한국고용정보원, p. 218.

4) Gorer, G., 1955, "Modification of National Character : The Role of the Police in England," Journal of Social Issues 11(2), pp. 26-27 ; Miller, W. R., 1999, Cops and Bobbies, Ohio State University Press, pp. xxiii-xxiv ; Walker, S. & Katz, C. M., 2002, The Police in America, New York : McGraw-Hill, p. 26.

5) 김상호, 2021, 경찰학, 서울 : 청목출판사, pp. 108-112.

6) 대법원 2007. 5. 31. 선고 2007도1903판결 참조.

7) 경찰청, 2011. 2011 경찰백서, 서울 : 경찰청, p. 11.

8) 경찰청, 2020, 2019 경찰백서, 서울 : 경찰청, p. 16.

9) Hagan, F. E., 2000, Research Methods in Criminal Justice and Criminology, Mass. : Allyn & Bacon, pp. 189-190 ; Williams, K. S., 2001, Textbook on Criminology, Oxford University Press, pp. 82-92.

10) 김민영 · 한민경 · 박희정, 2019, 전국범죄피해조사 2018, 연구총서 : 한국형사정책연구원, pp. 221-222 ; 탁종연, 2006, "범죄통계의 진실성 : 경찰관들의 인식을 중심으로," 한국경찰연구 5(2), pp. 68-69.

11) Karmen, A., 2000, New York Murder Mystery, New York University Press, pp. 18-20.

12) UNDOC DATA

13) 경찰청, 2019, 2018 경찰통계연보, 서울 : 경찰청, p. 119.

14) GALLUP, 2019, Global Law and Order, Washington, D.C. : GALLUP, p. 1.

15) GALLUP, 2019, 위의 자료, p. 12.

16) 우선희, 2018, "범죄 피해 불안과 인구사회학적 요인 : 유럽국과의 비교를 중심으로," 보건복지포럼 261, p. 68.

17) Millie, A., 2010, "Whatever happened to reassurance policing?," Policing : A Journal of Policy and Practice 4(3), pp. 225-232 ; Millie, A. & Herrington, V., 2005, "Bridging the gap : understanding reassurance policing," The Howard Journal 44(1), pp. 41-56.

18) Lowatcharin, G., 2016, Centralized and decentralized police systems : A cross-national mixed-mothods study of the effects of policing structures with lessons for Thailand, Doctoral Dissertation : University of Missouri-Columbia, p. 135.

19) Crabtree, S., 2014, "U.S. confidence in Police About Average for Wealthy Countries," Gallup News(December 17).

20) Schwab, K., 2019, The Global Competitiveness Report 2019, Switzerland : World Economic Forum, p. 323.

21) 김상호, 2015, "중소도시 경찰서비스 품질평가 - SERVQUAL 모형의 적용", 한국치안행정논집 12(1), pp. 25-46.

Q17. 자치경찰은 무엇인가요?

앞서 한국경찰은 방대한 업무를 수행하고 이에 따라 다양한 성과를 도출하는 것을 확인했습니다. 요약하면, 한국경찰은 경찰이 주도하는 성과에 비해 시민지향적 성과에서 다소 아쉬움을 확인할 수 있습니다. 그리고 이에 대한 대응으로 자치경찰제도를 잠시 언급했는데요, 이곳에서는 자치경찰에 대해 좀 더 자세히 살펴보겠습니다.

In General

한국에서 자치경찰제도는 헌법적 가치에 근거한 지방자치제도의 완성을 위한 주요 부분으로 평가되었습니다. 지방분권관련 특별법〔「지방분권특별법」(2004) →「지방분권촉진에 관한 특별법」(2008) …〕에서는 자치경찰제 도입을 국가의 의무사항으로 규정해 왔습니다. 하지만 현실에서는 법이 적용되지 못하고, 정부에 따라 이런저런 자치경찰 모형만이 논의되다 흐지부지하는 모습을 반복했습니다.

우여곡절 끝에 2020년 12월, 「국가경찰과 자치경찰의 조직 및 운영에 관한 법률」이 국회를 통과하고 2021년부터 시·도별 시범운영을 거쳐 자치경찰 시대가 열렸습니다. 3년 임기의 시·도자치경찰위원회는 2024년 제1기 활동을 마무리하고 새롭게 제2기 활동을 시작했습니다. 그런데 말입니다, 경찰에 대해 웬만한 관심이 있는 사람들조차도 자치경찰활동에 대해 잘 알지 못하는 것이 현실입니다. 여러분들은 어떻습니까?

직접 한 번 거리로 나가 보도록 하겠습니다. 몇 걸음 걷다 보면 경찰이 근무하는 건물을 볼 수 있습니다. 그곳에서 근무하는 경찰관, 그리고 거리를 순찰하는 차량과 오토바이 등도 보입니다. 예전과 다른 모습을 확인할 수 있나요? 자치경찰이 도입된 지 3년이 넘었다고 하는데 일상에서 경험하는 경찰은 과거와 크게 다르지 않습니다. 물론, 사람이 바뀌고 순찰차와 오토바이도 최신 기종으로 바뀌어 있습니다. 그러나 경찰관은 모두 동일한 제복을 착용하고 동일한 장비(차량을 포함한)를 사용하고 있습니다. 제복과 장비 등에 부착된 로고 또한 동일합니다. 민간경비원이든 자율방범대든 안전활동에 참여하는 다양한 주체들은 경찰과 동일한 복장을 착용하거나 동일한 표지를 한 차량 등을 사용하지 못하게 하고 있습니다. 자치경찰은 같은 경찰이니 괜찮은 걸까요? 새롭게 도입했다는 자치경찰은 대체 무엇일까요? 이에 대한 해답을 찾아 길을 떠나 보기로 합니다. 자치경찰에 대한 일반적인 내용부터 살펴본 후 한국에서 도입된 자치경찰에 대해 알아보겠습니다.

In Specific

자치경찰은 그 개념이 법령을 통해 명시적으로 규정되어 있지는 않습니다. 물론 법령을 통해 '자치경찰'이라는 용어가 사용되었거나 사용되고 있으나 구체적으로 무엇을 의미하는 것인지, 그 내용에 대한 설명이 생략되어 있다는 겁니다. 대신 학자들은 다양한 관점에서 자치경찰을 정의하고 있습니다. 이황우 교수는 경찰을 유지하는 권한과 책임을 가지는 조직체를 경찰주체로, 그리고 이러한 권한과 책임에는 경찰조직권, 인사권, 비용부담권 등이 포함된다고 했습니다. 경찰주체는 중앙정부 또는 지방자치단체가 될 수 있고 이에 따라 중앙집권화 체제, 지방분권화 체제, 통합형 체제로 경찰제도가 분류되는 것으로 정리하고 있습니다.[1] 단순하고도 명쾌한 해설입니다. 여기에서 시작해서 논의를 좀 더 확장해 보도록 하겠습니다.

> 자치경찰은 지방정부가 경찰의 설치와 유지, 그리고 운영에 관한 권한과 책임을 부담하는 제도를 말한다!!!

우선, 자치경찰은 지방정부(자치단체)가 자율적으로 설치하고 유지, 운영하는 경찰입니다. 지방정부가 스스로의 필요에 따라 설치 여부, 규모 등에 대한 의사결정을 하고 이에 대한 비용까지 부담한다는 겁니다. 중앙정부에 의해 이러한 결정과 비용이 부담될 때, 국가경찰제도라고 합니다. 지방에도 많은 경찰관서가 존재할 수 있습니다. 그러므로 단순히 지방경찰관서의 존재만으로 자치경찰의 존재 여부를 평가할 수는 없습니다. 해당 관서의 설치와 유지, 그리고 운영에 관한 권한과 책임을 누가 부담할 것인지가 핵심이며 자치경찰은 지방정부에서 그러한 권한과 책임을 부담하는 경찰제도입니다.

한국은 전국 방방곡곡에 경찰관서가 설치되어 있습니다. 광역지방자치단체(특별시·광역시·도·특별자치도·특별자치시, 이하 시·도)에 시·도경찰청이, 기초지방자치단체(시·군·구)에는 경찰서, 그리고 읍·면·동 단위에는 지구대 또는 파출소가 있습니다. 그런데 말입니다, 이들 경찰관서의 설치와 유지, 그리고 운영에 관한 권한과 책임은 어디에 있을까요?

한국에서는 중앙단위에 행정안전부장관 소속으로 경찰청을 두고, 시·도경찰청 및 경찰서의 명칭, 위치, 관할구역, 하부조직, 공무원 정원, 그 밖에 필요한 사항은 대통령령 또는 행정안전부령으로 정하도록 하고 있습니다. 결과적으로 지방자치단체의 장이나 지방의회 등에서 개입할 가능성은 거의 없습니다.

또한 행정안전부장관이 경찰청장을, 경찰청장이 시·도경찰청장을, 시·도경찰청장이 경찰서장을, 그리고 경찰서장이 지구대장·파출소장을 지휘·감독하게 하고 있습니다. 물론, 행정안전부장관은 법령에 따라 대통령의 지휘·감독을 받게 됩니다. 경찰청에서부터 일선 경찰서(지구대·파출소)에 이르는 모든 경찰기관이 경찰청장의 지휘·감독을 통해 하나로 연결된 모습을, 그리고 이들 경찰관서의 설치와 유지, 운영에 관한 권한과 책임이 중앙정부에 있음을 확인할 수 있습니다. 이래서 한국경찰은 국가경찰체제로 평가되어 왔습니다. 1991년 제정된 경찰법에서는 이러한 제도에 대해 "분단국가로서 우리나라의 특수한 안보상황과 치안여건에 효율적으로 대처하기 위하여 국가경찰체제를 유지"한다고 분명히 밝히고 있습니다.

지금은 기억에서 가물거리지만 박근혜 정부시절 최대 화두로 평가되기도 했던 '4대 사회악 근절'이란 게 있었습니다. 성폭력, 가정폭력, 학교폭력, 불량식품을 4대 사회악으로 규정하고 이들을 뿌리뽑기 위해 무척이나 노력했었는데요. 한국에서는 이처럼 중앙정부 차원에서 의제가 결정되면 추후 전국적인 차원에서 이에 대한 일사불란한 집행이 뒤따랐습니다. 이 시기 경찰활동에 대한 아래 내용은 국가경찰체제의 장점과 단점을 적나라하게 보여주고 있습니다.

> "불량식품 찾아 … 돌아다니는 게 일이야," 서울의 한 경찰서 지능수사팀 수사관의 말이다. 최근 4대악 근절이 화두이다 보니 지능수사팀의 본업인 보이스피싱, 대출사기 수사 등은 뒷전으로 밀렸다 … 박근혜 대통령이 후보 시절부터 근절을 천명한 4대악 범죄 단속에 경찰이 목을 매고 … 경찰은 대통령의 국정철학에 발맞춰 각종 특별단속을 실시하고 … 경찰 수뇌부에서도 지

> 속적으로 실적을 통한 평가 등을 언급 … 각 지방경찰청에서는 매주 검거 상황을 점검하며 실적 경쟁을 유도 … 4대악에만 집중하다 보니 다른 민생범죄들이 검거 우선순위에서 밀리는 풍선효과가 나타나고 있다는 것이 일선 경찰들의 걱정 …[2]

국가경찰체제는 국가권력을 배경으로 강력하고도 광범위한 집행력을 행사할 수 있다는 점, 전국에 걸친 통일적 운영이 편리하며 기동성이 풍부하다는 점, 광역적 범죄에 대한 대응에 유리하다는 점 등이 장점으로 지목되어 왔습니다. 반면 민생치안이 경시되고 타행정부처의 업무에 이용되기 쉽다는 점, 권력 행사에 따른 권위주의적 성격이 강하다는 점, 지역실정에 맞는 맞춤형 경찰활동이 어렵다는 점 등은 단점으로 제시되고 있습니다.[3]

국가경찰과 자치경찰이 집권과 분권 개념과 일대일 대응을 하는 것은 아닐 수 있다!!!

경찰제도는 중앙집권화, 지방분권화 체제 등으로 구분되어 논의된다고 했습니다. 국가경찰제도는 집권화된, 자치경찰제도는 분권화된 제도로 평가되는 것이지요. 그런데 말입니다, 엄밀히 따지면 이들 개념이 반드시 일대일 대응(국가경찰=집권화, 자치경찰=분권화)을 해야 하는 것은 아닙니다. 국가경찰과 자치경찰은 경찰 주체에 따른 구분이며, 집권과 분권은 권한 배분에 따른 구분이기 때문입니다.

다시 말하자면, 국가경찰은 중앙정부가 경찰 주체일 때를, 자치경찰은 지방정부가 경찰 주체일 때를 말합니다. 집권은 (경찰에 관한) 권한이 집중되어 있을 때를, 분권은 이러한 권한이 분산되어 있을 때를 말하죠. 중앙정부가 경찰 주체이면서 지방정부에게는 경찰에 관한 권한이 배분되어 있지 않다면 집권화된 국가경찰제도라고 할 수 있습니다. 마찬가지로 중앙과 지방 모두에게 경찰에 관한 권한이 배분되어 있다면 분권화된 자치경찰이 존재하는 것으로 평가할 수 있습니다.

그렇다면, 지방자치단체가 경찰 주체이면서 중앙정부에게는 경찰에 관한 권한이 없는 경우는 어떻습니까? 자치경찰이지만 경찰권이 집중되어 집권화로 평가해야 하지 않겠습니까. 이 때문에 국가경찰과 자치경찰, 집권과 분권이 일대일 대응을 하지 않을 수 있다고 한 겁니다. 하지만, 현실에서 중앙정부가 경찰권을 행사하지 않는 사례는 찾기 어렵습니다. 가장 분권화된 경찰제도로 평가되는 미국에서도 연방(Federal)과 주(State) 모두 경찰권을 행사하고 있습니다. 그러므로, 집권화된 자치경찰체제는 개념상 존재하는 것으로 이해하면 좋겠습니다.

자치경찰은 지방자치단체 종류(층위)에 따라 다양하게 존재할 수 있다!!!

한국은 지방자치단체를 크게 두 가지 종류로 구분하고 있습니다. 광역지방자치단체(시 · 도)와 기초지방자치단체(시 · 군 · 구)가 그것이죠. 자치경찰이 지방정부(자치단체)가 자율적으로 설치하고 유지, 운영하는 경찰이라면, 자연스럽게 다음과 같은 질문도 가능합니다. 한국에서 자치경찰을 운영하고자 한다면 광역과 기초 중 어디에서 경찰을 운영하는 것이 좋을까? 물론, 개념상 광역과 기초 모두에서 경찰을 운영하는 것도 가능할 수 있습니다. 미국에선 연방(Federal)은 물론, 주(State), 카운티(County), 시(City) 등 네 개 정부 수준 모두에서 독자적인 경찰활동이 이루어지고 있습니다.[4]

한국에서는 광역과 기초, 둘 중 어디에서 자치경찰을 설치 · 운영할 것인지가 쟁점이었습니다. 국가경찰제도라는 오랜 전통에서 벗어나 자치경찰을 도입하려고 시도하면서 한 번에 광역과 기초 모두에게 경찰권을 부여하기란 쉽지 않은 선택이라 생각합니다. 그래서 국민의 정부에서는 광역단위 자치경찰을, 참여정부·이명박 정부·박근혜 정부에서는 기초단위 자치경찰을, 문재인 정부에서는 다시 광역단위 자치경찰을 도입 모형으로 제시했습니다. 국가경찰과 자치경찰 체제가 각각 장·단점을 지니고 있듯이 자치경찰 개별 모형 또한 제각각 장점과 단점을 보유하고 있습니다.[5] 풀뿌리 민주주의 실현이라는 차원에서는 기초모형이, 광역단위 치안수요 대응이라는 차원에서는 광역모형이 상대적으로 낫다는 것이죠.

자치경찰의 형태와 운영방식은 개별 국가의 역사와 문화, 전통, 치안상황 등을 반영하여 매우 다양하게 나타난다!!!

경찰제도를 어떻게 운영할 것인지는 매우 어려운 문제입니다. 국가경찰만을 운영할 것인지, 아니면 자치경찰을 함께 운영할 것인지? 만약 자치경찰을 운영할 계획이라면 광역단위에서 운영할 것인지, 기초단위에서 운영할 것인지, 아니면 광역과 기초 모든 단위에서 운영할 것인지? 다양한 선택지 중 개별 국가가 처한 전반적인 상황과 가장 정합성이 높은 제도를 선택하는 것, 말처럼 쉬운 일은 아닐 겁니다. 그래서 이러한 선택문제가 세계 각국이 직면한 가장 중요한 경찰관련 의사결정이라는 평가도 있습니다.[6]

전적으로 동의합니다. 현실에서도 개별 국가는 다양한 경찰제도를 운영하고 있습니다. 러시아, 뉴질랜드, 덴마크, 아일랜드, 터키 등에서는 국가경찰중심의 집권화된 제도가, 미국, 멕시코, 스웨덴, 스위스, 필리핀 등에서는 국가경찰은 물론 지방정부 모든 수준에서 자치경찰이 운영됩니다. 대다수 국가에서는 국가경찰과 함께 지방정부 일부 수준에서 자치경찰이 병행되고 있습니다. 가령, 일본에서는 중앙단위 국가경찰과 광역단위(도·도·부·현) 자치경찰이 함께 경찰활동을 수행하고 있습니다. 기초단위(시·정·촌)에서는 별도의 자치경찰이 없다는 것이죠.

로와차린(Lowatcharin)은 경찰분권화 지수(Police Decentralization Index : PDI)라는 재미있는 개념을 소개하고 있습니다.[7] 이 지수는 개별 국가에 존재하는 정부의 수직적 계층(tiers of government)과 이들 중 경찰권을 보유한 정부의 수를 통해 산출됩니다. 72개 국가(2012년 기준)에 대한 분석 결과, 분권화 지수는 0.25부터 1.00까지 다양하게 나타났습니다. 물론, 점수가 높을수록 분권화 수준이 높은 것을 의미합니다.

그림 17-1 경찰분권화 지수 사례

국가	미국	일본	프랑스	러시아
정부 계층 & 경찰 주체	연방 Federal (경찰) 주 States (경찰) 카운티 Counties (경찰) 시·타운 Municipalities (경찰)	중앙 National (경찰) 광역 도도부현 (경찰) 기초 시정촌	중앙 National (경찰) 광역 Regions 중역 Departments 기초 Communes (경찰)	연방 Federal (경찰) 주 States 시 City Dist 지방 Municipal Dist
분권화 지수	4/4 = 1.00	2/3 = 0.67	2/4 = 0.50	1/4 = 0.25

개별 국가 내에서 경찰제도는 고정된 것도 아닙니다. 일본에서는 국가경찰제도 중심에서 1947년 기초단위 자치경찰을 도입하였고, 1954년부터는 다시 기초단위 자치경찰을 폐지하고 광역단위 자치경찰을 도입 운영하고 있습니다. 네델란드에서는 2013년 1월부터 지역마다 분권화되어 있던 경찰조직을 단일한 국가경찰조직으로 개편하여 국가경찰제를 바탕으로 한 경찰개혁을 단행하기도 했습니다.[8]

조금만 더 들어가 보도록 하겠습니다. 자치경찰을 운영한다고 할 때 모두가 동일한 형태를 보이는 것도 아닙니다. 자치경찰을 지방자치단체가 경찰 유지의 권한과 책임을 가지는 제도라고 간단하게 소개했지만, 실제 그러한 권한의 구체적인 모습은 매우 다양합니다. 조직, 인사, 예산 등 경찰권 모두에 대해 완전하게 지방정부가 권한과 책임을 부담하는 경우에서부터 이 중 일부에 대해서만 실질적 권한을 행사하는 경우까지 스펙트럼이 매우 넓기 때문입니다. 나아가, 자치경찰에 대한 지휘·명령권한을 어떻게 구성할 것인지에 대해서도 단일한 모형은 존재하지 않습니다. 지방자치단체의 장이 직접 행사하는 경우와 독립 기관장을 통한 행사, 또는 위원회를 통해 행사 등이 혼재되어 있기 때문입니다.

2021년, 한국에서는 자치경찰제도가 본격 시행되었다!?

한국에서는 2021년, 자치경찰 시대가 열렸다고 했습니다. 새롭게 도입된 한국형 자치경찰제도는 다음과 같은 특징을 보이고 있습니다. 첫째, 광역단위 자치경찰제도를 채택했습니다. 자치경찰은 광역지방자치단체와/또는 기초지방자치단체에 설치될 수 있다고 한바, 한국에서는 광역단위에서 설치를 결정한 겁니다. 이로 인해, 기초지방자치단체인 시·군·구에서는 예전과 마찬가지로 경찰에 관한 권한과 책임이 없습니다. 광역과 기초, 어디에 경찰권을 부여할 것인지는 역사와 문화, 전통, 치안상황 등을 종합적으로 고려해서 판단할 문제라고 했습니다. 기초단위 가치경찰은 과도한 비용과 함께 지나친 분권화 또는 분절화(fragmentation)에 대한 우려가 크게 작용해서 선택이 어려웠을 것으로 추측합니다.

둘째, 한국에서 도입된 자치경찰은 '일원화' 모형으로 평가됩니다. 이는 매우 중요한 내용으로, 일반적으로 이해되는 자치경찰과는 차이가 있습니다. '일원화' 자치경찰제는 별도의 조직 신설 없이 기존의 국가경찰 체계를 유지하되 경찰사무를 국가경찰사무와 자치경찰사무(관할 지역의 생활안전, 교통, 경비 등 주민생활과 밀접한 치안사무)로 구분하고, 이에 대한 지휘·감독권한을 분리한 겁니다. 국가경찰과 구분되는 별도의 자치경찰조직이 없다는 점에서 특이한 제도이며, 이로 인해 '한국형' 자치경찰이라는 수식어를 동반하고 있습니다. 다시 말하자면, 글로벌 표준(global standard)에 부합하는 모습은 아니라는 것이죠. 그런데 말입니다. 처음부터 이러한 '일원화' 모형이 추진된 것은 아닙니다. 국가경찰과 구분되는 별개의 자치경찰조직이 존재하는 '이원화' 모형이 논의되고 법안도 마련되었으나, 소요비용 과다와 치안 현장 업무 혼선 등에 대한 우려가 지속되었고, 결정적으로 코로나19에 따른 내외 환경의 급격한 변화 속에서 일원화로 급선회하게 된 겁니다. 일원화와 이원화의 차이는 <그림 17-2>와 같습니다.

그림 17-2 이원화/일원화 자치경찰

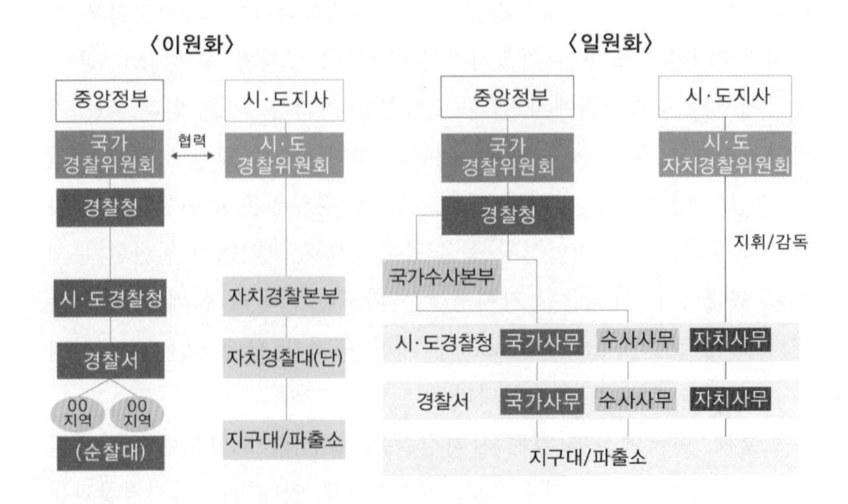

차이가 보입니까? 두 모형 모두에서 머리 부분은 따로 존재하고 있습니다. 하지만 몸통 부분은 어떻습니까? 이원화는 분리된, 일원화는 통합된 모습이죠. 바로 여기에 차이가 있는 겁니다. 사실 일원화/이원화 모형이라는 개념은 확립된 기준 없이 연구자에 따라 편의적으로 사용되었지만[9] 현재는 자치경찰의 조직 형태를 기준으로 분류하고 있습니다. 즉, 국가경찰조직과 분리된 별도의 (집행)조직이 존재할 때 이원화로, 그렇지 않을 때 일원화로 부르는 것이죠. 한국에서 도입된 일원화 자치경찰은 별도의 조직 신설 없이 경찰사무를 국가/자치경찰사무로 구분해 자치경찰사무에 대해 시·도자치경찰위원회의 지휘를 받도록 한 겁니다. 결과적으로 기존 경찰조직과 경찰관 신분 등에서 변화가 없고, 경찰이 착용하는 제복과 사용 장비 또한 그대로가 되었습니다. 지역 주민들이 자치경찰을 체감하기 쉽지 않은 이유입니다.

자치경찰은 지방정부가 경찰 주체가 된다고 했습니다. 물론, 지방정부가 행사하는 경찰 권한과 책임은 구체적인 수준에서 상당한 차별성도 보인다고 했습니다. 하지만 한국에 도입된 자치경찰은 자치경찰사무를 중심으로 이를 담당하는 경찰공무원에 대한 인사권과 관련 예산권 일부만 자치경찰위원회에서 행사할 수 있도록 설계되었습니다. 다시 말해, 경찰조직에 관한 권한은 과거와 같이 중앙정부에서만 행사 가능합니다. 광역단위 자치경찰제가 도입되었지만 지역 경찰관서 설치 여부를 시·도지사 또는 시·도자치경찰위원회가 결정하는 것은 아닌 겁니다. 이 문제를 더욱 확실하게 이해하기 위해서는 다음 문제를 한 번 풀어보기 바랍니다.

Case. 경상북도 동남부에 위치한 경주시는 대표적인 문화관광 도시입니다. 역사유적이 많아 예전부터 관광업이 번창했고, 최근에는 한류를 통해 많은 외국인들이 찾고 있습니다. 관광객의 증가는 도시 활성화에 기여할 수 있으나 혼잡과 함께 다양한 문제도 초래할 수 있습니다. 경주에는 경주경찰서가 설치되어 경찰활동을 수행해 왔습니다. 하지만 그 인력과 기능만으로 새로운 문제에 대응하기 어렵다고 판단, 선제적으로 대응하기 위해 관광 문제에 특화된 경찰서(가칭, 경주관광경찰서)를 설치하고자 합니다. 한국에서 이러한 결정은 누가 할 수 있을까요?

① 경주시장 ② 경상북도지사 ③ 경상북도 자치경찰위원회 ④ 대통령

국가경찰체제에서는 당연히 대통령(행정안전부장관)이 결정하게 됩니다. 과거 경주경찰서 설치가 그렇게 이루어진 것이죠. 지금은 어떨까요? 자치경찰제도가 도입되었으니 지방정부에서 결정할 수 있을까요? 광역단위 자치경찰이니 경상북도지사 또는 자치경찰위원회에서 관련 권한을 가지고 있을 거라는 생각이 들지요? 결론은, 그렇지 않습니다. 경찰조직에 관한 권한은 중앙정부(대통령)에서만 행사 가능하다고 한 내용입니다. 이러한 까닭에 현재 자치경찰에 대해 '자치경찰사무는 있으나 자치경찰은 없는 자치경찰제',[10] '무늬만 자치경찰',[11] '한 지붕 3가족',[12] '수갑이 채워진 자치경찰'[13] 등 다양한 비판적 표현이 사용되고 있습니다.

셋째, 한국 자치경찰제도의 정수(精髓)는 자치경찰위원회입니다. 한국형 자치경찰제도를 통해 새롭게 등장한 유일한 자치경찰 기관이 바로 자치경찰위원회이기 때문입니다. 자치경찰위원회는 시 · 도지사 소속 합의제행정기관으로 총 7명으로 구성되어 자치경찰사무를 관장하며 그 권한에 속하는 업무를 독립적으로 수행합니다. 자치경찰위원회를 통해 자치경찰사무를 지휘 · 감독함으로써 시 · 도지사의 자치경찰사무에 대한 무분별한 개입을 방지하고 정치적 중립성을 확보하는 동시에 위원회를 합의제행정기관으로 하여 민주성을 확보하려는 취지로 이해할 수 있습니다. 실제 이러한 가치가 극대화되기 위해서

는 위원회 구성과 운영이 소망스러워야 합니다. 제1기 시·도자치경찰위원회 위원들을 대상으로 분석한 연구에서는 남성(80.16%), 60대 이상(51.59%), 그리고 전문가(교수 30.95%, 법조인 24.60%, 전직 경찰 23.31%) 중심으로 구성되었음을 확인했습니다.[14] 자치경찰은 경찰행정에 분권과 민주성에 대한 요구를 반영하고 지역실정에 맞는 주민밀착형 경찰서비스 제공을 핵심 가치로 합니다. 성별과 연령에서의 다양성 부족과 엘리트 전문가가 중심이 된 위원회 활동은 이러한 가치 실현에 한계로 작용할 수 있습니다. 운영과정에서 다양한 주민참여 네트워크를 구축해서 이러한 한계에 적극적으로 대응해야 할 것으로 보입니다.

> 잠깐^^ 제주도에서는 다른 지역과 차별화된 자치경찰을 운영하고 있다!!!

한국에서는 2021년, 자치경찰의 시대가 열렸다고 했습니다. 그런데 말입니다, 제주도에서는 이미 그 이전, 정확하게는 2006년부터 자치경찰제가 시행되었습니다. 「제주특별자치도 설치 및 국제자유도시 조성을 위한 특별법」(2006) 제정을 통해 종전의 제주도를 폐지하고 제주특별자치도를 설치함과 동시에 도지사 소속으로 자치경찰단을 두도록 한 겁니다. 그리고 자치경찰단 조직 및 자치경찰공무원 정원 등에 대해 자치법규로 정하게 했습니다. 국가경찰조직과 구분되는 자치경찰조직이라는 차원에서 사실상 '이원화' 모형을 적용한 것입니다.

2006년 출범한 제주자치경찰 또한 국가경찰과 동등한 권한을 행사한 것은 아니고(제한된 수사권 등), 이로 인해 '무늬만 경찰'이라는 비판도 많았습니다. 그럼에도 제주특별자치도에서 활동하는 경찰을 자세히 살펴보면 조금 다른 점들을 발견할 수 있습니다. 경찰관이 착용하고 있는 제복과 차량 등(순찰차, 순찰오토바이 등)에서 차이가 있기 때문입니다. 색상과 디자인 등 분명하게 구별되는 차원뿐 아니라 부착된 로고를 자세히 보면 '경찰'과 '자치경찰'로 구분되어 있습니다. 이러한 모습은 제주도를 벗어나면 찾아보기 어렵습니다. 동일한 제복과 장비(차량을 비롯한)가 사용되고 로고 또한 '경찰'로 통일되어 있기 때문입니다. 제주특별자치도에서는 '이원화' 모형이, 나머지 지역에서는 '일원화' 모형이 적용된 이유입니다.

2020년 한국 자치경찰제 모형이 일원화로 변경됨에 따라 자연스럽게 제주자치경찰단의 존치 여부도 논란이 되었습니다. 전국적 통일성을 고려한다면 제주특별자치도 자치경찰위원회(이하, 제주자치경찰위원회) 설치와 함께 자치경찰단을 폐지하여 국가경찰조직(제주경찰청)으로 일원화하고, 제주경찰청의 자치경찰사무에 대해 제주자치경찰위원회가 지휘·감독하도록 할 수 있습니다. 하지만, 제주자치경찰의 상징성과 특수성 등을 고려하여 자치경찰단은 존치하는 방향으로 최종 결정되었습니다.[15] 물론, 제주자치경찰위원회도 신설되어 제주경찰청의 자치경찰사무와 자치경찰단을 동시에 지휘·감독하도록 하였습니다. 결론적으로, 제주특별자치도에는 다른 지역과는 차별화된 자치경찰을 경험할 수 있습니다. 혹시 제주특별자치도를 방문할 계획이 있다면, 마주치는 경찰이 국가경찰인지 자치경찰인지 구분해 보는 재미도 함께 가져보기 바랍니다.

In Conclusion

앞서, 경찰분권화 지수(PDI)라는 개념을 소개했는데요, 기억하시죠? 자치경찰제도가 본격적으로 시행되기 이전, 그러니까 2020년까지 한국은 중앙정부 중심의 국가경찰체제를 운영했습니다(물론, 제주특별자치도를 제외하고요). 그 시기, 한국에서의 경찰분권화 지수는 어떻게 계산할 수 있을까요? 3개의 정부 계층(중앙－광역－기초)에서 중앙정부만이 경찰 주체였기에 1/3, 즉 0.33이었습니다. 2021년 이후는 어떻게 될까요? 중앙정부와 함께 광역지방자치단체를 경찰주체로 평가할 수 있다면 2/3(＝0.67)가 됩니다. 그런데 말입니다, 일원화 자치경찰이라는 현실을 고려할 때, 광역지방자치단체를 경찰주체로 평가하는 것이 정당한 것인지 매우 의문스럽습니다.

일원화 모형을 통해 한국경찰이 추구하고자 했던 목표가 소기의 성과를 이루어 낸다면 좋을 것 같습니다. 도입된 지 얼마되지 않은 자치경찰을 평가하기란 조심스럽지만, 현재까지의 모습은 기대보다 걱정과 염려가 좀 더 앞서는 것 같습니다. 학계에서는 도입 초기부터 이원화 모형으로의 전환을 한국경찰의 발전방향으로 제시했고,[16] 정부 또한 이러한 방향을 지지하는 모습을 보이고 있습니다.[17] 경상북도 주민과 경찰관을 대상으로 한 설문조사에서도 자치경찰활동에 대한 지역주민들의 인지도와 경찰관들의 만족도는 모두 낮게 나타났습니다.[18]

방향은 어느 정도 설정될 수 있을 것 같습니다. 일원화 모형 도입 이전에 설계한 이원화 모형이 우선적으로 검토될 수 있어 보입니다. 물론, 조직을 분리하는 것으로 자치경찰의 성공을 보장할 수는 없습니다. 적절한 권한과 자원을 배분해야 하기 때문입니다. 어느 정도가 적절한 것인지, 쉽지 않은 질문입니다. 하지만 과거와 같이 일방적 결정과 전국 동시 확산이라는 제도 변화 형태는 곤란해 보입니다. 몇몇 지역을 대상으로 차별화된 수준에 대한 시범사업과 이에 대한 증거 분석·평가, 이후 점진적 확산이라는 새로운 접근이 필요합니다. 제도를 현실에서 집행하는 일선 경찰관들의 우호적 태도와 적극적인 수용 또한 매우 중요합니다. 아무리 좋은 제도라 할지라도 일선 경찰관들의 광범위한 지지와 협력 없이 성공적으로 안착하기는 어렵기 때문입니다. 제도설계 단계에서부터 현장의 의견을 폭넓게 수렴하기 위해 노력해야 할 것입니다. 마지막으로, 여러분들의 적극적인 관심과 응원… 한국 자치경찰의 성숙과 발전을 위해 반드시 필요함을 항상 명심하기 바랍니다.

참고문헌

1) 이황우, 2000, 경찰행정학, 서울: 법문사, pp. 37-52.

2) 정승환 · 김명환, 2013, "'4대악 척결' 실적에 목매는 경찰," 매일경제 4월 21일.

3) 양영철, 2008, 자치경찰론, 서울: 대영문화사, p. 37 ; 이황우, 상게서, pp. 55-56.

4) 박경래, 2005, 주요국의 자치경찰제도와 한국의 자치경찰법안 연구, 연구총서 : 한국형사정책연구원, p. 296 ; Walker, S. & Katz, C. M., 2018, The Police in America, New York : McGraw-Hill, p. 71.

5) 조성호 · 문영훈, 2018, 자치경찰제 시행 대비 경기도 도입방안 연구, 정책연구 : 경기연구원, p. 20.

6) Kurtz, H. A., 1995, "Criminal Justice Centralization Versus Decentralization in the Republic of China," Journal of the Oklahoma Criminal Justice Research Consortium 2, p. 90.

7) Lowatcharin, G., 2016, Centralized and Decentralized Police Systems : A Cross-National Mixed-Methods Study of the Effects of Policing Structures with Lessons for Thailand, Doctoral Dissertation: University of Missouri-Columbia, pp. 167-170.

8) 박준휘 외, 2020, 한국형 자치경찰제 시행 및 정착에 관한 연구(II), 연구총서 : 한국형사정책연구원, pp. 197-198.

9) 이정원, 2022, "현행 자치경찰제의 공법적 고찰," 법학논총 52, pp. 239-287.

10) 이정기 · 이형민, 2023, "자치경찰제도에 대한 검토와 법률적·제도적 개선방안," 법학연구 23(4), p. 256 ; 황문규, 2022, "국가경찰 중심의 일원적 자치경찰제의 법 · 제도적 한계와 발전방안," 한국지방자치학회보 34(3), pp. 83-115.

11) 경상북도자치경찰위원회, 2024, 제1기 경북자치경찰위원회 백서, p. 36.

12) 성수영 · 김상운, 2021, "일원화 자치경찰의 과제와 나아갈 바향에 관한 연구," 지식융합연구 4(1), p. 91.

13) 강기홍, 2023, "자치경찰법제 선진화 방안," 지방자치법연구 23(2), p. 174.

14) 김상호, 2021, "시·도자치경찰위원회 구성과 운영에 관한 실증적 연구," 한국경찰연구 20(3), pp. 3-28.

15) 경찰청, 2021, 경찰백서, p. 94.

16) 박동수, 2021, "현행 일원화 자치경찰제도의 문제점과 개선방안," 한국공안행정학회보 86, pp. 367-386 ; 이영우, 2021, "한국형 자치경찰제도의 검토 및 개선방안 연구," 인문사회 21 12(6), pp. 339-348 ; 정태종, 2024, "자치경찰제도의

현황과 입법정책적 개선방안," 법학연구 32(1), pp. 159-184 ; 최종술, 2023, "한국경찰의 이원화 자치경찰제 도입 방안 연구," 한국자치행정학보 37(4), pp. 225-243.

17) 행정안전부, 2022, "자치경찰 이원화 등 제도개선 본격 추진," 보도자료 10월 24일.

18) 경상북도자치경찰위원회, 2023, 2023년 경찰자치경찰 체감인지도 설문조사.

Q18. 경찰업무는 얼마나 위험한가요?

영화나 드라마에서는 무시무시한 범죄자가 일반시민은 물론 경찰관을 상대로 무자비한 폭력을 행사하는 모습이 자주 그려집니다. 학계에서도 경찰업무의 위험성은 경찰의 주요 특성으로 인식되어 왔습니다. 경찰은 위험할 뿐 아니라 어렵고, 더럽기도 한, 소위 3D 직종으로 평가되기도 했습니다. 그런데 말입니다, 이처럼 위험한 업무임에도 왜 많은 사람은 이를 직업으로 선택하려고 하는 걸까요? 위험을 감수하고서라도 꼭 경찰이 되어야 할 소명의식, 나보다 더 곤란한 사람을 도와야한다는 절박한 책임감… 이런 것들 때문일까요? 아니면 혹시 일반적으로 이해되는 것보다 경찰업무가 위험하지 않기 때문이지 않을까요? 영화나 드라마에서 깨어나 현실을 봐야 할 것 같습니다.

In General

서울 종로구에 위치한 경찰박물관, 4층 '경찰역사실'에는 순직경찰관을 추모하는 공간이 마련되어 있습니다. 물론, 경찰청 홈페이지(www.police.go.kr)에서도 추모관을 운영하고 있습니다. 해당 공간에서 확인되는 순직경찰관의 모습은 영웅적 삶에 대한 추모와 함께 경찰업무의 위험성을 뚜렷하게 보여주고 있습니다.

경찰과 경찰활동은 다양한 모순으로 가득 차 있습니다. 물론 위험성과 관련해서도 몇 가지 모순이 지적되어 왔습니다. 먼저, 베일리(Bayley)는 경찰이 치안현장으로 나아갈 때, 마치 전쟁에 참여하는 군인과 같이 대비하지만 실제 대부분의 활동은 비폭력적 방식으로 평화와 질서를 구축하는 것이라고 했습니다.[1] 경찰 출동이 요청된 사건은 매번 그 성격을 달리하고 경찰로서는 예측하기가 너무 어렵습니다. 경찰관은 엄정한 직무수행을 위해 수갑, 경찰봉, 전자충격기 등 다양한 경찰장비를 착용합니다. 혹시나 있을 수 있는 불미스러운 일을 예방하기 위해 스스로 각종 보호 장비를 착용하기도 합니다. 마치 전장에 나가는 군인과도 같은 모습입니다. '범죄와의 전쟁'(war on crime) 구호는 경찰업무와 군 업무 사이의 경계를 모호하게 만들기도 합니다. 그러나 현실에서 경험하는 대부분의 출동 요청은 경미하고 범죄와는 무관한 내용이 많습니다. 이로 인해 경찰장비를 사용하는 경우란 매우 드뭅니다. 이러한 모습이 모순(paradox)으로 평가받는 이유입니다.

다음으로, 컬런(Cullen)과 동료들의 주장입니다. 이들은 경찰업무의 위험성과 관련된 경찰관 인식 자료를 토대로 두 가지 모순이 존재하고 있음을 지적하고 있습니다.[2] 먼저, 경찰관은 자신의 업무를 위험한 것으로도 그리고 안전한 것으로도 인식하고 있다고 합니다. 실제 업무 수행 과정에서 부상 등을 경험하기란 매우 드문 것임을 잘 알고 있으면서도 그 가능성은 높게 평가한다는 겁니다. 다음으로, 업무와 관련된 위험 인식은 경찰관에게 순기능으로도 그리고 역기능으로도 작용할 수 있다고 합니다. 위험에 대한 인식은 경계심을 높여 근무과정에서 맞닥뜨릴 수 있는 불의의 사고에 대비할 수 있게 해 줍니다. 하지만, 이러한 위험인식은 경찰관의 직무스트레스와 우울증후를 높이는 방향으로도 작용하기 때문입니다.

창과 방패의 문제인 모순(矛盾)을 해결하기 위해서는 우선 사실관계부터 분명하게 해야 합니다. 경찰업무가 얼마나 위험한지… 좀 더 자세하게 살펴보기로 하겠습니다.

In Specific

경찰 학계와 실무, 양쪽 모두에서 경찰활동의 위험성은 당연한 사실인 양 인식되어 왔습니다. 학계에서는 경찰조직관리의 특수성으로 위험성이 오래전부터 지적되었고 이에 대응하기 위해 신체·체력 기준의 중요성과 무기휴대의 불가피성 등이 강조되어 왔습니다.[3] 경찰관이 보유한 세계관 중 가장 강렬하면서도 지속적으로 강조되는 것 또한 위험성이라고 합니다.[4]

한국경찰은 경찰공무원 채용 과정에서 성별에 따라 채용인원을 정해 구분모집해 왔습니다. 이에 대해 한국경찰이 제시한 이유를 살펴보면 다음과 같습니다.

> 경찰공무원의 업무수행을 하는데 있어 남성인 경우가 더 유리하여 남성경찰관을 우선 채용하는 바 … 공개채용된 경찰공무원은 … 모두 순찰지구대 근무를 원칙 … 순찰지구대 업무 중에는 강력범 체포, 주취자 처리, 조직폭력배 체포, 불법폭력시위 진압 등 격렬한 신체적 접촉 및 물리력을 요구하는 업무가 많다 …[5]

> … 경찰은 업무에 물리적 강제력이 수반되고, 생명·신체적 위험에 상시 노출되어 남성 경찰관의 수요가 많은 것이 사실 …[6]

경찰업무가 위험할 수 있다는 사실은 누구도 반박하기 어려울 겁니다. 하지만 컬런과 동료들의 연구에서 밝혀진 바와 같이 실제 업무 과정에서 위험을 경험하는 것도 드문 일일 수 있습니다. 그렇다면 경찰업무는 위험하지 않을까요? 먼저, 위험의 객관적인 모습부터 확인해 보도록 하겠습니다.

미국에서 경찰관의 직무환경은 상대적으로 위험한 것으로 분석되고 있다!!!

미국의 경우 직장 사망률을 기준으로 경찰관의 직무 환경은 상대적으로 위험한 것으로 분석되고 있습니다. 산업안전보건뉴스(ISHN)는 2020년 11월, 미 노동통계국 자료를 기초로 최소 50,000명 이상이 종사하는 263개 직종을 대상으로 근로자 10만 명 당 근무 중 사망자 수를 계산했습니다(<표 18－1> 참조).[7] 5년(2014－2018) 평균 사망률을 산출해 보니 가장 위험한 직종은 벌목업자(logging workers)로 근로자 10만 명당 111명이었습니다.[8] 이러한 분석을 통해 가장 위험한 직업 25개를 제시하고 있는데요, 경찰 사망률은 근로자 10만 명당 14명으로 22위에 해당했습니다. 분석대상 직업에서 나타난 사망률 평균 수치는 약 3.4명이었는데요, 경찰은 이보다 약 4.1배 정도 위험한 업무임을 확인할 수 있습니다. 나아가 경찰관을 사망으로 이르게 하는 가장 일반적인 원인은 사람이 행사하는 폭력으로 나타났습니다.

미국연방수사국(FBI)에서는 매년 법집행관들이 중범죄 또는 사고로 인해 사망에 이르는 자료(LEOKA)를 제공하고 있습니다. 이에 따르면 2010년부터 2019년까지 중범죄 피살(officers feloniously killed: 매복, 체포, 단속, 추격 상황 등) 511명, 사고사(officers accidentally killed: 교통사고, 익사, 낙사 등) 503명, 총 1,014명의 법집행관들이 근무 중 사망에 이르렀습니다.[9] 연간 경찰순직자 수를 100명 아래로 떨어뜨리려는 프로그램(Below 100 Program)[10]이 진행되는 이유가 여기에 있습니다.

표 18-1 미국 직장 사망률(근로자 10만 명 기준)

순위	1위	2위	3위	4위	5위
직업	벌목업자	항공기 조정사 & 기관사	유정탑 기사	지붕수리업자	환경미화원
사망률	111	53	46	41	34
…	14위	…	22위	…	평균
	건설현장인부		경찰관		3.4
	18		14		

매년 100여 명에 달하는 경찰관이 업무수행과정에서 사망하고, 그 사망률이 일반 근로자에 비해 높다는 사실은 경찰업무의 위험성을 분명하게 보여주는 것으로 이해할 수 있습니다. 하지만 다른 한편에서는 경찰보다 높은 사망률을 보이는 직종들이 눈에 들어옵니다. 경찰업무가 위험하지 않다고 할 수는 없지만 순위를 보면 애매합니다. 여기에는 몇 가지 함정이 있습니다. 무엇보다, 경찰활동에서 위험성을 그토록 도드라지게 만드는 까닭은 객관적인 사건발생건수가 아니라 위험의 성격에 있습니다. 즉, 경찰이 직면할 수 있는 위험은 우연적 사고(accidents)가 아니라 다른 사람에 의한 의도적 행동(deliberate acts)에서 야기되는 경우가 많다는 겁니다.[11]

미국에서 진행되는 Below 100 프로그램에서는 경찰관 순직을 예방하기 위해 안전벨트 착용, 과속 주의 등과 같은 내용을 중요하게 제시하고 있습니다. 이러한 대응은 사고, 특히 교통사고로부터 발생하는 위험을 줄이는 데 효과적일 수 있습니다. 하지만 경찰은 피습과 같은 위험에 여전히 노출되어 있습니다. 타인의 의도는 경찰이 쉽게 예측하거나 통제하기 어렵습니다. 비록 그 가능성은 낮아도 피습 상황이 발생하면 돌이키기 어려운 피해가 발생합니다. 그리고 이러한 피해의 크기는 피습 과정에서 동원되는 무기에 의해 달라질 수 있습니다. 미국에서 2019년 피습 순직한 48명 경찰관들 중 대부분(44명 : 91.7%)은 총기에 의해 살해되었습니다.[12)]

법집행관들의 근무 중 사망 추이를 더욱 광범위하게 확인하기 위해 사망경찰관 기념페이지(ODMP : Officer Down Memorial Page) 자료(1970년부터 2016년까지의)를 분석한 결과,[13)] 사망률이 급격하게 하락하는 모습도 발견되었습니다. 만인사망률(1만 명당 사망자 수)이 1970년 8.1명에서 2012－2016년에는 1.8－2.0명 수준으로 떨어진 겁니다. 나아가 1970년대에는 중범죄 사망이 사고 사망에 비해 더욱 빈번하게 발생했다면 1990년대 중반 이후부터는 그러한 격차가 거의 사라진 모습도 확인되었습니다. 이를 통해 미국에서는 경찰활동에서의 위험 수준이 지난 50여 년 동안 현저하게 하락한 것으로 평가하고 있습니다.[14)]

요약하자면 미국에서는 사망률로 평가되는 경찰의 위험성이 비교적 높은 직종에 해당합니다. 하지만 더욱 중요한 사실은 그와 같은 위험의 성격으로 평가됩니다. 즉, 경찰이 직면하는 위험은 타인의 의도적 행동에서 유발되며 이는 경찰이 통제하기 매우 어려운 부분입니다. 나아가 치명적 무기인 총기가 널리 보급된 미국에서는 위험 인식이 더욱 높을 수 있으리라… 충분히 짐작할 수 있습니다.

2020년 기준, 한국에서는 경찰공무원 100명당 1.3명이 공상, 1만명 당 1.3명이 순직을 경험했다!!!

그렇다면 한국은 어떨까요? 한국경찰은 경찰관 순직·공상 통계자료를 제공하고 있습니다(<표 18－2> 참조). 2020년, 공무로 인해 경찰공무원 16명이 사망하고 1,586명이 부상피해를 당했습니다. 이러한 사실은 경찰업무의 위험성을 단적으로 보여주는 수치라고 평가할 수 있습니다. 하지만, 몇 가지 추가적인 논의가 필요합니다. 우선, 절대적인 수치도 중요하나 상황을 보다 객관적으로 파악하기 위해서는 상대적인 수치, 즉 비율이 필요합니다. 사망 또는 부상(질병)자 수를 전체 경찰공무원 수와 비교해야 한다는 것이죠. 1만, 10만, 그리고 100만 명일 때 각각 순직·공상자 2천명이 가지는 의미는 매우 다르기 때문입니다.

2020년 경찰공무원 정원은 126,227명입니다. 이들 중 공상자가 총 1,586명이었으니, 공상률(공무원 100명당 발생하는 공상자수 비율)은 1.26%입니다. 순직자의 경우 절대치가 적어 1만 명 기준인 '만인율'로 계산하며, 이에 따라 1.27‱로 나타납니다. 해석하면, 한국에서는 경찰공무원 100명당 1.3명꼴로 공상을 경험하며, 1만 명 당 1.3명꼴로 순직하고 있다는 겁니다.

표 18-2 경찰관 순직 · 공상 추이

명/%/‱

	1990	1995	2000	2005	2010	2015	2020
순직	63 (7.87)	53 (5.85)	33 (3.64)	23 (2.41)	11 (1.09)	16 (1.41)	16 (1.27)
공상	1,354 (1.69)	506 (0.56)	705 (0.78)	1,187 (1.25)	1,847 (1.83)	1,835 (1.62)	1,586 (1.26)

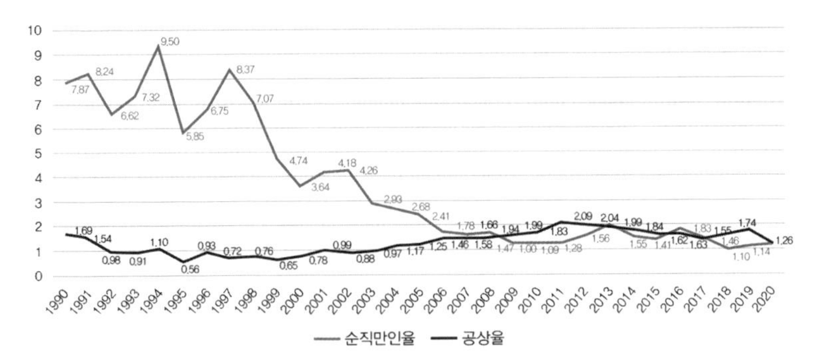

자료 : 연도별 경찰통계연보. 구체적 수치는 신청 및 처리 결과에 따라 변동 가능

통계자료에 따르면 1990년대 50명을 훌쩍 상회하던(1994년 86명) 순직자 수는 이후 점차 감소했고 2020년에는 16명이 되었습니다. 순직만인율 또한 추세적으로 감소하는 모습을 확인할 수 있습니다(1994년 9.50, 2020년 1.27). 순직자 통계와는 달리 공상자 수는 오히려 2000년대 들어와서 증가하고 있으며 공상률 또한 조금씩 높아지다가 안정되는 모습을 보여주고 있습니다.

한국 경찰공무원이 경험하는 위험은 미국 경찰과 차이가 있다!!!

한국경찰이 직면하는 위험의 구체적인 내용이 무엇인지, 좀 더 들어가 보겠습니다. 이를 확인하기 위해 순직·공상경찰관 통계자료를 원인과 계급에 따라 세분해서 살펴보았습니다(<표 18-3> 참조). 2016년부터 2020년까지 모두 81명의 경찰관이 순직하였습니다. 이들 중 가장 많은 원인으로는 공무상 질병(소위, 과로 등)이 47명, 58.0%를 차지했습니다. 이후 교통사고(16.0%), 기타(체력단련, 출퇴근 등)(14.8%), 안전사고(8.6%), 범인피습(2.5%)의 순으로 나타났습니다. 동일 기간, 모두 9,077명의 경찰관이 공무상 사고로 인해 부상을 입었습니다. 가장 많은 원인은 안전사고로 4,175명, 46.0%를 차지했습니다. 이후 범인피습(28.6%), 교통사고(22.2%), 질병(3.2%)의 순으로 나타났습니다.

표 18-3 순직·공상경찰관 현황

명/%

연도	구분	계	원인					계급			
			범인피습	질병	교통사고	안전사고	기타	총경이상	경정경감	경위경사	경장순경
'16	순직	21	1	10	5	1	4	–	1	17	3
	공상	1,868	539	58	466	805	–	6	91	1,201	570
'17	순직	17	–	12	–	2	3	1	2	12	2
	공상	1,639	468	49	419	703	–	4	95	1044	496

'18	순직	13	1	7	3	1	1	–	1	11	1
	공상	1,844	536	54	428	826	–	5	111	1,111	617
'19	순직	14	–	9	2	1	2	–	1	10	3
	공상	2,140	611	56	406	1,067	–	5	122	1,239	774
'20	순직	16	0	9	3	2	2	–	2	13	1
	공상	1,586	443	77	292	774	–	–	124	924	538
합계	순직	81 (100.0)	2 (2.5)	47 (58.0)	13 (16.0)	7 (8.6)	12 (14.8)	1	7	63	10
	공상	9,077 (100.0)	2,597 (28.6)	294 (3.2)	2,011 (22.2)	4,175 (46.0)	–	20	543	5,516	2,995
'20	현원	128,331						680	15,160	73,440	39,051

자료 : 경찰청, 2023, 경찰통계연보, p. 46. 47.

경찰업무가 위험하다고 할 때 대부분은 범죄자로부터의 습격을 먼저 머릿속에 떠올립니다. 하지만 통계자료를 보면 범인피습이 원인으로 작용하는 순직은 매우 드물며, 이는 미국경찰과는 분명 다른 모습입니다. 앞서 FBI자료에서는 심장이나 동맥류, 뇌혈관 질병 등으로 인한 사망은 통계에 포함되지 않았습니다.

한국경찰의 순직 원인으로 질병이 가장 높은 비율을 차지하고 있음은 계급별 순직자 분포에도 영향을 미치고 있습니다. 순직자 대다수는 경사-경위계급 경찰관이며 계급별 인원을 고려하면 계급이 높아질수록 위험해 보이기 때문입니다. 계급은 연령과 밀접하게 연관되어 있고 질병 가능성은 연령과 상관성이 높기 때문으로 이해할 수 있습니다.

상대적으로 발생비율이 높은 공상의 경우 안전사고(46.0%)와 범인피습(28.6%), 교통사고(22.2%), 질병(3.2%)의 순서입니다. 과로 등 질병이 중심이 되는 순직과 달리 공상의 경우 경찰 업무의 성격이 직접적으로 반영되고 있습니다. 범인·교통 등 관련 업무와 연관성이 높은 부서나 기능에서 근무하는 경찰관, 사무실 근무보다 현장 근무자가 상대적으로 높은 위험에 노출될 수 있기 때문입니다. 가령, 교통부서에서 근무하는 경찰은 사고로 인한 부상 가능성이 높고, 형사부서에서 근무하는 경찰은 피습으로 인한 부상 가능성이 높습니다. 계급의 경우 상대적으로 낮은 경찰관이 현장근무를 수행하기에 역시 이들의 부상 가능성이 높습니다. 2020년 기준, 계급 현원별 공상 비율은 총경이상(0.0%), 경정－경감(0.8%), 경위－경사(1.3%), 경장－순경(1.4%)입니다(<그림 18－1> 참조).

그림 18-1 경찰공무원 계급별 공상 비율(2020)

한국경찰이 경험하는 위험은 시간, 기능(근무부서), 계급 등에 따라 차이가 존재한다!!!

한국경찰이 직면하는 위험을 객관적인 통계자료를 통해 살펴보았습니다. 시간과 기능, 계급 등을 기준으로 몇 가지 사실을 확인할 수 있습니다. 먼저, 한국경찰은 과거에 비해 순직 가능성이 매우 낮아졌습니다. 1994년 1만 명당 9.50명이 순직했는데, 2020년 1.27명으로 줄었습니다. 공상의 경우, 2000년대 들어와 조금씩 증가하고 있으나 최근 100명당 공상자 비율이 2% 아래에서 안정화되는 모습도 보입니다. 오늘날 근무하는 경찰관은 과거에 비해 순직 가능성은 매우 낮고 부상 가능성은 조금 높은 환경에 노출되어 있는 것으로 평가할 수 있습니다.

다음으로, 상대적으로 발생 가능성이 높은 공상의 경우 사고와 범인피습으로 인한 비중이 높습니다. 이는 해당 사고를 유발할 수 있는 관련 부서나 기능에서 근무하는 경찰관이 더욱 높은 위험에 노출될 수 있음을 예견하게 합니다. 가령, 형사나 교통 부서 등이 여기에 해당할 수 있습니다.

마지막으로, 경찰업무 과정에서의 사고 가능성은 사무실보다 현장 근무자가 더욱 높습니다. 경찰에서는 상대적으로 계급이 낮은 경찰관이 치안현장에서 근무하게 되어 이들이 경험하는 위험수준이 상대적으로 높을 수 있습니다.

위험에 대한 평가로 먹고사는 조직이 있습니다. 이 조직의 성패는 제대로 된 위험평가에 달려있을 텐데요, 바로 보험회사입니다. 보험회사에서는 피보험자의 위험도에 따라 보험료 차등이나 보장범위 및 가입금액을 제한하기도 하며, 경우에 따라 보험가입을 거절하기도 합니다. 이를 원활히 수행하기 위해 보험회사는 직업을 그 위험도에 따라 A(저/비위험), B와 C(중위험), D와 E(고위험) 등급으로 구분하고 보험료 및 계약인수 여부를 자율적으로 결정하고 있습니다.[15] 물론, 특정 직업에 종사한다는 이유보다 실제 직무수행 중 수반되는 위험도가 더욱 중요하게 평가됩니다. 가령, 같은 경찰관이라고 할지라도 사무직과 특공대원은 위험등급이 다르게 평가될 수 있습니다. 실제 보험회사에서 평가하는 경찰업무의 위험등급은 <표 18-4>와 같습니다.[16] 우리가 이미 살펴본 바와 같이 기능(근무부서)와 계급 등을 기준으로 한국경찰의 위험이 다양하게 평가되고 있음을 확인할 수 있습니다.

표 18-4 경찰직 위험등급 분류

경찰업무	삼성생명	한화생명	교보생명
경찰사무직관리자(경무관이상)	비위험	A	A
경찰사무직관리자(총경-경위)	중위험	A	A
행정직 경찰관(외근 제외)	중위험	A	A
경찰대학생	중위험	B	B
일반경찰관	중위험	B	B
경찰특공대원	고위험	D	D
마약단속반원	중위험	D	D
강력계수사관	중위험	D	D
교통경찰관	중위험	D	D

한국경찰은 일반 · 교육공무원과 일반근로자에 비해 상대적으로 높은 재해율을 경험한다!!!

한국경찰의 위험 수준을 일반근로자와 비교해 보았습니다. 한국에서는 일반근로자와 공무원을 대상으로 업무(공무)상 사고 또는 질병으로 인해 발생한 사망자와 부상자를 '재해자'로 인정하고 있습니다. 해당 통계를 통해 직종별 상대적 위험성을 확인해 보도록 하겠습니다.

2018년 기준, 일반근로자 산업재해 발생통계와 공무원 공무상 재해 발생통계를 비교하면 <표 18-5>와 같습니다. 구체적인 논의에 들어가기 전에 몇 가지 내용을 전달하겠습니다. 먼저, 자료 확보의 한계로 인해 경찰·소방직이 함께 논의 대상이 되고 있습니다. 산업재해 발생통계는 업종별, 규모별, 지역별 기타 분류 단위로 매년 제공되고 있으나 공무상 재해 발생현황 자료는 통합 관리되고 있습니다. 그럼에도 공무원연금공단에서는 2018년까지 일반/교육/경찰·소방직을 분류하여 관련 자료를 제공하고 있어 해당 자료를 활용하게 되었습니다.17) 다음으로, 공무상 재해와 산업재해는 재해 인정범위, 통계 작성 주체 등에서 차이가 있습니다. 그러므로 이들 수치를 해석할 때 주의가 필요합니다.

몇 가지 특징을 확인할 수 있는데요. 우선, 2018년, 경찰·소방직 공무원 수는 177,871명입니다. 이들 중 재해자가 총 2,924명이었으니 재해율(공무원 100명당 발생하는 재해자수 비율)은 1.64%입니다. 사망만인율은 1.35‱로 나타납니다. 해석하면, 경찰·소방직 공무원의 경우 100명당 1.64명꼴로 공무상 재해를 경험하며, 1만 명당 1.35명꼴로 사망하고 있다는 겁니다.

이제 이 수치를 다른 직종과 비교해 보겠습니다. 먼저, 공무원 집단 사이에서의 비교입니다. 2018년, 일반직 공무원의 재해율은 0.36, 사망만인율은 0.80입니다. 교육직 공무원은 그 수치가 각각 0.26, 0.13입니다. 경찰 · 소방직 공무원은 재해율 차원에서 일반직 공무원에 비해 4.6배, 교육직 공무원에 비해 6.3배 높습니다. 사망만인율 차원에서는 일반직 공무원에 비해 1.7배, 교육직 공무원에 비해 10배 차이가 납니다. 경찰·소방직 공무원의 업무 위험성이 다른 공무원에 비해 높다는 사실을 확인할 수 있으나 비교 대상에 따라 조금은 다른 평가도 가능함을 알 수 있습니다. 위험성의 극단적 형태인 공무상 사망자 통계에서 경찰 · 소방직 공무원은 일반직 공무원에 비해 높으나 상대적으로 그 비율에서 큰 차이를 보이지 않기 때문입니다.

표 18-5 재해 발생현황(2018)

명,%,‱

		근로자 수	재해자 수	사망자 수	재해율	사망만인율2)
공무원	경찰·소방직	177,871	2,924	24	1.64	1.35
	일반직	611,691	2,175	49	0.36	0.80
	교육직	371,024	974	5	0.26	0.13
	합계	1,160,586	6,073	78	0.52	0.67

근로자1)	총계	19,073,438	102,305	2,142	0.54	1.12
	석탄광업 및 채석업	3,016	1,926	431	63.86	1429.05
	석회석·금속·비금속 광업 및 기타광업	8,681	299	47	3.44	54.14
	…	…	…	…	…	…
	도자기·기타요업제품·시멘트제조업	55,835	476	23	0.85	4.12
	자동차운수업 및 택배업·퀵서비스업	338,136	2,679	96	0.79	2.84
	…	…	…	…	…	…
	건설업	2,943,742	27,686	570	0.94	1.94
	…	…	…	…	…	…
	어업	5,416	66	1	1.22	1.85
	농업	83,540	648	14	0.78	1.68
	임업	89,751	1,041	13	1.16	1.45
	…	…	…	…	…	…

1) 근로자수 : 산업재해보상보험 가입 근로자수.

2) 근로자 10,000명당 발생하는 사망자수의 비율

자료 : 고용노동부, 2019, 2018년 산업재해 발생현황, pp. 23-24 ; 공무원연금공단, 2021, 공무상 재해 발생현황 정보공개 자료.

다음으로, 일반 근로자 집단과 비교해 보겠습니다. 2018년 한국에서는 전체 근로자 19,073,438명 중 102,305명이 업무상 사고 또는 질병으로 인해 사망하거나 부상, 또는 질병에 걸렸습니다. 이들 중 사망에 이른 경우는 모두 2,142명입니다. 재해율과 사망만인율을 구해보면 각각 0.54%, 1.12‱입니다. 경찰·소방직 공무원은 일반 근로자에 비해 약 3배 수준의 재해를 경험하나 위험의 극단적 형태인 사망률은 약 1.2배 높은 수준입니다. 물론, 광업을 비롯한 다양한 업종에서 경찰·소방직을 훌쩍 뛰어넘는 사망률 수준을 보이고 있음도 확인할 수 있습니다.

한국경찰은 다른 공무원, 나아가 일반 근로자에 비해 상대적으로 높은 재해율과 사망만인율을 경험하고 있습니다. 이러한 사실은 경찰업무가 상대적으로 위험한 업무임을 확인시켜 줍니다. 하지만,

이러한 차이는 위험의 극단적 형태인 사망률에서는 다소 완화되어 나타나고도 있습니다. 즉, 한국경찰은 업무 수행과정에서 다른 공무원 또는 일반 근로자에 비해 상대적으로 높은 위험에 노출되어 있으나 그러한 위험은 공무(업무)상 부상 또는 질병에서 더욱 두드러짐을 알 수 있습니다.

경찰관은 외상후 스트레스 장애(PTSD)에도 광범위하게 노출되어 있다!!!

위험은 객관적인 현상으로 평가될 수 있지만 동시에 주관적인 모습도 지니고 있습니다. 동료가 경험한 위험을 마치 자신이 경험한 것인 양 똑같이 평가할 수 있습니다. 이 경우 경찰위험은 실제 수치와는 무관하게 조직 내부에서 확대·재생됩니다. 이처럼 비록 직접적이진 않더라도 경찰은 다양한 위험을 경험할 수 있습니다.

경찰 출동이 요청되는 각종 사고현장은 위험의 흔적들로 가득 차 있을 수 있습니다. 이곳에서 신체적 부상과는 무관하게 심리적인 충격을 경험할 수 있습니다. 실제 경찰관은 외상후 스트레스 장애(PTSD : Post Traumatic Stress Disorder)에도 광범위하게 노출되어 있는 것으로 평가되고 있습니다. PTSD는 사람이 심각한 사건을 경험한 후 발생할 수 있는 신체, 정신 증상들로 이루어진 증후군으로 정상적인 사회생활에 부정적인 영향을 미치는 질환입니다. 일반 인구집단의 PTSD 유병율이 1－6%로 추정되는 데 반해 경찰관의 PTSD 유병율은 미국에서 약 12－35%, 한국에서는 약 12－39%로 분석되고 있습니다.[18)]

경찰활동 과정에서 위험에 대한 합리적 인식이 필요하다!!!

경찰업무의 위험성에 대응하기 위해 체력단련을 강화하거나 안전장구의 보급을 확대할 수 있습니다. 미국 경찰의 위험 수준이 과거 50여 년 동안 급격하게 줄었다는 사실, 기억하시죠. 연구자들은 이러한 이유로 방탄·방검복과 같은 보안장구의 개발과 배포, 현장 안전에 초점을 둔 교육훈련 강화 및 정책 지향, 그리고 트라우마 치료와 같은 심리적 안정감 제고 등을 주요하게 제시하고 있습니다.[19] 물론, 임용 단계에서 신체와 체력 요소를 더욱 강조할 수도 있습니다.

이러한 노력과 함께 적절한 위험 인식 또한 매우 중요할 것으로 봅니다. 합리적 위험 평가가 무시될 때, 근무과정에서 위험에 맞닥뜨려 불의의 사고를 경험할 수 있습니다. 친구끼리 다투고 있다는 112 신고를 접수받고 아무렇지도 않을 거라는 생각으로 출동하였으나 흉기난동으로 상황이 악화되어 있을 수 있습니다. 해당 사실을 모른 채 신고 장소로 들어간 경우를 생각해 보면 아찔할 겁니다. 보호장구 등 필요한 장비를 일체 준비하지 않은 상황이었다면 더욱 그렇겠죠.

하지만 위험에 대한 인식은 낮은 수준에서뿐만 아니라 과도한 경우에도 문제가 될 수 있습니다. 소위, 위험강박과 이로 인한 문제입니다.[20] 위험강박(Danger Imperative)이란 잠재적 폭력과 항상 경찰의 안전을 제공할 필요성을 강조하는 인지적 프레임입니다. 위험에 대한 이러한 집착은 전사(warriors)적 행동과 강경 대응을 강조하게 합니다. 그러나 이러한 대응은 오히려 경찰에 대한 시민들의 불신을 높이고 결국 경찰 정당성을 훼손하게 만듭니다.

경찰활동을 지배하는 위험성에 대한 인식은 경찰관을 전사로 거듭나게 요구할 수 있습니다. 위험한 상황 속에서 경찰관은 자신의 안전을 도모하기 위해 최선을 다해야 한다는 겁니다. 누가 적인지 알 수 없는 상황에서 전사는 생존을 위해 과잉각성(hyper-vigilance) - 모든 개인과 상황을 위험요소로 평가하여 대응 - 을 요구받고 이 과정에서 의도하지 않은 부작용을 산출할 수 있습니다. 무엇보다, 지역 주민과의 진정한 협력치안활동이 어렵게 됩니다. 누가 적인지 알 수 없기에 진정한 협력이란 애초부터 불가능하기 때문입니다.[21)]

나아가 위험강박은 그 자체가 목표로 했던 경찰의 안전은 물론 시민의 안전에도 오히려 부정적인 영향을 미칠 수 있습니다. 강경하고도 권위적인 경찰활동이 시민의 반발을 불러와 오히려 폭력적 상호작용으로 악화되는 상황이 나타날 수 있기 때문입니다. 경찰이 사건현장으로 출동할 때, 동료와 자신의 안전을 위해 과속하거나 안전벨트를 착용하지 않는 경우(물론, 신속한 대응을 위해서이기도 합니다)가 많다고 합니다. 이 과정에서 스스로 교통사고의 희생자가 되기도 하며 일반 차량운전자나 보행자를 희생하게 할 수도 있습니다.[22)]

마지막으로, 경찰활동에 대한 합리적 위험인식은 현직 경찰관에게만 필요한 것은 아닙니다. 대학생들은 한국경찰활동에 대해 보통보다 높게 위험한 것으로 평가하고, 이러한 인식 수준이 경찰입직 의도에 영향을 준다고 합니다.[23)] 즉, 경찰활동을 위험한 것으로 평가할수록 장래 경찰조직 구성원이 되고자 하는 마음은 약해진다는 겁니다. 선진 경찰활동을 위해 유능한 인재를 적극 채용하려는 경찰의 노력이 경찰활동에 대한 위험성 평가와도 밀접하게 연관되어 있음을 알 수 있습니다.

In Conclusion

통계는 경찰활동이 상대적으로 위험한 업무임을 말해줍니다. 그러나, 경찰활동을 둘러싼 위험은 과거에 비해 완화된 모습을 보이고 있습니다. 미국에서는 경찰활동에서의 위험 수준이 지난 50여 년 동안 현저하게 하락한 것으로 평가됩니다. 한국에서도 순직자 통계는 지난 30여 년 동안 상당한 수준으로 하락했습니다.

그럼에도 한국경찰은 다른 공무원이나 일반 근로자에 비해 상대적으로 높은 재해율과 사망만인율을 경험하고 있습니다. 하지만 한국경찰이 경험하는 위험은 기능과 계급 등에 따라 차별적이라는 사실도 확인할 수 있습니다. 보험회사에서 평가하는 경찰업무의 위험등급은 이러한 내용을 적절히 반영하고 있습니다.

치명적 무기인 총기가 널리 보급된 미국과 달리 한국에서는 사망률로 평가되는 위험보다 부상이 실질적으로 경찰이 직면하는 위험의 모습으로 보입니다. 하지만 그러한 위험은 대개 타인의 의도적 행동에서 유발되기에 단순한 사고와는 다른 충격을 가져다 줄 수 있습니다. 여기에 예측불가능성이 더해지면 경찰이 직면하는 위험은 객관적 수치보다 공포스럽게 평가될 수 있습니다.

위험에 직면했을 때, 살아남기 위해서는 최대한 멀리 그 위험으로부터 도망가거나 그렇지 않으면 슬기롭게 그 위험을 헤쳐나가야 합니다. 경찰은 둘 중 하나만 선택 가능합니다. 도망칠 수 없기 때문입니다. 그러니, 위험에 대한 합리적 인식과 위험상황에서 자신과 일반시민을 보호할 수 있는 역량이 필요합니다. 한국경찰이 직면하는 위험 수준을 떨어뜨리기 위해 정부와 경찰조직 모두의 아낌없는 지원과 관심도 물론, 필요합니다.

참고문헌

1) Bayley, D. H. 1994, Police For The Future, New York : Oxford University Press, p. 70.

2) Cullen, F. T., Link, B. G., Travis, Ⅲ, L. F. & Lemming, T., 1983, "Paradox in Policing: A Note on Perceptions of Danger," Journal of Police Science and Administration 11(4), pp. 457-462.

3) 서재근, 1963, 경찰행정학, 서울 : 삼중당, p. 92 ; 이황우, 2007, 경찰행정학, 파주 : 법문사, p. 19.

4) Barker, J. C., 1999, Dnager, Duty, and Disillusion : The Worldview of Los Angeles Police Officers, Prospect Heights, Illinois : Waveland Press, p. 46.

5) 국가인권위원회, 2005, 04진기213 결정.

6) 국가인권위원회, 2013, 13진정0093000 결정.

7) https://www.ishn.com/articles/112748-top-25-most-dangerous-jobs-in-the-united-states

8) 이와 유사한 분석이 다양하게 존재하나 분석기준, 시기 등에 따라 조금씩 차별적인 결과를 제시하고 있습니다. 그럼에도 미노동통계국 직업별 치명률통계연보(Annual National Census of Fatal Occupational Injuries Report)에서 매우 위험한 직업으로 어업 분야 종사자는 항상 선두를 다투고 있습니다. Sauter, M. B. & Stockdale, C., 2019, "25 Most Dangerous Jobs in America," 24/7 WALL ST(Jan. 2) : Special Report. ISHN자료는 최소 5만 명 이상 근로자가 대상인 직종으로 구성되어 있어 약 4만 명 수준인 어업 분야가 제외된 결과로 이해할 수 있습니다.

9) https://ucr.fbi.gov/leoka/2019

10) https://www.below100.org/참조.

11) Bayley, D. H. 1994, Police For The Future, New York : Oxford University Press, p. 71.

12) https://ucr.fbi.gov/leoka/2019/topic-pages/officers-feloniously-killed

13) ODMP에서는 자살을 제외한 모든 경찰관의 근무 중 사망사건에 대해 기록하고 있어 FBI의 LEOKA에 비해 광범위한 자료를 확보할 수 있습니다.

14) White, M. D., Dario, L. M. & Shjarback, J. A., 2019, "Assessing dangerousness in policing," Criminology & Public Policy 18, pp. 23-24. 연구자들은 2014년 8월 미주리 주 퍼거슨(Ferguson)에서 발생한 백인 경찰의 Michael Brown 총격과 이에 대한 시위, 그리고 이후 몇몇 도시들에서 연쇄적으

로 일어난 폭동 과정에서 소위 "경찰에 대한 전쟁"(war on cops) 현상이 존재한 것인지에 대해서도 함께 분석하였습니다. 즉, 특정 시점에서 발생한 경찰에 대한 불만이 경찰을 공격대상으로 만들고 이로 인해 경찰의 위험성(사망 가능성)이 높아질 수 있다는 가설을 검증한 것입니다. 분석 결과, 경찰의 중범죄 사망 건수는 2014년 8월 이후에도 통계적으로 유의미한 수준으로 감소한 것으로 나타났습니다. 이를 통해 다소 자극적인 "경찰에 대한 전쟁"(war on cops) 가설은 현실에서 지지되기에 한계가 있음을 보여주고 있습니다.

15) 보험연구원, 2017, "고위험직종 보험가입 활성화 정책토론회 개최," 보도자료 8월 30일.

16) 홈페이지 〉 공시실 〉 상품공시실 〉 "직업 및 위험등급 안내" 또는 "직업분류"에서 '경찰' 입력

17) 경찰청과 소방청에서 제공하는 순직·공상자 통계 자료에 따르면 연도에 따라 사망만인율은 경찰과 소방이 앞서거니 뒤서거니 하고 있으나(2015-2017년까지는 경찰이, 2018-2019년까지는 소방이 높음) 공상만인율(1만명 당 공상자 수)은 경찰이 상대적으로 높은 것으로 나타나고 있습니다. 다만, 2018년에는 그 수치가 매우 비슷한 모습도 보이고 있어(사망만인율 경찰 : 0.93, 소방 : 1.35 / 공상만인율 경찰 : 153.22, 소방 : 152.19) 이들을 통합한 자료가 경찰을 대표하기에 적합할 수 있음도 함께 밝혀둡니다. 경찰청, 2020, 경찰통계연보, p. 54 ; 소방청, 2020, 통계연보, p. 32.

18) 김세경 · 이동훈 · 장벼리 · 천성문, 2015, "고위험 공무 직업군의 외상후 스트레스 장애(PTSD)에 대한 국내 연구 동향," 재활심리연구 22(2), pp. 394-395.

19) White, M. D., Dario, L. M. & Shjarback, J. A., 2019, op. citl, p. 28.

20) Sierra-Arévalo, M., 2021, "American Policing and the Danger Imperative," Law & Society Review 55(1) : 70-103.

21) Stoughton, S., 2015, "Law Enforcement's 'Warrior' Problem," Harvard Law Review Forum 128, pp. 225-234. 이러한 사실은 경찰관을 전사로부터 수호자(Guardians)로 거듭날 것을 요구합니다. 전사와 수호자 모두 지역사회 보호를 지향하나 수호자는 경찰활동을 수행함에 있어 더욱 광범위하고 장기적인 관점을 선호합니다. 현재 경찰의 대응이 장래 어떤 결과를 가져올 것인지에 대해 더욱 관심을 둡니다. 범죄대항보다 서비스를 우선시하며, 명령보다 의사소통을, 복종보다 협력을, 권한보다 정당성을 강조합니다. p. 231.

22) Sierra-Arévalo, M., 2021, op. cit.

23) 김상호, 2021, "경찰활동의 Dirty Work 인식이 경찰입직 의도에 미치는 영향," 한국민간경비학회보 20(3), pp. 23-50.

Q19. 경찰공무원 인력 (계급, 성별, 학력)은 어떻게 구성되어 있나요?

지구대(파출소), 경찰서, (시·도)경찰청 등 경찰관서를 떠올리면 그곳에서 근무하는 사람들에 대해 궁금해집니다. 대개 경찰관서에서 근무하니 모두 경찰공무원일 것으로 생각합니다. 나아가 경찰공무원은 경찰관서에서만 근무할 것이라고 기대합니다. 하지만 현실은 다릅니다. 경찰관서에서 근무하는 인력들이 모두 경찰공무원은 아니며, 경찰공무원은 경찰관서가 아닌 다른 기관(조직)에서도 근무할 수 있습니다. 학교라는 조직 안에 선생님(교사)만 근무하는 것은 아니며 선생님이 학교에서만 근무하는 것은 아닌 것과 같습니다. 이곳에서는 경찰공무원에 대해서 조금 더 자세히 알아보기로 하겠습니다.

In General

경찰조직은 그 목적을 효율적으로 달성하기 위해 다양한 기관들로 이루어져 있습니다. 경찰청은 경찰청장을 정점으로 차장 및 국·과 등 여러 하부조직을 두고 있습니다. 전국 특별시·광역시·도에 18개 시·도경찰청과 시·도경찰청장 소속으로 경찰서와 지구대·파출소 등을 운영하고 있습니다. 또한 부속기관으로 4개 교육기관(경찰대학, 경찰인재개발원, 중앙경찰학교, 경찰수사연수원)과 책임운영기관으로 경찰병원(경찰업무를 행하는 기관에 근무하는 공무원 및 그 가족과 경찰교육기관에서 교육을 받고 있는 자 등의 질병진료에 관한 사무 처리)을 함께 두고 있습니다.

이처럼 다양한 경찰조직 안에는 경찰공무원뿐만 아니라 여러 인력이 함께 근무하고 있습니다. 경찰병원에서의 의사와 경찰대학에서의 교수 등을 생각하면 쉽게 이해할 수 있을 겁니다. 경찰병원이나 경찰대학이 아닌 경찰청, 시·도경찰청, 경찰서 등에도 경찰공무원만 있는 것은 아닙니다. 대부분은 경찰공무원이지만 그렇지 않은 일반직공무원도 전체 정원의 약 4%(약 5,000여명)가 함께 근무하고 있습니다.

일반직공무원으로 경찰조직에서 근무하는 경우로는 경찰청 '디지털포렌식센터'에서 디지털포렌식 증거분석과 연구를 수행하는 공무원이 있습니다. 변호사 자격증을 소지하고 시·도경찰청 단위에서 국가(행정) 소송수행이나 현장 경찰관 법률지원 업무를 담당하는 경우도 있으며, 각 시·도경찰청 장비관리계에서 드론 조종 및 촬영 영상분석 업무 등을 담당하는 사례도 있습니다. 최근에는 근무기간이 정해진 일반임기제공무원 등의 임용을 통해 관련 업무들을 수행하기도 하며, 시설관리나 환경미화 등과 같은 분야에서는 무기계약직 형태로 임용하기도 합니다.

경찰공무원에게는 공공의 안녕과 질서유지라는 임무가 부여되어 있습니다. 이러한 임무를 원활하게 수행하기 위해 임용·보수·교육훈련·복무 등에 있어 일반 공무원과 차별화된 규정을 두고 있고 이에 따라 권리와 의무가 복잡하게 얽혀 있습니다. 계급의 명칭을 달리하며 제복을 착용하고 무기를 휴대할 수도 있습니다. 경찰조직에서 근무하는 모든 사람이 이와 같은 규정에 구속될 필요는 없는 것이죠. 경찰조직에서 근무하는 일반직공무원 등은 경찰공무원의 업무 수행을 지원함으로써 경찰활동에 기여하는 것으로 이해하면 좋겠습니다.

물론, 반대의 경우도 생각할 수 있습니다. 즉, 경찰공무원이 경찰조직에서만 근무하는 것은 아니라는 겁니다. 국가기관 외의 기관·단체에서의 국가적 사업을 수행하기 위해 필요한 경우, 다른 기관의 업무폭주로 인한 행정지원의 경우, 기타 교육훈련을 위해 필요한 경우 등에 있어 경찰공무원을 파견하여 해당 기관에서 근무하도록 할 수 있기 때문입니다.

여기에서는 근무지를 불문하고 현재 한국 국가공무원으로서 경찰청 소속 경찰공무원의 인적 구성이 어떻게 되는지... 좀 더 자세하게 살펴보도록 하겠습니다.

In Specific

경찰공무원은 일반적으로 경찰관이라고도 하며 공공의 안녕과 질서유지 임무를 담당하고 있는 국가공무원을 말합니다(다만, 제주도에서 근무하는 자치경찰의 경우 지방공무원입니다). 이들은 공개경쟁채용과 경력경쟁채용 등의 방식으로 실적과 자격을 검증받아 임용되고 그 신분이 보장되며 평생 동안 경찰관으로 근무할 것이 예정되는 공무원입니다. 기술·연구 또는 행정일반에 대한 업무를 담당하는 일반직공무원과 차별화되어 특정직공무원으로 분류되며, 인사와 관련된 기본적인 규율은 「경찰공무원법」 적용을 우선적으로 받습니다.

2023년 현재 경찰공무원 정원은 131,046명입니다. 1947년 27,600명이 기록되어 있어 당시에 비해 약 4.7배 증가한 규모입니다. 이후 경찰공무원 수는 인구증가와 치안수요의 확대에 따라 꾸준히 증가해 왔습니다.[1] 1980년 처음으로 5만 명을 넘어섰고(56,003명), 2010년에는 10만 명을 돌파했습니다(101,108명).

한국에서 경찰공무원 정원은 상승 추세를 이어오고 있다!!!

1950년 이후 경찰공무원 정원 추이를 살펴보면(<그림 19-1> 참조), 시기에 따라 감소하기도 했으나 추세적으로 증가해 왔음을 알 수 있습니다. 감소한 시기에 좀 더 초점을 맞추어 보도록 하겠습니다. 먼저, 1953년부터 이어진 감소 시기입니다. 이 시기는 해방과 6·25전쟁 등을 거치면서 급증한 경찰공무원 수를 국가예산 등에 맞게 정비하던 시기였습니다. 휴전과 함께 경찰관 수요가 감소되었고 예산 절약 등의 필요성에 따라 대규모 감원이 이루어졌던 겁니다. 이렇게 경찰공무원 수는 어느 정도 안정화되었으나 인력부족 문제는 심각해졌습니다. 1960년 한국의 인구는 약 2천 5백만 명에 달했고 경찰관은 3만 3천 여 명 수준이어서 경찰관 1인당 국민 757명을 담당하는 꼴이었습니다(<그림 19-2> 참조). 그러므로 이후 지속된 인구증가와 늘어난 치안수요에 맞추어 경찰공무원 수 또한 꾸준히 증가하게 됩니다.

그러다가 1980년대에 들어 다시 한 번 감소하는 모습을 확인할 수 있습니다. 여기에는 1982년 12월 31일 의무경찰제도의 신설이 작용했습니다. 즉, 국가예산 절감을 위해 정규경찰공무원 대신 의무경찰을 선발해서 치안업무를 보조하도록 하고 신임순경 모집을 줄이는 방식으로 경찰공무원 정원을 조정한 것입니다.

마지막으로, 1996년에 나타난 감소입니다. 이는 정부조직법의 개정과 이에 따른 직제 개편이 반영된 것입니다. 즉, 해양경쟁시대를 맞이하여 종합적이고 체계적인 해양행정체제를 구축하고 해양잠재력을 적극 개발하기 위해 1996년 8월 정부조직법 개정을 통해 해양수산부가 신설됩니다. 이와 함께 경찰청 소속으로 해양경찰에 관한 사무를 담당하던 해양경찰청이 해양수산부의 외청으로 분리·독립되면서 경찰공무원 정원 조정이 있었던 겁니다.[2]

그림 19-1 경찰공무원 정원(1950~2023)

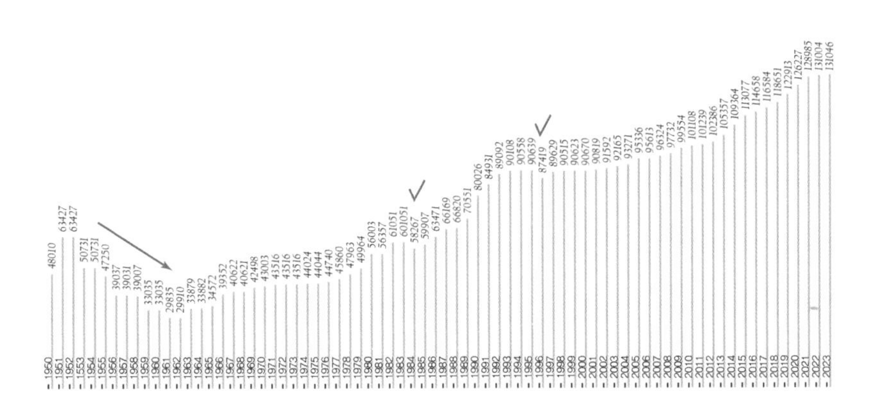

자료 : 김상호(2007 : 4-5), 경찰청(2024 : 6)

최근 경찰공무원 1인이 담당하는 인구는 400명 수준이다!!!

한국사회에 적합한 경찰공무원 수는 어느 정도일까요? 경찰공무원 수는 인구, 경제수준, 총범죄건수, 교통사고 등 다양한 요인에 의해 영향을 받는 것으로 분석됩니다.[3] 그러므로 이들 요인의 변화를 확인하고 이에 따라 적정한 경찰공무원 수를 추산할 수 있습니다. 하지만 좀 더 간단하게는 국가별 비교자료를 통해 경찰공무원 수의 적정성을 평가합니다. 특히 한국경찰은 과거 경찰인력 부족의 주요 이유로 경찰관 1인당 담당인구가 경제협력개발기구(OECD) 국가들에 비해 과다하다는 주장을 줄곧 해 왔습니다.[4]

> 2002년 말 현재 경찰관 1인당 담당인구는 527명으로 선진 외국과 비교해 보면 여전히 경찰인력이 부족한 것으로 나타나고 있다(경찰청, 2003).[5]
>
> …

> 2017년 말 기준 경찰인력 1인당 담당인구는 429명으로, 2013년 이후 지속적인 증원에도 불구하고 아직까지 주요 선진국에 비해 경찰인력은 부족한 수준이다(경찰청, 2018).[6]

하지만 최근 더 이상 이러한 주장은 보이지 않습니다. 대신, "경찰을 필요로 하는 새로운 치안영역도 계속 확대되고 있어 국민의 안전을 지키기 위해 차질 없는 인력증원이 필요"[7]한 것으로 초점이 변화되고 있음을 확인할 수 있습니다. 어떻게 된 것인지, 조금 더 자세하게 살펴보겠습니다.

1960년부터 2020년 현재까지 한국 경찰공무원 1인당 담당인구는 <그림 19-2>와 같이 꾸준히 감소되어[8] 2020년 기준 경찰공무원 1인이 담당하는 인구는 410명(2023년 393명) 수준입니다.

그림 19-2 연도별 경찰공무원 1인당 담당인구

국가별 경찰공무원 수를 비교하는 일은 생각보다 쉽지 않습니다. 우선, 국가별 경찰제도 자체가 매우 이질적입니다. 미국은 연방-주-지방 단위 모두에서 경찰기능을 담당하는 조직이 존재하며 이들의 명칭 또한 매우 다양합니다(FBI, Sheriff, Rangers, Constable, Police 등). 프랑스 등 몇몇 유럽 국가들에서는 군(軍)경찰(Gendarmerie)이라는 독특한 조직도 존재합니다. 경찰 혹은 폴리스(Police)라는 명칭과는 무관하게 경찰기능을 담당하는 모든 조직과 그 구성원을 경찰인력으로 계산할지, 아니면 정규 경찰만을 대상으로 할지, 어떤 선택을 하느냐에 따라 결과는 매우 다르게 나타날 수 있습니다. 한국에서는 경찰공무원 이외에도 전·의경제도를 통해 경찰업무를 보조하는 인력이 있었고, 최근에는 해양경찰, 자치경찰도 함께 경찰활동에 참여하고 있습니다. 그럼에도 전통적으로 경찰공무원 수를 산정할 때 경찰청 소속 정규 경찰공무원만을 대상으로 했습니다. 이와 같은 엄격한 기준이 다른 나라들에게도 동일하게 적용되어 평가된 것인지, 꼼꼼히 따져봐야 합니다.

다음으로, 시점도 중요할 수 있습니다. 한국에서는 최근 몇 년 사이에 경찰공무원 수가 빠르게 증가하였습니다. 이런 상황에서는 기준 시점에 따라 다른 결과를 이야기할 수 있기 때문입니다.

이러한 한계를 충분히 기억하면서, 국가별 경찰관 1인당 담당인구를 살펴보면 <표 19-1>과 같습니다.[9] 현재 한국은 미국 및 일본 수준의 경찰공무원 수를 보이고 있습니다. 여전히 한국보다 사정이 양호한 국가들이 존재하나 주요 국가들에 비교해서 부족한 인력 타령하는 게 조금은 머쓱해 보이기도 합니다. 경찰이 주장해 온 인력 충원이 어느 정도 이루어진 만큼 앞으로는 더욱 책임감 있는 경찰활동을 실천해야 할 부담이 커진 것으로 평가하는 것이 바람직한 자세인 것 같습니다.

표 19-1 국가별 경찰관 1인당 담당인구

	독일	프랑스	벨기에	네덜란드	미국	일본	호주	영국*
인구(명)	262	294	300	339	420	427	459	474
기준(년)	2018	2012	2017	2018	2018	2017	2017	2019
	인도	스웨덴	덴마크	캐나다	노르웨이	싱가포르	중국	핀란드
인구(명)	505	513	521	532	532	588	699	769
기준(년)	2018	2017	2017	2017	2019	2018	2018	2018

* 잉글랜드와 웨일즈

자료 : 위키피디아

경찰공무원은 11개 계급으로 구성되어 있고 경위 이하 계급이 약 90% 수준을 차지한다!!!

경찰공무원은 경찰청장인 치안총감 아래 치안정감, 치안감, 경무관, 총경, 경정, 경감, 경위, 경사, 경장, 순경의 계급을 두고 있습니다. 경찰공무원은 상관의 지휘를 받아 직무를 수행하고 그 직무수행에 관하여 서로 협력해야 합니다. 계급에 따라 담당하는 임무는 다음 <그림 19-3>과 같이 정리할 수 있습니다. 순경 · 경장 · 경사 계급 경찰관들은 일선경찰관으로 경찰서, 일선 지구대 · 파출소, 기동대 등에서 근무하며 일반시민들과 가장 빈번히 접촉하게 됩니다. 참고로 가장 많은 인원들은 순경 계급으로 채용되고 있으며, 경위공채, 경찰대학 졸업생은 경위 계급으로 임용됩니다.

그림 19-3 경찰공무원 계급과 역할

계급	역할
치안총감	경찰청장
치안정감	경찰청 차장, 서울·부산·인천·경기남부경찰청장, 국가수사본부장, 경찰대학장
치안감	시·도경찰청장, 경찰청 국장급
경무관	시·도경찰청 차장(부장)
총경	경찰서장, 경찰청(시·도경찰청) 과장급
경정	경찰서 과장, 경찰청(시·도경찰청) 계장급
경감	지구대장, 경찰서 계장 및 팀장, 경찰청(시·도경찰청) 반장급
경위	지구대 순찰팀장, 파출소장, 경찰서 계장급
경사	경찰서, 일선 지구대·파출소, 기동대 등에서 치안실무자로서 국민과 가장 밀접한 임무 수행
경장	
순경	

2023년 기준 계급별 경찰공무원 정원은 다음 <표 19-2>와 같습니다. 정원은 법령상 규정된 인원으로 실제 인원은 정원과 차이가 있을 수 있습니다. 순경에서 경감까지 계급 간 인원 비율에 비추어볼 때 경정부터는 매우 급격한 비율 감소를 확인할 수 있습니다. 경찰서장급인 총경 이상 경찰공무원 정원은 757명으로 전체 정원의 0.6% 수준에 불과합니다. 이는 총경 이상으로의 승진이 매우 어려울 수 있음을 예견하게 합니다.

표 19-2 경찰공무원 계급별 정원(2023)

(단위 : 명/%)

순경	경장	경사	경위	경감	경정	총경	경무관	치안감	치안정감	치안총감	합계
38,824	31,397	28,679	17,406	10,903	3,080	639	80	30	7	1	131,046
29.63	23.96	21.88	13.28	8.32	2.35	0.49	0.06	0.02	0.01	0.00	100.00

자료 : 경찰청(2024 : 6)

승진은 하위계급에서 상위계급으로 이동하는 것으로 경찰공무원의 사기진작과 직결되어 매우 중요하게 평가됩니다.[10] 경찰에서는 개인의 업무수행 역량과 성과, 상위직 수행능력 등을 종합적으로 고려해서 승진을 합리적이고 공정하게 운영하고자 노력하고 있습니다.[11] 실제 심사승진, 시험승진, 특별승진, 그리고 근속승진 등 다양한 승진제도를 병행 운영함으로써 개인 역량이 최대한 반영될 수 있도록 설계하고 있습니다(<그림 19-4> 참조). 이로 인해 순경 계급으로 신규채용된 경찰공무원이 총경 또는 그 이상의 계급으로 승진하는 경우도 적지 않습니다. 그럼에도 경정 계급부터 나타나는 정원의 급격한 감소는 그 이상 상위 계급으로의 승진이 매우 치열할 수 있음을 이해해야 합니다.

그림 19-4 경찰공무원 승진임용 종류

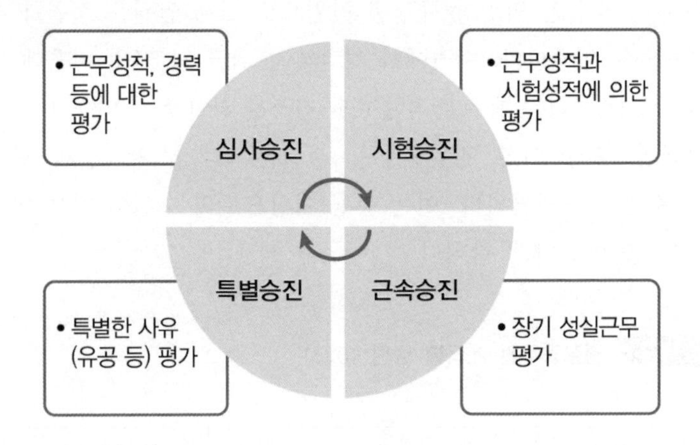

경찰공무원에게는 일반직공무원과는 달리 계급정년이라는 제도가 있습니다. 일반적으로 공무원은 60세 연령에 도달하면 근로관계가 종료되는 연령정년을 운영하고 있고, 경찰공무원 또한 동일하게 적용됩니다. 하지만 경찰공무원에게는 일정한 기간 동안 승진하지 못하고 동일한 계급에 머물러 있을 경우 자동적으로 근로관계를 종료시키는 계급정년을 적용하고 있습니다. 그 시작은 경정 계급부터이며, 경정 14년, 총경 11년, 경무관 6년, 치안감 4년입니다.

순경 혹은 경위로 경찰생활을 시작한 뒤 다양한 승진제도를 통해 승진이 가능하다고 했습니다. 하지만 경정 계급부터는 경쟁이 더욱 치열해지며 승진이 되지 않을 경우 계속 머물 수 없게 될 수도 있습니다. 과거 이에 대한 이해가 부족한 상황에서 무조건 올라가고 보자라는 식의 경력설계를 한 경우가 있었습니다. 그 결과 경정 계급에서 계급정년으로 퇴직하는 – 물론 연령이 60세가 되지 않은 상황에서 – 사례도 있었습니다. 그러니 경찰공무원 생활 전반을 보다 거시적인 차원에서 설계하는 것이 현명한 선택일 것입니다.

여성경찰관은 전체 경찰공무원의 15% 수준으로 최근 급격한 비율 증가에도 불구하고 여전히 성별 불균형이 심하다!!!

2023년 12월 기준, 전체 경찰공무원 중 여성 경찰관은 15.4% 수준인 20,572명입니다. 동일 시간 기준 계급별 경찰공무원 및 여성경찰 현황은 <표 19-3>과 같습니다.[12] 앞에서 살펴본 정원과 실제 인원인 현원 사이에 괴리가 있음을 알 수 있습니다. 지난 10여 년 동안 급격하게 증가시킨 경찰공무원 충원결과가 반영된 것으로, 이러한 규정과 현실 사이의 괴리는 일정 기간 지속될 것으로 봅니다.

표 19-3 계급별 경찰공무원(여경) 현황(2023. 12)

(단위 : 명/%)

구분	순경	경장	경사	경위	경감	경정	총경	경무관	치안감 이상	계
총원	15,929	23,711	23,586	42,600	23,955	3,160	696	83	40	133,760
여경	3,946	5,354	4,893	4,833	1251	246	46	2	1	20,572
비율	24.8	22.6	20.7	11.3	5.2	7.8	6.6	2.4	2.5	15.4

자료 : 경찰청(2024 : 40)

경찰공무원 성별 자료를 살펴보면 전체적으로 성별 불균형이 심하다는 사실과 특히 고위직에서 이러한 불균형이 더욱 심화되는 모습을 확인할 수 있습니다. 한국에서 처음으로 여경을 모집한 것은 1946년 5월 15일이었으며 간부 15명과 여경 64명이 2개월간 훈련을 이수한 뒤 7월 16일에 배출되었습니다. 1947년 여경 정원이 500명으로 책정되었고 이들은 각 도 일선 경찰서에 배치되었습니다. 이 당시 경찰 총원이 27,600명이었으니 여경의 비율은 고작 1.8% 수준에 불과했음을 알 수 있습니다.[13] 이러한 비율은 이후 50여 년 가까이 별다른 변화 없이 유지되어 오다가 2000년대 들어와서 조금씩 비중을 늘리기 시작하여 2006년 5%, 2016년 10%를 넘겨 오늘날에 이르고 있습니다.

그림 19-5 여성경찰공무원 수(비율) 변천

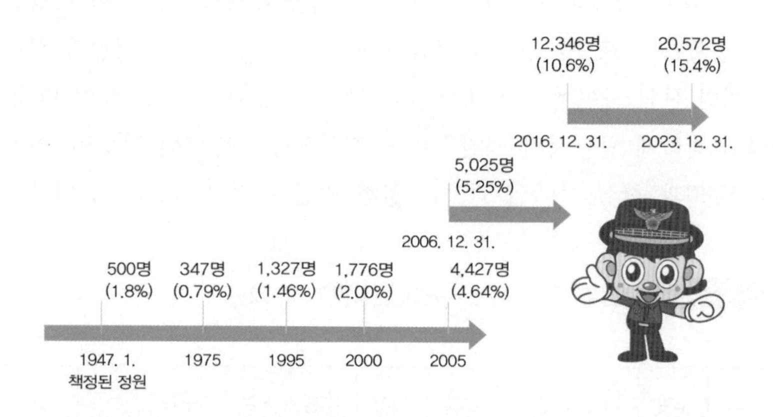

여성경찰의 적정비율이 어느 수준이어야 하는지... 쉽지 않은 질문입니다. 미국의 경우 12% 수준이며 상대적으로 높은 여성경찰 비율을 지닌 북유럽 국가들도 그 비율은 20% 중후반 수준입니다.[14] 숫자만 놓고 보면 한국 상황이 그렇게 열악한 것은 아닌 것처럼 보입니다. 미국에서는 체력검사에 대한 부담, 일·가정 양립정책의 부족 등과 같은 제도적 문제와 함께 여성들의 경찰업무에 대한 호감이 높지 않아 여경 비율이 일정한 정체를 보이는 것으로 평가되고 있습니다.[15] 즉, 다양한 제도적 문제와 함께 여성들의 선호(선택)가 현재 상황에 큰 영향을 미치고 있다는 겁니다.

하지만 한국의 경우 여성경찰의 낮은 비율은 여성들의 선호(선택)보다 제도적 영향이 더 크게 기여하고 있습니다. 바로 성별구분모집제도입니다. 이는 채용과정에서 남성과 여성 비율을 미리 일정하게 정해놓은 후(여성 25~30% 수준) 남성은 남성끼리, 여성은 여성끼리 경쟁해서 채용하는 구조입니다.

국가인권위원회는 2005년, 성별에 따른 구분모집제도가 헌법의 평등권 위배에 해당되니 이를 폐지할 것을 권고했습니다.[16] 이에 대해 경찰은 경찰공무원의 업무수행 과정에서 남성이 더욱 유리하다는 주장과 함께 여성경찰 비율의 증가가 범죄대응력을 약화시키고 남성 경찰관의 스트레스를 높일 가능성이 있다고 주장하였습니다. 그리고 구분모집제도를 폐지하는 대신 여경채용 수준을 확대하는 대안을 제시하여 운영했고 그 결과 현재 수준의 비율을 가지게 된 겁니다.

비록 과거에 비해 높은 비율을 보이는 것으로 평가할 수 있으나, 여성경찰관은 경찰조직에서 소수집단입니다. 경찰조직은 여전히 여성경찰관 비율이 15% 수준인 편향조직(skewed group)의 모습을 보이고 있습니다. 편향조직이란 특정 집단이 차지하는 비율이 15%가 되지 않는 조직으로 이 경우 소수집단(tokens) 구성원은 지배집단 구성원과는 다른 지위와 조직 내 역학관계에 노출된다고 합니다.[17] 이들은 완전한 조직 구성원으로서의 지위가 아닌 왜곡된 지위와 이에 따른 차별적인 효과를 경험할 수 있으며 실제 한국 여성경찰관들 또한 이러한 부정적 효과를 경험하는 것으로 나타나고 있습니다.[18] 이에 따르면 여성 경찰관에 대한 다소 부정적이거나 왜곡된 평가들은 어쩌면 이들이 경찰조직 내에서 차지하는 비율이 여전히 매우 낮기 때문에 발생하는 것으로 해석할 수 있습니다.

2017년 경찰개혁위원회에서는 또 다시 성별분리모집의 관행을 폐지하고 성별구분 없는 통합모집을 실시할 것을 경찰에게 권고했습니다. 치안정책의 방향이 범인검거 및 처벌 위주의 치안 개념에서 사회적 약자 및 소수자 보호, 범죄 예방적 활동으로 변화되고 있어 경찰 인력의 다양성 확보 및 선진화가 필요하다는 이유와 함께였습니다.[19] 이에 따라 2020년 시행된 경찰대학생과 경위공채자 채용에서는 분리모집이 아닌 통합모집제도를 도입하였고, 2026년부터는 순경공채 분야에서 통합모집을 예고하고 있습니다. 여성경찰관 비율이 최근 15%를 넘어섰고 통합모집 등을 통해 이러한 변화는 더욱 가속화될 것으로 예견할 수 있습니다. 이러한 변화가 경찰공무원의 인적 구성에 어떤 영향을 미칠지, 나아가 경찰조직의 성과에 어떻게 작용할지, 지속적인 관심을 가져야 할 것 같습니다.

┃ 학력 수준은 대졸자 비율이 증가하는 방향으로 향상되고 있다!!!

마지막으로, 경찰공무원은 2011년까지 '고등학교 졸업 이상'의 학력 수준을 채용 조건으로 두고 있었습니다. 경찰관은 업무수행과정에서 강제력 행사에 관한 광범위한 재량을 지니고 있고 법과 질서 유지에 필요한 권위 또한 강하게 요구됩니다. 이로 인해 경찰관에게는 일반 국민의 평균적인 수준보다 높은 학력 수준이 요청되어 왔습니다. 공무원 임용과정에서 학력 제한은 1972년 폐지되었으나 경찰공무원의 경우 1976년이 되어서야 철폐됩니다. 하지만 1983년 경찰행정 개선방안의 일환으로 다시 학력 요건이 부활하게 되는데, 그 배경에는 학력 기준 폐지로 인한 경찰공무원 자질 시비가 자리하고 있었다고 합니다.[20] 결과적으로 1983년부터 2011년까지, 일반직공무원 학력 기준이 폐지된 상황에서 경찰공무원은 최소 학력 기준을 설정해 두었던 것이죠.

경찰공무원 채용 기준에 학력 조건이 설정되어 있었다는 사실은 다른 공무원에 비해 경찰공무원 학력 수준이 상대적으로 높을 수 있음을 예상하게 합니다. 하지만 다른 한편에서는 '고등학교 졸업 이상'이라는 기준의 실효성에 대해 의문을 제기할 수 있습니다. 오늘날 고등학교 취학률은 매년 90% 이상입니다(2022년 기준 94.5%).[21] 이러한 상황에서 최소 학력 기준인 '고등학교 졸업 이상'이 경찰공무원의 학력 수준 제고에 실질적으로 기여할 수 있는지 의문이라는 얘기입니다. 이를 확인하기 위해 2023년 공무원총조사 결과에 따른 공무원 학력 수준을 비교해 보았습니다(<표 19-4> 참조).[22]

표 19-4 공무원 학력 수준(2023년 기준)

구분	인원(명)	고졸 이하(%)	3년제**(%)	4년제***(%)	4년제졸(%)	석사재/졸(%)	박사재/졸(%)
국가공무원*	577,353	7.93	9.86	6.62	52.62	19.09	3.87
행정부일반직	152,112	11.52	11.05	5.25	57.28	10.16	4.73
지방공무원일반직	367,553	6.74	11.22	4.63	68.65	7.49	1.28
경찰공무원	119,684	15.39	14.10	20.56	46.03	3.58	0.34
소방공무원	63,003	14.81	26.85	8.11	46.59	3.29	0.35
교육공무원	229,615	0.00	2.42	0.00	54.02	37.41	6.15

* 행정부·국회·법원·헌법재판소·중앙선관위 소속 공무원(일반직, 특정직, 별정직)
** 3년제 이하 대학 졸업/재학·휴학등, ***4년제이상 대학(교) 재학·휴학등
공무원전수조사이나 응답여부에 따라 실제 인원과 차이 발생 가능
자료 : 인사혁신처(2024 : 238-251).

몇 가지 특징을 살펴볼 수 있습니다. 먼저, 경찰공무원은 소방공무원과 유사한 학력 수준을 보이며 다른 공무원들에 비해 상대적으로 4년제 대학교 졸업 이상이 차지하는 비중이 낮게 나타납니다. 이를 통해 경찰공무원 채용 과정에서 오랫동안 유지되었던 학력기준은 경찰공무원 학력을 높이는 방향으로 작용했다기보다 최저기준의 역할에 충실했던 것으로 평가할 수 있습니다. 다음으로, 경찰공무원은

상대적으로 높은 대학재학·휴학·중퇴 비율을 보이고 있습니다. 이러한 배경에는 경찰공무원에게 적용되지 않았던 임용유예제도가 상당한 역할을 한 것으로 보입니다. 경찰공무원 채용시험에 합격한 채용후보자들은 임용을 유예할 수 없었고 이로 인해 시험합격 후 대학생활을 포기하는 사례가 많던 상황이 반영된 결과로 이해할 수 있습니다. 경찰공무원에게도 임용유예제도가 적용될 수 있도록 제도가 개선되었으니, 이에 따라 경찰공무원 학력 수준은 다소 상승할 것으로 예견할 수 있습니다. 다만, 현장 경찰관의 결원 방지 등 현실을 감안하여 각 시·도경찰청 채용인원의 5% 범위 내(모든 유예사유 포함)에서 승인이 이루어지고 있어 당분간 이에 따른 한계도 존재할 것으로 보입니다.

경찰공무원에 초점을 두어 학력 수준을 살펴보겠습니다. 먼저, 연도별 경찰공무원 학력 수준입니다(<그림 19-6> 참조). 2005년부터 2016년 사이 경찰공무원 학력의 특징은 고졸자의 감소와 대졸자의 증가입니다. 물론 이 시기 한국 국민, 나아가 공무원 전반에서도 유사한 추세가 나타났습니다. 그리고 이러한 추세는 임용유예제도의 도입 등과 함께 앞으로 가속화할 것으로 예측할 수 있습니다.

그림 19-6 **연도별 경찰공무원 학력 수준**

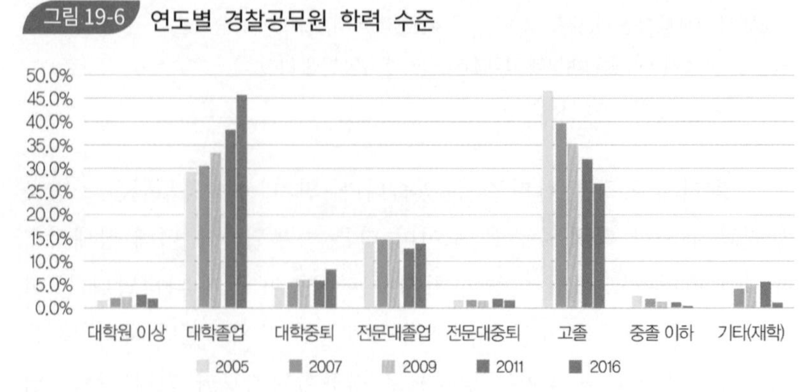

자료 : 김상호(2016 : 48)

다음으로, 계급별 경찰공무원 학력 수준입니다(<그림 19-7> 참조).[23] 경찰공무원을 계급에 따라 일선경찰(순경-경사), 중간관리자(경위-경정), 고위관리자(총경 이상)로 구분하였습니다. 고위관리자들은 대부분(약 95.1%) 4년제 대학교를 졸업했으며 중간관리자들은 약 48.6%, 일선경찰관들은 약 51.0%가 대학교를 졸업한 것으로 나타났습니다. 이를 통해 경찰조직 내에서 계급에 따라 학력 편차가 존재하고 있음을 확인할 수 있습니다. 나아가 신임경찰관들의 학력 수준이 향상되고 이에 따라 일선경찰관의 학력이 중간관리자보다 나은 경향도 보입니다. 만일 순경으로 경찰생활을 시작하게 되면 절반 이상이 대학을 졸업한 동료와 함께 근무해야 합니다. 그리고 대졸자 비율은 더욱 높아질 것으로 예측할 수 있습니다. 경찰관으로 근무하고자 계획을 세울 때 이제는 이러한 경향에 대한 합리적 고려 역시 필요해 보입니다.

그림 19-7 경찰공무원 학력 현황(20238년 기준)

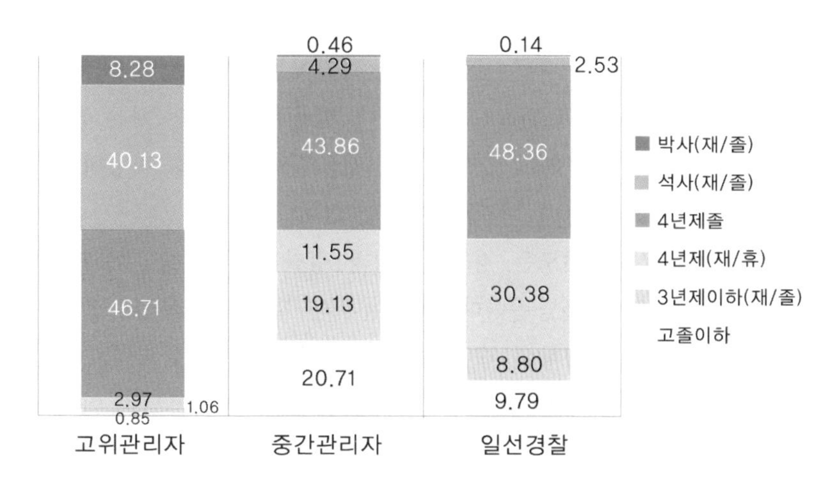

자료 : 인사혁신처(2024 : 220-221)

In Conclusion

경찰공무원은 일반적으로 경찰관이라고도 하며 공공의 안녕과 질서유지 임무를 담당하고, 특정직공무원으로 분류되는 공무원입니다.

2023년 기준 경찰공무원 정원은 131,046명입니다. 여성 경찰공무원은 전체 경찰관의 15.4% 수준이며, 전체적으로 성별 불균형이 심하다는 사실과 특히 고위직에서 이러한 불균형이 더욱 심화되는 모습도 확인할 수 있습니다. 경찰공무원은 경찰청장인 치안총감 아래 치안정감, 치안감, 경무관, 총경, 경정, 경감, 경위, 경사, 경장, 순경의 계급을 두고 있고 경위 이하 계급 구성원들이 전체 약 90% 수준을 차지하고 있습니다. 경찰공무원의 학력 수준은 대졸자 비율이 증가하는 방향으로 전개되고 있으나 다른 공무원에 비해 상대적으로 그 비중이 낮게 나타납니다.

경찰공무원 인력 구성에 있어 특이한 사항은 제도적 영향 문제입니다. 여성과 대학졸업자들의 낮은 비율은 단순히 개인의 문제라기보다 한국 정부가 채택한 인사제도와 관련성이 높습니다. 성별(남녀) 구분모집제도에 따른 신규채용과 경찰공무원에게는 적용되지 않았던 임용유예제도가 바로 그들입니다. 임용유예제도는 다른 공무원과의 형평성을 고려하여 경찰공무원 채용후보자에게도 적용하는 것으로 개정이 되었으나 여전히 한계는 있어 보입니다.

남녀구분모집제도는 경찰대학생과 경찰간부후보생 채용과정에서부터 폐지되어 운영됩니다. 2026년부터 확대되는 통합모집이 경찰조직에 미치는 영향에 대해 지속적인 검토가 필요합니다.

한국 경찰이 제공하는 서비스 수준은 결국 경찰공무원 인력 수준과 직결되어 있습니다. 표면적으로 드러나는 여러 지표와 내면적으로 이들이 표출하는 다양한 조직행태(직무만족 등)에 대한 지속적인 관심이 필요한 이유입니다.

참고문헌

1) 경찰청, 2024, 경찰통계연보, 서울 : 경찰청, p. 6 ; 김상호, 2007, "경찰의 인력수요 예측," 한국행정논집 19(4), pp. 4-5.
2) 경찰청, 2006, 한국경찰사 V, 서울 : 경찰청, p. 192 ; 김상호, 2007, "경찰의 인력수요 예측," 한국행정논집 19(4), p. 5.
3) 경찰청, 2001, 21C 한국경찰의 비전, 서울 : 경찰청, p. 118 ; 이병철, 1988, "한국경찰 인력 증가요인의 인과성 추론을 위한 회귀모형 적용에 관한 연구," 울산대학교 연구논문집 19(2), pp. 57-78 ; 이상현 · 한상암 · 조호대, 2002, "향후 치안수요 변화에 따른 적정 경찰인력규모에 관한 연구," 연구보고서 : 치안연구소 ; 이은국, 1997, "우리나라 경찰공무원 인력규모의 적정화에 관한 연구," 치안논총 13, pp. 1-79.
4) 경찰청, 2009, 미래비전 2015, 서울 : 경찰청, p. 193.
5) 경찰청, 2003, 경찰백서, 서울 : 경찰청, p. 438.
6) 경찰청, 2018, 경찰백서, 서울 : 경찰청, p. 398.
7) 경찰청, 2020, 2019 경찰백서, 서울 : 경찰청, p. 359.
8) 경찰청, 2019, 통계연보, 서울 : 경찰청, p. 6 ; 통계청, 2017, 장래인구추계 : 주요 인구지표.
9) https://en.wikipedia.org/wiki/List_of_countries_and_dependencies_by_number_of_police_officers 2020년 8월 19일 검색.
10) 강창일, 2006, "경찰공무원 인사제도 개선을 위한 연구," 2006년 국정감사 정책보고서, p. 20.
11) 경찰청, 2020, 앞의 책, p. 362.
12) 경찰청, 2024, 전게서, p. 30.
13) 대한민국여경재향경우회, 2007, 한국여자경찰 60년사, 서울 : 에스프리, p. 25.
14) Reaves, B. A., 2015, Local Police Department, 2013, U.S. Department of Justice, p. 4 ; Share of female police officers for selected countries in 2012, https://www.statista.com/ 2020. 08. 07. 검색.
15) Cordner, G. & Cordner, A, 2011, "Stuck on a Plateau? : Obstacles to Recruiment, Selection, and Retention of Women Police," Police Quarterly 14(3), pp. 207-226.
16) 국가인권위원회, 2005, 04진기213 경찰채용시험 제도개선 결정문.
17) Kanter, R., 1977, Men and women of the corporation, New York : Basic, pp. 207-209.

18) 김상호, 2014, “여자경찰관의 토크니즘 분석,” 한국치안행정논집 10(4), pp. 37-41.

19) 경찰청, 2018, 경찰개혁위원회 백서, 서울 : 경찰청, p. 185. 189.

20) 김상호, 2016, “경찰공무원과 학력,” 한국치안행정논집 13(3), p. 46. 59.

21) 교육부, 2022, 2022년 교육기본통계 주요내용, p. 15.

22) 인사혁신처, 2024, 2023년 공무원총조사 보고서, 세종 : 인사혁신처, pp. 218-225. 공무원총조사는 5년 주기로 수행되고 있어, 2023년 자료가 최신 자료임을 밝힙니다.

23) 인사혁신처, 2024, 위의 자료, pp. 220-221.

Q20. 경찰예산과 보수수준은 어떻게 되나요?

대중매체에서 경찰은 활동에 필요한 각종 경비는 물론 보수조차 열악한 대표적인 직종으로 묘사되곤 합니다. 이로 인해 경찰공무원이 부정과 부패에 자연스럽게 빠져드는 상황도 함께 제시되지요. 자신의 보수에 대해 만족하는 사람은 많지 않을 겁니다. 그렇다고 모든 직장인이 부정과 부패에 연루되는 것 또한 아닙니다. 경찰공무원 보수는 경찰예산 중 가장 많은 비중을 차지합니다. 그러므로 경찰보수는 경찰예산과 밀접하게 연관되어 있습니다. 그 수준이 어느 정도인지, 지금부터 자세히 알아보기로 하겠습니다.

In General

경찰은 하루 24시간, 1년 365일 쉴 틈 없이 활동해야 하는 탓에 대표적인 노동집약적(labor-intensive) 성격을 지니고 있습니다.[1] 범죄예방을 위해서는 경찰이 어디에나 존재하고 있음을 보여주어야 하고 이는 경찰공무원에 대한 광범위한 인력 수요로 이어지기 때문입니다. 경찰예산 중 상당부분이 보수를 포함한 인건비로 지출되는 이유이기도 합니다.

한국에서도 경찰인력은 꾸준한 추세적 상승을 경험해 왔습니다. 하지만 경찰인력은 원하는 만큼 끌어 쓸 수 있는 값싼 자원이 아닙니다. 한때 정규 경찰공무원 대신 전투경찰이나 의무경찰 등을 동원했던 이유도 사실 인력비용 때문이었습니다.

경찰 차원에서는 비교적 많은 예산을 원할 수 있습니다. 그렇다면 경찰예산 수준은 어떻게 결정될까요? 일반 기업에서는 상품이나 서비스를 판매하고 이를 통해 수입을 확보합니다. 상품이나 서비스 판매가 저조하면 수입이 줄어들고 이는 해당 기업의 위기로 작용할 수 있습니다. 그러니 기업들은 끊임없는 품질관리를 통해 자신들이 제공하는 상품이나 서비스가 소비자들로부터 매력적일 수 있도록 노력합니다. 반면, 경찰을 비롯한 공공조직에서는 수입구조가 자신들의 서비스 판매 수준과 연결되어 있지 않습니다. 공공조직의 수입은 주로 예산을 통해 제공되며 예산은 주된 수입원이 국민들로부터 거두어들이는 세금이기 때문입니다.

경찰예산은 경찰이 수행하는 수많은 활동을 다른 정부조직들이 수행하는 활동과 비교 평가해서 사회적 편익(후생)이 가장 큰 활동을 중심으로 배분될 수 있습니다. 소위 합리모형(rational model)에서 제시하는 과정입니다. 경찰예산은 전년도 예산을 기준으로 경제성장률 등 제반 조건들을 감안해서 약간의 수정(+α)을 통해 결정될 수도 있습니다. 이는 점증모형(incremental model)에서 제시하는 과정입니다. 현실에서는 양자가 절충되어 있는 것으로 보입니다.

경찰활동이 소기의 성과를 거두기 위해서는 인력과 재원이 뒷받침되어야 합니다. 경찰공무원 인력에 대해서는 *<Q19. 경찰공무원 인력은 어떻게 구성되어 있나요?>*에서 살펴보았으니, 여기에서는 경찰예산에 대해 좀 더 자세하게 살펴보도록 하겠습니다.

In Specific

경찰예산은 일정 기간(이를 회계연도라고 합니다) 경찰조직의 수입과 지출에 대한 예정적 계획을 말합니다. 즉, 경찰은 올해 경찰활동을 수행하면서 내년도 예상되는 수입과 지출에 대한 예정적 계획을 수립하게 되는 바, 이를 예산안이라고 합니다. 회계연도는 대부분 1년을 단위로 설정하고 있으나 반년, 혹은 2년 등의 단위가 사용되기도 합니다. 또한 1년을 단위로 할 때 한국은 매년 1월 1일부터 12월 31일까지를 회계연도로 설정하나 미국 연방정부는 10월 1일부터 그 다음 해 9월 30일까지를, 영국·일본 등은 4월 1일부터 그 다음 해 3월 31일까지를 회계연도로 하고 있습니다.[2]

경찰이 수립한 예산안은 국민의 대표기관인 국회에서 심사하여 확정되어야 합니다. 경찰은 국회에서 확정된 예산을 충실히 집행하게 되는 것이죠. 예산은 장래 경찰활동에 대한 재정적 정보를 담고 있으며 이를 통해 경찰활동을 통제할 수도 있습니다. 경찰이 무슨 일을 하고자 할 때 예산이 뒷받침되어야 하기 때문입니다.

> 경찰의 세출예산은 12조 원을 넘고 있으며 전체 정부예산의 3% 내외 수준이다!!!

2024년 경찰예산은 지출(세출) 기준으로 12조 9,907억 원이 편성되었고 매년 점진적으로 증가해 왔습니다(<표 20-1> 참조). 경찰인력의 꾸준한 증가는 경찰예산을 동반 상승시키는 주요 요인으로 작용했고, 경찰에게 부여된 다양한 업무 또한 예산확충으로 이어졌기 때문이라고 볼 수 있습니다. 경찰예산은 정부예산(기금 제외)에서 3% 내외 수준으로 최근 그 비중이 조금씩 축소되고 있습니다(2015년 3.7%, 2024년 3.0%).[3]

표 20-1 경찰예산(세출예산) 변화 추이

(단위 : 억 원)

구분	2005년	2010년	2015년	2020년	2022	2024년
합계	58,233	75,036	93,855	116,165	122,851	129,907
일반회계	57,091	71,417	92,191	115,343	122,019	128,998
특별회계	1,142	3,619	1,664	822	832	909

자료 : 경찰청(2024 : 12-13), 경찰청(2024b : 4)

경찰예산은 치안역량을 강화하고 법집행 활동을 지원하며 치안 인프라 확충 및 근무여건 개선 등을 위해 사용되는데, 전체 예산 중 인건비 비중이 약 77.3% 수준으로 가장 높습니다(<그림 20-1> 참조).[4)]

그림 20-1 경찰예산(성질별 규모 : 2024)

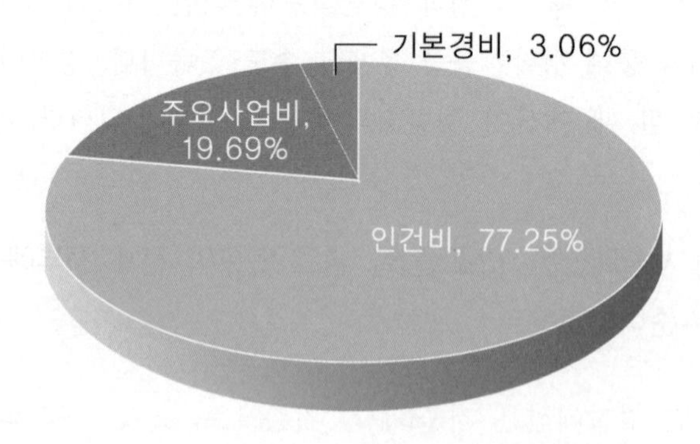

자료 : 경찰청(2024b : 4)

경찰예산이 사용되는 주요 사업에는 범죄예방 및 사회적 약자 보호, 범죄수사 활동, 교통안전·소통확보, 사회질서유지, 국가안보 활동, 전문경찰양성, 치안인프라 구축, 경찰병원운영, 과학치안활성화 등이 있습니다.

경찰활동은 인건비 비중이 매우 높은 노동집약적 성격을 지니고 있다!!!

경찰예산 중 인건비 비중이 가장 높다고 했습니다. 그렇다면 경찰공무원의 보수도 높을까요? 우선, 경찰공무원 보수가 어떻게 결정되는지부터 알아보겠습니다.

「국가공무원법」에서는 공무원의 보수를 직무의 곤란성과 책임의 정도에 맞도록 계급별·직위별 또는 직무등급별로 정하도록 규정하고 있습니다. 이 외에 <그림 20-2>와 같은 원칙을 함께 명시하고 있습니다.[5]

그림 20-2 경찰공무원 보수 결정 원칙

대외적 균형의 원칙	대내적 균형의 원칙
민간부문의 임금 수준과 적절한 균형을 유지	공무원 직종 간 상대적 균형의 도모
직무급의 원칙	자격급의 원칙
직무의 곤란성 및 책임의 정도에 대응한 보수	경찰 내 계급 별 균형 유지
생계비 보장의 원칙	기타
표준생계비, 물가수준 등을 고려	정부 지불능력 & 경제정책(민간임금 억제) 등

경찰공무원 보수는 다양한 요인을 함께 고려해서 결정되어야 합니다. 6·25 전쟁 직후 경찰관의 비위가 문제로 대두되었을 때 경찰은 여러 원인 중 특히 보수수준의 열악함을 강조했습니다. 이 시기 순경의 봉급이 초등학교교원의 58% 수준에 불과했고, 당시 경찰의 최고 책임자는 "배고파 살 수 없다는 경찰관이 있어 자기에게 호소하면 일선경찰로 배치해주겠다"고도 이야기했을 정도였습니다.[6] 생계비 보장이라는 아주 기본적인 원칙조차 지켜지지 않았음을 볼 수 있습니다.

경찰공무원의 보수는 적극적으로 경찰관의 사기를 진작시켜 보다 성실하게 근무하도록 동기를 부여할 뿐만 아니라 부정부패나 비리 등을 차단하는 효율적 수단이 될 수 있음을 이해해야 합니다. 이러한 이해를 바탕으로 오늘날 경찰공무원 보수는 과거에 비해 많이 현실화된 것으로 평가받고 있습니다. 그렇다면 실제 경찰공무원의 보수수준은 어느 정도일까요? 좀 더 구체적으로 살펴보도록 하겠습니다.

경찰공무원 보수는 봉급과 각종 수당을 합산한 금액이다!!!

경찰공무원 보수는 봉급과 그 밖의 각종 수당을 합산한 금액을 말합니다. '봉급'은 계급과 호봉에 따라 차별적으로 지급되는 기본급여를, '수당'은 직무여건이나 생활여건 등에 따라 지급되는 부가적인 급여를 말합니다. 쉽게 설명하면 경찰공무원 보수는 봉급과 수당으로 구성되며 봉급은 계급 및 호봉에 의해 매년 일정 금액이 정해지게 됩니다. 가령, 2025년에는 순경 1호봉이 2,000,900원으로 책정되어 있습니다(<표 20-2> 참조). 경찰공무원은 신규채용 당시에 각종 경력을 고려하여 초임호봉이 획정되며 이후 1년 단위로 호봉 승급이 이루어집니다. 물론, 승진 등이 이루어지면 새로이 승진된 계급에서 정해진 기준에 의해 새롭게 호봉이 획정됩니다. 결과적으로 경찰공무원은 자신의 계급과 획정된 호봉을 통해 봉급을 확인할 수 있습니다.

표 20-2 경찰공무원 봉급표(2025)

호봉 \ 계급	치안정감	치안감	경무관	총경	경정	경감	경위	경사	경장	순경
1	4,739,200	4,409,200	4,026,800	3,496,600	3,020,400	2,607,300	2,352,400	2,319,000	2,078,100	2,000,900
2	4,896,900	4,559,400	4,162,000	3,624,400	3,133,400	2,719,500	2,439,600	2,349,400	2,121,600	2,031,100
3	5,058,600	4,711,700	4,301,200	3,754,400	3,250,900	2,833,800	2,550,700	2,415,700	2,178,100	2,070,500
4	5,223,900	4,865,300	4,441,400	3,887,400	3,372,900	2,951,600	2,664,900	2,509,900	2,248,500	2,119,500

5	5,393,300	5,021,200	4,583,900	4,022,200	3,498,100	3,071,200	2,782,100	2,618,900	2,334,100	2,178,700
6	5,564,700	5,177,200	4,727,800	4,158,400	3,625,800	3,193,700	2,900,300	2,730,400	2,436,900	2,248,900
7	5,738,600	5,335,300	4,873,500	4,295,700	3,755,500	3,318,900	3,019,700	2,842,600	2,540,000	2,331,000
8	5,913,900	5,493,200	5,019,400	4,433,700	3,886,800	3,445,100	3,139,100	2,955,700	2,639,300	2,420,900
9	6,091,900	5,652,200	5,166,600	4,572,200	4,018,600	3,572,600	3,259,200	3,063,100	2,733,800	2,507,300

— 이하 생략 —

경찰공무원 수당은 직무여건이나 생활여건 등에 따라 부가적으로 지급되는 급여입니다. 봉급이 계급과 호봉을 통해 획일적으로 결정되는 데 반해 수당은 근무여건이나 생활여건 등에 따라 차등적으로 지급되는 특징이 있습니다. 수당은 기본급인 봉급을 기준으로 일정 비율을 곱해 지급되기도 하며(가령, 명절휴가비 : 봉급액 × 0.6), 정해진 일정한 금액(가령, 배우자 가족수당 : 4만원)이 지급되기도 합니다. 현재 경찰공무원 수당은 매우 다양하게 구성되어 있습니다(<그림 20-3> 참조).

그림 20-3 경찰공무원 수당 종류

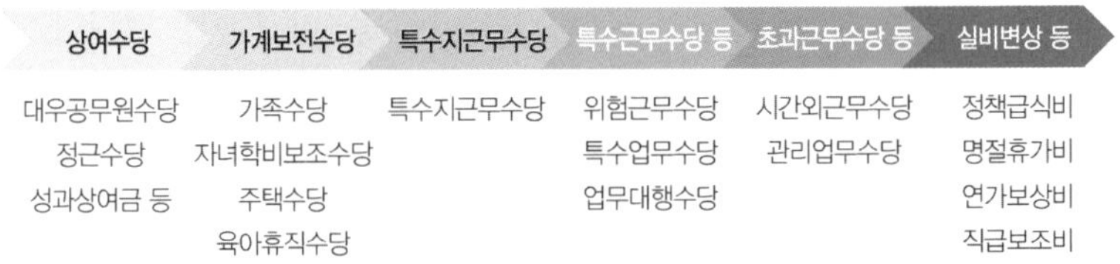

상여수당	가계보전수당	특수지근무수당	특수근무수당 등	초과근무수당 등	실비변상 등
대우공무원수당	가족수당	특수지근무수당	위험근무수당	시간외근무수당	정책급식비
정근수당	자녀학비보조수당		특수업무수당	관리업무수당	명절휴가비
성과상여금 등	주택수당		업무대행수당		연가보상비
	육아휴직수당				직급보조비

경찰을 포함한 공무원 보수는 기본급인 봉급 인상이 여의치 않은 상황에서 각종 수당을 통해 부족한 부분들을 보완해 왔습니다. 이로 인해 수당이 기본급인 봉급을 초과하는 경우도 있었고,[7] 외부에서 실제 공무원 보수를 파악하기가 어려웠던 이유로 작용하기도 했습니다. 소위 '은폐된' 보수[8]였던 셈이죠. 현재는 과거에 비해 수당이 많이 정비되었고 기본급인 봉급 또한 현실 반영 수준을 높여가고 있

어 향후 진전된 모습을 기대해 봅니다.

종합해보면 경찰공무원 보수는 봉급과 수당으로 구성되며 봉급은 계급과 호봉을 통해 일정한 금액이 정해집니다. 하지만 현실에서 경찰공무원은 부가적인 급여인 수당을 함께 지급받고 있으며 수당의 규모가 경우에 따라 상당할 수 있음을 알 수 있습니다. 그러므로 경찰공무원 보수를 정확하게 파악하기 위해서는 봉급표만 보아서는 안 되고 실제 지급되는 수당까지 함께 살펴봐야 합니다.

경찰공무원 보수수준은 유사직종 민간근로자 보수의 94% 수준이다!!!

법령에서는 인사혁신처장으로 하여금 공무원처우 개선계획을 수립하도록 의무를 부가하고 있으며 그 일환으로 민간의 임금, 표준생계비 및 물가 변동 등에 대한 조사를 통해 공무원 보수를 합리적으로 책정하도록 요구하고 있습니다. 이에 따라 매년 민·관 보수수준에 대한 실태조사가 이루어지고 있습니다. 매우 다양하게 존재하는 민간근로자 중 공무원과 유사 직종으로 분류할 수 있는 근로자를 추출해서 이들의 임금수준과 공무원 보수수준을 비교하는 겁니다. 이를 통해 경찰공무원 보수의 일면을 확인할 수 있을 것으로 봅니다.

민간근로자 중 100인 이상 사업체에서 전일제(full-time) 상용직으로 근무하는 관리·전문·사무직 종사자(세칭 화이트칼라 종사자)와 공무원 보수수준을 비교한 결과(<그림 20-4> 참조), 2021년 기준 공무원 보수는 민간근로자 보수의 87.6% 수준으로 확인되었습니다. 다시 말해 공무원 보수가 비교대상 민간근로자 보수에 비해 약 12.4% 정도 낮다는 겁니다. 이러한 격차는 2004년 95.9%로 가장 근접했다 이후 확대되어 오다가 2010년 이후 85% 수준에서 안정적으로 유지되어 왔습니다. 2020년, 코로나19에 따라 민간부문의 특별급여가 크게 감소하여 공무원과의 임금격차가 상당히 축소되었다

가 2021년 다시 확대되는 모습을 확인할 수 있습니다.[9]

공무원을 다시 일반직, 경찰직, 교원으로 구분하여 임금수준을 살펴보면, 각각 민간근로자 보수의 79.9%, 92.2%, 91.3%로 나타나고 있습니다.[10] 이에 따르면 경찰공무원 보수수준은 민간근로자 보수수준에 비해 약 7.8% 정도 낮으나 일반직공무원과 교원에 비해 상대적으로 양호한 수준임을 알 수 있습니다. 6 · 25 전쟁 직후 경찰과 교원의 보수차이를 고려하면 오늘날 경찰의 보수수준은 상당부분 개선된 것으로 평가할 수 있습니다.

그림 20-4 공무원 보수수준 추이와 경찰공무원 보수수준(2021)

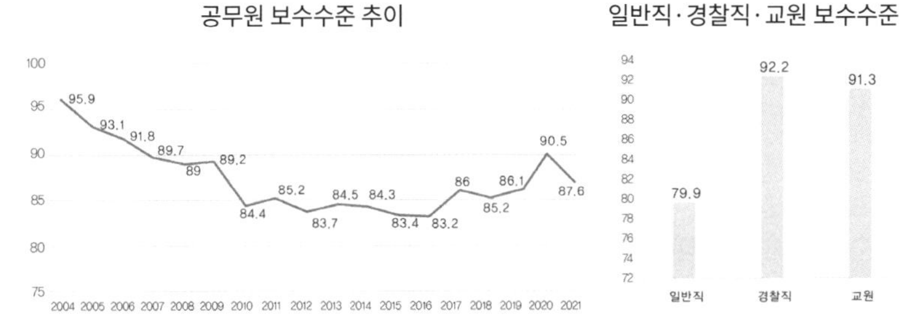

자료 : 방형준 외(2021 : 16)

경찰공무원은 보수수준에 대한 만족도가 낮으나 고용안정성과 노후보장 등에 있어서 긍정적인 평가를 한다!!!

경찰공무원 580명을 대상으로 이들이 주관적으로 평가하는 보수수준에 대해서도 살펴보았습니다(<그림 20-5> 참조). 경찰관들은 자신들 보수수준이 민간기업 사무관리직 종사자에 비해 75.5% 수준으로 평가하고 있으며 보수수준 및 보수인상률에 대하여 보통보다 낮은 만족수준을 보이고 있는 것을 확인할 수 있습니다.[11] 동일 연도 분석에 따르면 경찰관 보수수준은 민간기업 사무관리직 종사자의

87.7% 수준이었습니다. 현실에서 경찰관들은 자신의 보수수준을 더욱 낮은 수준으로 평가하며, 이러한 평가는 보수전반에 대한 만족도에 부정적인 영향을 주는 것으로 이해할 수 있습니다.

그림 20-5 경찰공무원의 주관적 보수수준과 만족도

경찰공무원의 주관적 보수수준

80.0% 70.0% 60.0% 50.0% 40.0% 30.0% 20.0% 10.0% 0.0%

75.5%

경찰공무원

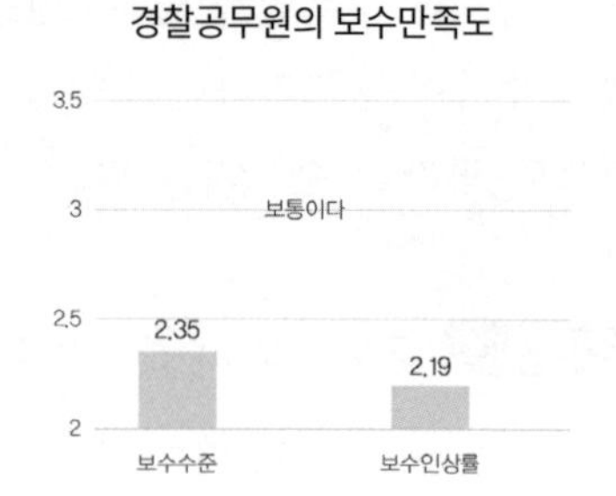

자료 : 정동관 외(2019 : 38-40)

비록 과거에 비해 많이 좋아졌다고는 하나 여전히 경찰공무원의 보수수준은 비교대상 민간근로자에 비해 상대적으로 저조하고 경찰공무원들 또한 이러한 격차에 대하여 크게 평가하는 것을 알 수 있습니다. 나아가 보수수준과 인상률 등에 대하여 여전히 낮은 수준의 만족도를 보이고 있습니다. 이러한 상황에서 어떻게 유능한 인재들을 경찰조직으로 이끌 수 있을까요?

기본적으로 공직에서 근무하고자 하는 사람들은 보수보다 공공에 대한 봉사라는 공직 자체의 가치를 더욱 소중하게 생각할 수 있습니다. 신분보장과 평생 동안 근무할 수 있다는 직업안정성이 당장의 보수수준보다 높게 평가될 수도 있다고 봅니다 *<경찰공무원 입직동기에 대해서는 Q14. 참고>*. 경찰공무원 또한 민간기업 사무관리직 근로자에 비해 보수, 복리후생, 승진 등에 있어서는 불리하나 고용안정성과 노후보장(연금) 등에서는 상대적으로 양호하다고 평가합니다(<그림 20－6> 참조).[12]

그림 20-6 경찰공무원 인식

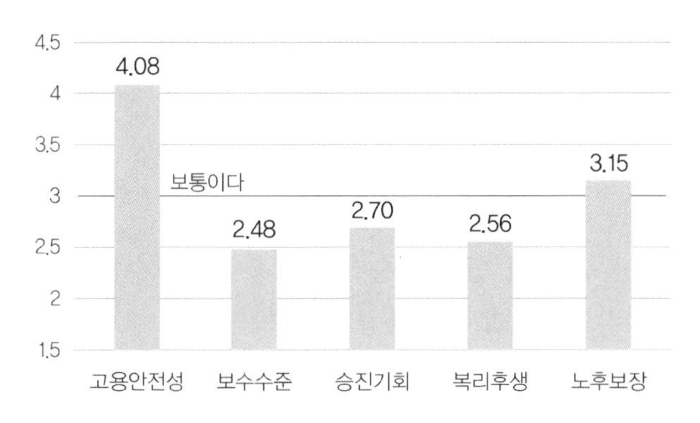

자료 : 정동관 외(2019 : 35)

정의는 한국사회에서도 중요한 가치로 평가되고 있습니다. 생계비 수준에도 미치지 못하는 열악한 보수를 지급하면서 업무에 최선을 다할 것을 기대하는 것은 정의롭지 못합니다. 민간기업 근로자와의 보수 격차 또한 정의에 부합할 수 있도록 보다 좁혀져야 할 겁니다.

현재 경찰공무원 봉급표는 유사한 업무에 종사하는 공안업무 등 종사 공무원(교정 · 보호 · 검찰 · 마약수사 · 출입국관리 · 철도경찰직 공무원 등) 봉급표에 비해 다소 낮게 책정되어 있었습니다.[13] 봉급은 기본급여로 수당 및 각종 복리후생 등이 이와 연동되는 경우들이 많습니다. 봉급표에 따른 작은 금액 차이가 실제 보수에는 큰 영향을 미칠 수도 있다는 겁니다. 이러한 문제를 해소하기 위해 많은 노력을 기울여 왔고 2023년 이후부터 기본급 인상을 공안업무 종사 공무원 수준으로 조정하여 정상화하였습니다.[14] 업무 성격에 부응하는 지속적인 보수 관리가 필요할 것으로 보입니다.

In Conclusion

경찰예산은 치안역량을 강화하고 법집행 활동을 지원하며 치안 인프라 확충 및 근무여건 개선 등을 위해 사용됩니다. 그 수준 및 내용 등은 매년 국민의 대표기관인 국회에서 심사하여 확정되며, 2017년 이후 10조 원을 상회하고 있습니다.

경찰예산 중 가장 많은 지출은 경찰공무원 보수를 포함한 인건비입니다. 경찰공무원 보수는 봉급과 그 밖의 각종 수당을 합산한 금액을 말합니다. 경찰을 포함한 공무원 보수는 기본급인 봉급 인상이 여의치 않은 상황에서 각종 수당을 통해 부족한 부분들을 보완해 왔고 이로 인해 정확한 보수수준을 파악하기가 어려웠습니다.

경찰공무원 보수수준은 2021년 기준, 유사직종 민간근로자 보수수준과 비교해서 약 7.8% 정도 낮으나 일반직공무원과 교원에 비해 상대적으로 양호한 수준인 것으로 분석됩니다. 경찰공무원은 보수수준에 대해 만족도가 낮으나 고용안정성과 노후보장 등에 있어서는 긍정적인 평가를 하는 것으로 나타납니다.

한국 경찰공무원의 보수수준은 비록 과거에 비해 많이 호전되었다고는 하나 주관적·객관적 차원 모두에서 여전히 열악한 것으로 평가됩니다. 보수수준의 향상을 위해서는 경찰예산규모의 확대가 필요합니다. 경찰활동의 사회적 편익에 대한 재평가 등을 통해 전체 예산범위 내에서의 재조정이 가능할 수 있습니다. 현재 경찰예산이 정부예산에서 차지하는 비중을 3% 수준에서 5% 수준으로 높이는 방안입니다. 이를 위해서는 다른 영역(국방, 교육, 복지 등)에서의 비중 축소가 필요합니다. 국민 부담을 늘려 경찰예산을 확충하는 방안도 고려할 수 있습니다. 하지만, 모두 쉬운 길은 아닌 것으로 보입니다.

경찰예산과 경찰공무원 보수 문제는 생각보다 복잡한 쟁점을 지니고 있습니다. 정부 업무, 그리고 국민 부담과 혜택 사이의 상대적 가치에 대한 합리적 성찰이 필요합니다.

참고문헌

1) Gaines, L. K., Worrall, J. L., Southerland, M, D. & Angell, J. E., 2003, Police Administration, New York : McGraw-Hill, p. 516.
2) 하연섭, 2010, 정부예산과 재무행정, 서울 : 다산출판사, p. 89.
3) 경찰청, 2024, 경찰통계연보, 서울 : 경찰청 ; 경찰청, 2024b, 2024 회계연도 세입·세출 예산개요 ; 국회예산정책처, 2024, 2024 대한민국 재정, p. 7.
4) 경찰청, 2024b, 전게서, p. 4.
5) 이상안, 2001, 신경찰행정학, 서울 : 대명출판사, p. 567.
6) 내무부 치안국, 1973, 한국경찰사 II, p. 710, 720.
7) 이상안, 2001, 앞의 책, p. 566.
8) 오석홍, 2000, 인사행정론, 서울 : 박영사. p. 446.
9) 방형준·정진호·이진영, 2021, 2021년도 민 · 관 보수수준 실태조사, 인사혁신처, p. 15.
10) 방형준 외, 2021, 위의 자료, p. 16.
11) 정동관 외, 2019, 2019년도 민 · 관 보수수준 실태조사, 인사혁신처, pp. 38-40.
12) 정동관 외, 2019, 위의 자료, p. 35.
13) 신현주 · 오세연, 2019, "경찰공무원 보수체계의 개선방안에 관한 연구," 한국경찰연구 18(4), pp. 45-47.
14) 경찰청, 2024c, 경찰백서, 서울 : 경찰청, p. 275.

부록

<부록 1> 연도별 경찰관련 학과 설립

설립*	대학교	수
1963	동국대(경찰행정학과)	1
1981	경찰대	1
1992	관동대(경찰행정학과)	1
1994	한국해양대(해양경찰학과)	1
1995	원광대(경찰행정학과)	1
1996	계명대(경찰행정학전공) 서남대(경찰행정전공) 중부대(경찰행정학전공) 한려대(경찰행정학과)	4
1997	용인대(경찰행정학과)	1
1998	경운대(경찰행정학전공) 대구대(경찰행정학과) 대불대(경찰학부) 세한대(경찰행정학과) 탐라대(경찰행정학전공) 한세대(경찰행정학과)	6
1999	광주대(경찰학전공) 목포해양대(해양경찰학전공) 순천향대(경찰행정학전공) 전주대(경찰행정학전공) 초당대(경찰행정학과)	5
2000	건양대(경찰행정학전공) 경기대(경찰행정학전공) 경남대(경찰행정학전공) 동양대(경찰행정학전공) 우석대(경찰행정학전공) 호남대(경찰학전공)	6
2001	가야대(경찰행정학과) 동신대(경찰행정학과) 동의대(경찰학전공) 명신대(경찰행정학과) 백석대(경찰학전공) 서울디지털대(경찰학전공) 세명대(경찰행정학전공) 한남대(경찰행정학과)	8
2002	영남대(경찰법무전공) 영산대(경찰행정전공)	2
2003	광주여대(경찰법학과) 남부대(경찰행정학과) 영동대(경찰행정학전공) 한국국제대(경찰행정학과)	4

설립*	대학교	수
2004	경주대(경찰학전공) 경동대(경찰행정학전공) 극동대(법경찰학부) 대구가톨릭대(경찰법무전공) 대전대(경찰행정학전공) 목원대(경찰법학과) 신라대(경찰행정학전공) 위덕대(경찰행정학부) 조선대(경찰행정학과) 진주국제대(경찰행정학부) 호원대(경찰학전공)	11
2005	나사렛대(경찰행정학과) 대구한의대(경찰행정학과) 부산외국어대(경찰법무전공)	3
2006	경상대(해양경찰시스템학과) 경일대(경찰학과) 대구예술대(경찰복지행정전공) 신경대(경찰행정학과) 울산대(경찰학전공) 한라대(경찰행정학과)	6
2007	건동대(경찰행정학과) 동아대(경찰무도학과)	2
2008	대구외국어대(경찰행정전공) 선문대(경찰행정법학과) 신라대(경찰학전공)	3
2009	군산대(해양경찰학과) 대구가톨릭대학교(경찰행정학과) 위덕대(경찰행정학과)	3
2010	광주대(사이버보안경찰학과) 동서대(경찰행정학과) 제주대(해양산업경찰학과)	3
2011	중원대(경찰행정학과)	1
2012	동국대경주(행정경찰공공학부)	1
2013	가천대(경찰·안보학과) 건국대글로컬(경찰학과)	2
2014	영남대(경찰행정학과)	1
2015 이후	동아대(경찰·소방학과) 부경대(공공안전경찰학과) 상지대(경찰법학과) 서경대(경찰행정전공) 서원대(경찰행정학과) 송원대(국방경찰학과) 인제대(경찰행정학과) 창신대(경찰행정학과) 청주대(경찰행정학과) 호서대(법경찰학전공)…	10+

* : 설립연도는 자료에 따라 조금씩 차이를 보임. 학과개설연도와 신입생 입학연도 등이 복합적으로 사용되었고 학과명칭의 변동 또한 빈번했기 때문으로 이해됨

자료 : 김연수(2015 : 51-52) ; 김장휘(2008 : 333-335) ; 제갈욱·장석헌(2011 : 226-229) ; 한국대학교육협의회 학과정보(2024)

<부록 2> 경찰관련 학과(전공) 개설 현황(2024년)

<서울·경기도>

대학명	학과명	구분	지역
동국대학교	경찰행정학부	사립	서울
서경대학교	경찰행정전공	사립	서울
가천대학교	경찰행정학과	사립	경기(성남)
경기대학교	경찰행정학전공	사립	경기(수원)
경동대학교(제4캠)	경찰학과	사립	경기(양주)
신한대학교(제2갬)	경찰행정학과	사립	경기(의정부)
용인대학교	경찰행정학과	사립	경기(용인)
한세대학교	경찰행정학과	사립	경기(군포)
화성의과학대학교	경찰과학수사학과	사립	경기(화성)

<대전·충청남도·충청북도>

대학명	학과명	구분	지역
대전대학교	경찰학과	사립	대전
목원대학교	경찰법학과	사립	대전
	경찰행정학부		
배재대학교	경찰법학과	사립	대전
한남대학교	경찰학과	사립	대전
건양대학교	국방경찰행정학부	사립	충남(논산)
나사렛대학교	경찰행정학부	사립	충남(천안)
백석대학교	경찰학부	사립	충남(천안)
선문대학교	법 · 경찰학과	사립	충남(아산)
세한대학교	경찰행정학과	사립	충남(당진)

대학명	학과명	구분	지역
순천향대학교	경찰행정학과	사립	충남(아산)
유원대학교	경찰보안전공	사립	충남(아산)
	경찰학부		
중부대학교	경찰경호학전공	사립	충남(금산)
	경찰법학전공		
	경찰탐정수사학전공		
	경찰행정학전공		
한서대학교	해양경찰학과	사립	충남(서산)
호서대학교	법경찰행정학과	사립	충남(천안)
건국대학교(글로컬)	경찰학과	사립	충북(충주)
극동대학교	경찰행정학전공	사립	충북(음성)
서원대학교	경찰행정학부	사립	충북(청주)
세명대학교	경찰학과	사립	충북(제천)
우석대학교	경찰학과	사립	충북(진천)
유원대학교	경찰 · 소방행정학부	사립	충북(영동)
	경찰행정전공		
중원대학교	경찰행정학과	사립	충북(괴산)
청주대학교	경찰행정학과	사립	충북(청주)

<대구 · 경상북도>

대학명	학과명	구분	지역
계명대학교	경찰행정학과	사립	대구
경운대학교	경찰행정전공	사립	경북(구미)
경일대학교	경찰학과	사립	경북(경산)
김천대학교	경찰소방학과	사립	경북(김천)

대구가톨릭대학교	경찰행정학과	사립	경북(경산)
대구대학교	경찰행정학전공	사립	경북(경산)
	자치경찰학전공		
대구한의대학교	경찰행정학과	사립	경북(경산)
동국대학교(WISE)	행정 · 경찰공공학부	사립	경북(경주)
동양대학교	경찰행정·범죄심리학과	사립	경북(영주)
영남대학교	경찰행정학과	사립	경북(경산)
위덕대학교	경찰정보보안학과	사립	경북(경주)

<부산·울산·경상남도>

대학명	학과명	구분	지역
경성대학교	경찰행정학과	사립	부산
동서대학교	경찰학과	사립	부산
동아대학교	경찰학과	사립	부산
동의대학교	경찰행정학과	사립	부산
부경대학교	경찰범죄심리학전공	국립	부산
	해양경찰학전공		
부산외국어대학교	경찰행정전공	사립	부산
	사이버경찰전공		
신라대학교	경찰행정학과	사립	부산
한국해양대학교	해양경찰학부	국립	부산
울산대학교	경찰학전공	사립	울산
경남대학교	경찰학부	사립	경남(창원)
경상대학교	해양경찰시스템학과	국립	경남(통영)
영산대학교(양산)	경찰행정학과	사립	경남(양산)
인제대학교	경찰·행정학과	사립	경남(김해)

<광주 · 전라남도 · 전라북도>

대학명	학과명	구분	지역
광주대학교	경찰학과	사립	광주
	사이버보안경찰학과		
광주여자대학교	경찰행정학과	사립	광주
남부대학교	경찰행정학과	사립	광주
송원대학교	경찰행정학과	사립	광주
조선대학교	경찰행정학과	사립	광주
호남대학교	경찰행정학과	사립	광주
동신대학교	경찰행정학과	사립	전남(나주)
목포대학교	법·경찰학부	국립	전남(무안)
목포해양대학교	해양경찰학부	국립	전남(목포)
전남대학교(제2캠)	해양경찰학과	국립	전남(여수)
군산대학교	법행정경찰학부	국립	전북(군산)
	해양경찰학부		
우석대학교	경찰행정학과	사립	전북(완주)
원광대학교	경찰행정학과	사립	전북(익산)
전주대학교	경찰학과	사립	전북(전주)

<강원도 · 제주도>

대학명	학과명	구분	지역
가톨릭관동대학교	경찰학부	사립	강원(강릉)
상지대학교	경찰법학과	사립	강원(원주)
한라대학교	경찰행정학과	사립	강원(원주)
제주국제대학교	경찰학부	사립	제주
제주대학교	해양산업경찰학과	국립	제주

찾아보기

김상호(金相鎬)

저/자/소/개/

저자는 경찰대학 행정학과를 졸업하고 서울대학교 행정대학원에서 석사학위(정책학전공), 동국대학교 경찰행정학과에서 박사학위(경찰학전공)를 취득하였습니다. 경찰대학과 경기경찰청 소속으로 근무하였으며 서울디지털대학교 경찰학전공 교수, Murray 주립대학 CJ 프로그램 방문학자를 역임하고 현재는 대구대학교 경찰학부 교수로 재직하고 있습니다.

저자는 경찰청 자체평가위원회 위원, 고객만족정책 평가위원 등을 역임하였고, 대구광역시경찰청 · 울산광역시경찰청 · 경상북도경찰청 등에서 각종 위원회 위원 및 자문 활동을 수행하고 있습니다. 국가경찰공무원(경찰간부후보생, 순경) · 자치경찰공무원 채용시험 출제위원 · 면접위원, 지방자치단체 청원경찰 채용시험 출제위원, 그리고 각종 국가기관 방호직 · 운전직 공무원 채용시험 전형위원으로 활동하고 있습니다.

저자는 경찰과 경찰활동에 대한 수많은 오해와 신화(myths) 속에서 진실(사실)을 확인하기 위해 노력하고 있으며 이와 관련된 저서와 연구 활동을 실천하고 있습니다. 향후 다양한 독자에게 다가갈 수 있도록 보다 진력할 계획입니다.

제 3 판
슬기로운 경찰생활: 경찰행정학과 탐방

초판발행 2021년 2월 10일
제3판발행 2025년 3월 10일

지은이 김상호
펴낸이 안종만 · 안상준

편 집 박세연
기획/마케팅 장규식
표지디자인 BEN STORY
제 작 고철민 · 김원표

펴낸곳 (주) 박영사
서울특별시 금천구 가산디지털2로 53, 210호(가산동, 한라시그마밸리)
등록 1959. 3. 11. 제300-1959-1호(倫)
전 화 02)733-6771
f a x 02)736-4818
e-mail pys@pybook.co.kr
homepage www.pybook.co.kr
ISBN 979-11-303-2257-5 93350

정 가 23,000원